Treuhand und Revision
JAHRBUCH 2021

herausgegeben von
Andrea Mathis, Rolf Nobs

UNTERNEHMER
FORUM SCHWEIZ

CIP-Kurztitelaufnahme der deutschen Bibliothek

Treuhand und Revision – Jahrbuch 2021

Herausgeber: Andrea Mathis, Rolf Nobs

WEKA Business Media AG, Schweiz
Projektleitung: Sabine Bernhard

© 2021 WEKA Business Media AG, Hermetschloostrasse 77, CH-8048 Zürich
Telefon 044 434 88 88, Telefax 044 434 89 99

WEKA Business Media AG
Zürich • Kissing • Paris • Wien

Alle Rechte vorbehalten, Nachdruck – auch auszugsweise – nicht gestattet.

ISBN 978-3-297-48221-6

Druck: Beltz Grafische Betriebe GmbH, D-99947 Bad Langensalza / Layout: Dimitri Gabriel, Satz: Tonio Schelker / Korrektorat: Margit Bachfischer M.A., Bobingen

Inhaltsverzeichnis

Editorial
Andrea Mathis/Rolf Nobs..5

Covid-19-Verordung Insolvenzrecht
Michael Krampf...7

Aktienrechtsrevision 2020 – ein Überblick über die wesentlichen Änderungen für nicht kotierte Gesellschaften
Petra Hanselmann/Pascal Richard...25

Lohngleichheit und Lohngleichheitsanalyse
Theresa Goop...49

Unternehmensbewertung von KMU in der DACH-Region
Tobias Hüttche/Fabian Schmid...65

Zehn häufige Stolperfallen und Evergreens im Arbeitsrecht
Stefanie Meier-Gubser..91

Regel ist Ausnahme
Philipp Dobler..145

Die Abschreibung des Anlagevermögens: eine Bestandesaufnahme
Marco Passardi/Markus Gisler...163

Das Gleichstellungsgesetz – Streiflichter auf ein wichtiges Gesetz
Nicolas Facincani/Reto Sutter..179

Sanierung von Unternehmen
Giorgio Meier-Mazzucato..201

Work smart im Homeoffice – (Mentale) Fitness beim (Home-)Office-Management
Martina Hofer Moreno...267

Editorial

Andrea Mathis **Rolf Nobs**

Mit den Bestimmungen des Bundesrats vom 16. März 2020 hat sich auf einen Schlag der wirtschaftliche und private Alltag verändert. Durch diese erschwerten Bedingungen mussten die Unternehmungen neue Wege suchen, wie sie mit ihren Mitarbeitenden weiterhin ihre Dienstleistungen anbieten und erbringen konnten. Da die technischen Möglichkeiten schon Jahre zur Verfügung standen, konnten die Unternehmungen innovative Lösungen erarbeiten und mittels Homeoffice umsetzen und weiterarbeiten.

Die Treuhand- und Revisionsbranche ist während der Corona-Zeit zusätzlich gefordert. Zu den jährlichen Arbeiten wie Buchführung, Steuerberatung, Wirtschaftsprüfung und Sozialversicherungen kommen zusätzliche Beratungsaufgaben auf unsere Branche zu. Die Entscheide des Bundes haben verschiedene Unternehmensbranchen in wirtschaftliche Schwierigkeiten gebracht. Das bedingt, dass für die Treuhand- und Revisionsbranche Beratungsfragen zu Liquiditätsplanung, Sanierung, Überschuldung, SchKG und Arbeitsrecht hinzukommen.

Die Entscheide des Bundesrats sowie der einzelnen Kantone haben auch die Weiterbildungsbranche vor neue Herausforderungen gestellt. Präsenzveranstaltungen durften nur noch mit beschränkter Personenzahl durchgeführt werden. Diese Situation hat uns bewogen, die Weiterbildung in der Form von Aktiv Webinar durchzuführen, d. h., die Präsentation eines Referenten wird gestreamt, und die Teilnehmenden können mit Fragestellungen direkt in der Veranstaltung mitdiskutieren.

In diesem Buch geben wir Referenten aus unseren Veranstaltungen eine Plattform, Themen aus ihrem Fachgebiet zu präsentieren. Die Autorinnen und Autoren kennen wir schon seit Jahren als ausgezeichnete und praxisnahe Referierende an unseren Tagungen und Kongressen. Praxisbezug und persönliche Betreuung sind wichtige Voraussetzungen, weshalb sich Jahr für Jahr mehr Treuhänderinnen und Treuhänder, Fachleute aus dem Finanz- und Rechnungswesen sowie Unternehmerinnen und Unternehmer an unseren Veranstaltungen weiterbilden. Den Praxisbezug haben Sie in diesem Buch von der ersten bis zur letzten Seite garantiert. Für die persönliche Betreuung begrüssen wie Sie gerne an einer unserer Veranstaltungen und/oder Webinar oder als Mitglied des «preferred leaders club».

Die intensive Zusammenarbeit mit den Autoren, aber auch mit WEKA Business Media AG war eine grosse Freude. Wir bedanken uns bei allen an der Buchherausgabe beteiligten Personen ganz herzlich für ihren grossen Einsatz.

Die Herausgeber

Andrea Mathis   Rolf Nobs

COVID-19-Verordung Insolvenzrecht

Michael Krampf, geboren 1965, ist Rechtsanwalt und spezialisiert auf die Themen KMU, Betreibungs-, Sanierungs- und Prozessrecht sowie Konsumenten- und Arbeitsrecht. Er war mehrere Jahre am Konkursrichteramt des Bezirksgerichts Zürich tätig. Nach Engagements beim Bund, beim Datenschutzbeauftragten der Stadt Zürich und beim Wirtschaftsprüfungsunternehmen EY Schweiz AG arbeitete er von 2006 bis Ende 2017 beim *Beobachter*. Seit 1. März 2018 ist er in der Rechtsberatung von *K-Tipp* und *Saldo* tätig und schreibt Artikel für diese zwei Zeitschriften sowie für *K-Geld* und *plädoyer*. Er ist Autor des Ratgeberbuchs «So kommen Sie zu Ihrem Geld» und Co-Autor von «Erfolgreich als KMU». Er unterrichtet an der Hochschule für Wirtschaft Zürich HWZ sowie am Unternehmer Forum Schweiz. Er referiert regelmässig zum Betreibungs-, Sanierungs-, Prozessrecht sowie Konsumenten- und Arbeitsrecht.

Inhaltsverzeichnis

1.	Einleitung	9
2.	Vorgeschichte	9
3.	**Insolvenzrechtliche Massnahmen**	10
3.1	Anpassungen bei der Überschuldungsanzeige	10
3.2	Anpassungen im Nachlassvertragsrecht	11
3.3	COVID-19-Stundung	12
3.4	Umsetzung der COVID-19-Stundung in der Praxis	14
4.	**Keine Verlängerung der Massnahmen**	16
5.	**Folgen der Nichtverlängerung der Massnahmen**	16
5.1	COVID-19-Stundung	17
5.2	Überschuldungsanzeigepflicht	18
5.3	Nachlassverfahren	19
6.	Ausblick	20
	Literatur und Materialien	20

1. Einleitung

Am 20. April 2020 um Mitternacht trat die «COVID-19-Verordung Insolvenzrecht» in Kraft.[1] Darin hatte der Bundesrat verschiedene insolvenzrechtliche Massnahmen erlassen, um Unternehmen in der Corona-Krise vor einem Konkurs zu schützen. Die Massnahmen waren bis zum 20. Oktober 2020 befristet.[2] Ende September 2020 erteilte das Parlament dem Bundesrat die Kompetenz, über dieses Datum hinaus Massnahmen zu erlassen.[3] Von dieser Möglichkeit wollte der Bundesrat aber «einstweilen» keinen Gebrauch machen. Am 14. Oktober 2020 beschloss er, die Dauer der Massnahmen nicht zu verlängern.[4]

Inhalt dieses Beitrags ist die kurze Dauer der «COVID-19-Verordnung Insolvenzrecht». Es werden die im April 2020 erlassenen Massnahmen und die Folgen ihrer Nichtverlängerung erläutert. Zudem werden die Zahlen und Fakten der sogenannten COVID-19-Stundung ausgewertet.

2. Vorgeschichte

Wegen der Ausbreitung des Coronavirus erklärte der Bundesrat am 16. März 2020 die «ausserordentliche Lage» im Sinne des Epidemiegesetzes. Unter anderem verordnete er die Schliessung praktisch aller Läden, Restaurants, Bars sowie Unterhaltungs- und Freizeitbetriebe bis am 19. April 2020.[5] Dadurch fielen bei vielen Unternehmen die Einnahmen weg. Die Ausgaben reduzierten sich aber nur wenig. Folge: Viele Firmen kämpften gegen die Zahlungsunfähigkeit. Damit sie nicht Konkurs anmelden mussten, ordnete der Bundesrat als Erstes einen allgemeinen Rechtsstillstand gemäss Art. 62 SchKG vom 19. März bis 4. April 2020 an[6]. Betreibungen waren während dieser Zeit also nicht mehr möglich. Unmittelbar danach begannen die gesetzlichen Oster-Betreibungsferien vom 5. bis 19. April 2020 (Art. 56 Abs. 1 Ziff. 2 SchKG).

---

1 Art. 23 Abs. 1 COVID-19-Verordnung Insolvenzrecht.
2 Art. 23 Abs. 2 COVID-19-Verordnung Insolvenzrecht.
3 Art. 9 COVID-19-Gesetz.
4 Bundesrat Konkurse, S. 1.
5 Bundesrat Ausserordentliche Lage, S. 1.
6 Art. 1 Verordnung Rechtsstillstand.

3. Insolvenzrechtliche Massnahmen

Mit dem Rechtsstillstand und den Betreibungsferien gewann der Bundesrat einen Monat Zeit, um insolvenzrechtliche Massnahmen zum Schutz der Unternehmen zu treffen. Denn vielen Firmen drohte der Konkurs wegen Überschuldung oder Illiquidität.

Gestützt auf ein 24-seitiges Gutachten von Rechtsanwalt Franco Lorandi vom 31. März 2020[7] führte das Bundesamt für Justiz vom 1. bis 3. April 2020 eine öffentliche Konsultation zu drei vorgeschlagenen Massnahmen vor.[8] Bereits am 16. April 2020 verabschiedete der Bundesrat die «COVID-19-Verordung Insolvenzrecht». Sie trat nach Ablauf der Oster-Betreibungsferien am 20. April 2020 in Kraft. Sie galt für sechs Monate, also bis zum 20. Oktober 2020.[9]

Die «COVID-19-Verordung Insolvenzrecht» enthält drei Massnahmen:

- Anpassungen bei der Überschuldungsanzeige: Überschuldete Unternehmen mussten vorübergehend die Bilanz unter gewissen Voraussetzungen nicht deponieren.
- Anpassungen im Nachlassvertragsrecht: Die Voraussetzungen für die Einleitung eines Nachlassverfahrens wurden erleichtert.
- COVID-19-Stundung: Für KMU wurde ein vereinfachtes Stundungsverfahren eingeführt.

3.1 Anpassungen bei der Überschuldungsanzeige

Wie nach geltendem Recht hatte der Verwaltungsrat bei begründeter Besorgnis einer Überschuldung eine Zwischenbilanz zu Fortführungs- und Veräusserungswerten zu erstellen (Art. 725 Abs. 2 OR). Die Zwischenbilanz musste aber nicht von einer Revisionsstelle geprüft werden.[10] Zeigte die Zwischenbilanz, dass das Unternehmen überschuldet war, hätte der Verwaltungsrat dem Gericht die Überschuldung anzeigen müssen (Art. 725 Abs. 2 OR). Darauf konnte er nun nach der COVID-19-Verordung Insolvenzrecht verzichten, wenn – erstens – die Firma Ende 2019 nicht überschuldet war und wenn – zweitens – Aussicht bestand, dass die

---

7 Lorandi, S. 1.
8 BJ Konsultation, S. 1.
9 Art. 23 Abs. 1 und 2 COVID-19-Verordnung Insolvenzrecht.
10 Art. 1 Abs. 3 COVID-19-Verordnung Insolvenzrecht.

Überschuldung bis Ende 2020 behoben werden konnte.[11] Eine Überschuldung per Ende 2019 war auch gegeben, wenn wegen Rangrücktritten keine Verpflichtung zur Überschuldungsanzeige bestand. Keine Anzeigepflicht per Ende 2020 bestand hingegen, wenn die Überschuldung durch Rangrücktritte kompensiert wurde.[12]

Kredite von maximal CHF 500 000.– gestützt auf die COVID-19-Solidarbürgschaftsverordnung gelten bei der Berechnung einer Überschuldung bis Ende März 2022 nicht als Fremdkapital.[13]

Der Verwaltungsrat musste seinen Entscheid, auf die Überschuldungsanzeige zu verzichten, schriftlich begründen und dokumentieren (Verwaltungsratsprotokoll, Jahresrechnung 2019, Zwischenbilanz, Liquiditätsplanung etc.).[14]

Wenn der Verwaltungsrat auf die Überschuldungsanzeige verzichten durfte, war auch die Revisionsstelle von ihrer Anzeigepflicht bei offensichtlicher Überschuldung befreit (Art. 728a Abs. 3 und Art. 729c OR).[15] Das galt aber dann nicht, wenn der Verwaltungsrat nach Ansicht der Revisionsstelle zu Unrecht auf die Bilanzdeponierung verzichtete. In diesem Fall musste die Revisionsstelle weiterhin die Überschuldung beim Gericht anzeigen.[16]

3.2 Anpassungen im Nachlassvertragsrecht

Ein Nachlassverfahren wird in der Regel durch ein Gesuch des überschuldeten oder insolventen Unternehmens beim Nachlassgericht eingeleitet (Art. 293 SchKG). Mit dem Gesuch musste neu kein provisorischer Sanierungsplan eingereicht werden.[17] Und das Nachlassgericht durfte nicht mehr prüfen, ob das Unternehmen sanierungsfähig war.[18] Die Gesamtdauer der provisorischen Stundung durfte zudem statt vier Monate bis zu sechs dauern.[19]

---

11 Art. 1 Abs. 1 COVID-19-Verordnung Insolvenzrecht.
12 Staehelin/Bopp, S. 520–521.
13 Art. 24 COVID-19-Solidarbürgschaftsverordnung.
14 Art. 1 Abs. 2 COVID-19-Verordnung Insolvenzrecht und Staehelin/Bopp, S. 521.
15 Art. 1 Abs. 4 COVID-19-Verordnung Insolvenzrecht.
16 Staehelin/Bopp, S. 522.
17 Art. 3 Abs. 1 COVID-19-Verordnung Insolvenzrecht.
18 Art. 3 Abs. 2 COVID-19-Verordnung Insolvenzrecht.
19 Art. 4 COVID-19-Verordnung Insolvenzrecht.

3.3 COVID-19-Stundung

Als dritte Massnahme führte der Bundesrat ein neues, vereinfachtes Stundungsverfahren ein. Das Verfahren stand den rund 600 000 Einzelfirmen (auch ohne Eintrag im Handelsregister) und KMU offen.[20] Einzige Voraussetzung: Die Firma durfte Ende 2019 nicht überschuldet gewesen sein – oder es mussten Rangrücktritte im Umfang der Überschuldung vorliegen.[21] Börsenkotierte Unternehmen und Gesellschaften, die der ordentlichen Revision unterliegen (Art. 727 OR), sowie Privatpersonen waren von der COVID-19-Stundung ausgeschlossen.[22]

Zuständig war das Nachlassgericht am Wohnsitz des Einzelunternehmers oder am Sitz der Firma.[23] Das Gesuch um Stundung musste mit der Bilanz und der Erfolgsrechnung des Jahres 2019 eingereicht werden. Fehlten diese, musste man mit anderen Unterlagen (etwa Debitoren-, Kreditoren und Inventarlisten) belegen, dass die Firma Ende letztes Jahr nicht überschuldet war.[24] Mit dem Stundungsgesuch galten die gesetzlichen Anzeigepflichten des Verwaltungsrats und der Revisionsstelle bei Überschuldung (Art. 725 OR) als erfüllt.[25]

Die Verfahrenskosten konnten zwischen CHF 200.– und maximal CHF 2500.– betragen (Art. 54 und 55 GebV SchKG).[26]

Die Stundung betrug maximal drei Monate. Sie konnte einmal um weitere drei Monate verlängert werden.[27] Ein Sachwalter sollte grundsätzlich nicht eingesetzt werden,[28] weil das Verfahren einfach und kostengünstig sein sollte.[29]

---

20 Zum Ganzen siehe Krampf, Rettungsanker, S. 21.
21 Art. 6 Abs. 1 COVID-19-Verordnung Insolvenzrecht.
22 Art. 6 Abs. 2 COVID-19-Verordnung Insolvenzrecht.
23 Art. 6 Abs. 4 COVID-19-Verordnung Insolvenzrecht.
24 Art. 6 Abs. 3 COVID-19-Verordnung Insolvenzrecht.
25 Art. 8 COVID-19-Verordnung Insolvenzrecht.
26 Art. 20 COVID-19-Verordnung Insolvenzrecht.
27 Art. 6 Abs. 1 und Art. 7 Abs. 1 COVID-19-Verordnung Insolvenzrecht.
28 Art. 9 Abs. 1 COVID-19-Verordnung Insolvenzrecht.
29 Lorandi, S. 3.

Das Nachlassgericht musste die Stundung im Schweizerischen Handelsamtsblatt und im kantonalen Amtsblatt publizieren.[30] Eine stille Stundung wie bei der provisorischen Nachlassstundung (Art. 293c Abs. 2 SchKG) war nicht möglich. Zusätzlich musste die Firma ihre Gläubiger schriftlich oder per E-Mail über die Stundung informieren.[31]

Die COVID-19-Stundung bewirkte einen Betreibungsstopp.[32] Er galt für alle Schulden, die vor der bewilligten Stundung entstanden waren. Ausgenommen waren Forderungen der 1. Klasse, also z. B. Lohn- und Alimentenforderungen sowie die Pensionskassenbeiträge.[33] Schulden, die nach der Stundungsbewilligung entstanden waren, fielen nicht unter die Stundung und mussten weiterhin bezahlt werden. Generelle Debitorenzessionen verloren ihre Wirkung ab erteilter Stundung für Forderungen, die später entstehen.[34]

Während der Stundung konnte die Firma ihre Geschäftstätigkeit weiterführen. Sie durfte aber nicht gegen die berechtigten Interessen der Gläubiger verstossen oder einzelne Gläubiger bevorzugen[35] – etwa indem sie einzelne gestundete Schulden bezahlte.[36] Für den Verkauf von Anlagevermögen (Liegenschaften, Maschinen) brauchte es die Zustimmung des Nachlassgerichts.[37] Verletzte die Firma diese Pflichten, konnte das Nachlassgericht die Stundung widerrufen und den Konkurs von Amtes wegen eröffnen.[38]

Mit dem Ablauf der Stundungsdauer fielen die Wirkungen der COVID-19-Stundung automatisch dahin. Die Firma konnte wieder für alle Forderungen betrieben werden. Falls nötig, konnte sie ein Gesuch um provisorische Nachlassstundung stellen.[39]

---

30 Art. 10 Abs. 1 COVID-19-Verordnung Insolvenzrecht.
31 Art. 10 Abs. 2 COVID-19-Verordnung Insolvenzrecht.
32 Art. 12 Abs. 1 COVID-19-Verordnung Insolvenzrecht.
33 Art. 11 Abs. 2 COVID-19-Verordnung Insolvenzrecht.
34 Art. 12 Abs. 4 COVID-19-Verordnung Insolvenzrecht.
35 Art. 13 Abs. 1 COVID-19-Verordnung Insolvenzrecht.
36 Art. 11 Abs. 3 COVID-19-Verordnung Insolvenzrecht.
37 Art. 13 Abs. 3 COVID-19-Verordnung Insolvenzrecht.
38 Art. 13 Abs. 5 COVID-19-Verordnung Insolvenzrecht.
39 Krampf, Rettungsanker, S. 21.

3.4 Umsetzung der COVID-19-Stundung in der Praxis

Die Fachzeitschrift *plädoyer* wertete die Zahlen und Fakten aller COVID-19-Stundungsverfahren aus, die in der Schweiz eingeleitet wurden (siehe Tabelle).[40] Total gab es 28 Gesuche. Alle wurden gutgeheissen. Am 4. Mai 2020 bewilligte das Bezirksgericht Zürich das erste Gesuch. Das letzte wurde am 11. Dezember 2020 vom Bezirksgericht Sierre akzeptiert. Die meisten Verfahren wurden im Oktober 2020 bewilligt.

Wie bereits erwähnt, konnten die Gerichte eine Stundung bis zu drei Monaten bewilligen und sie einmal um weitere drei Monate verlängern. Die Maximaldauer wurde von allen Gerichten gewährt. Von den 13 bis Ende August 2020 bewilligten Stundungen wurden acht um weitere drei Monate verlängert. In einem Verfahren widerrief das Gericht die Stundung. Eine dagegen erhobene Beschwerde ist am Kantonsgericht St. Gallen hängig. Zwei Verfahren endeten ohne Verlängerung, zwei Firmen gingen nach Beendigung der Stundung in Konkurs. Dies betraf je ein Unternehmen in Zürich und in Nyon VD. Bei den restlichen 15 Verfahren lief die erste Stundung bei Redaktionsschluss für diesen Artikel am 6. Januar 2021 noch.

Die Gerichtskosten für die Stundung und deren Verlängerung konnten – wie bereits erwähnt – zwischen CHF 200.– und CHF 2500.– betragen. Mit CHF 1000.– verlangten die Bezirksgerichte Kreuzlingen TG und Brig VS am meisten. Das Bezirksgericht Affoltern ZH begnügte sich mit CHF 150.–.

Unter den 28 Unternehmen, die eine COVID-19-Stundung beantragt hatten, befinden sich 19 AGs, acht GmbHs und eine Einzelfirma. Die GmbHs verfügen nur über das minimale Stammkapital von CHF 20 000.–. Dagegen liegt das Aktienkapital bei zwei Dritteln der betroffenen AGs zwischen CHF 250 000.– und CHF 1.5 Mio. Auffallend: Nur sechs der 28 Unternehmen haben eine Revisionsstelle. Das Durchschnittsalter aller Unternehmen beträgt immerhin acht Jahre. 20 Firmen bestehen länger als fünf Jahre. Ein Unternehmen gibt es sogar seit über 30 Jahren.

---

40 Krampf, Rasches Aus, S. 19.

Zu ihren Erfahrungen mit der COVID-19-Stundung wollten sich auf Anfrage von *plädoyer* nur zwei Firmen äussern. Beide betonten, dass sie sich die Kosten von CHF 20 000.– und mehr für ein ordentliches Nachlassverfahren nicht hätten leisten können.[41]

Zahlen und Fakten zur COVID-19-Stundung[42]

Anzahl Verfahren	28
Dauer erste Stundung	3 Monate
Gerichtskosten erste Stundung	CHF 150.– (Bezirksgericht Affoltern ZH) bis CHF 1000.– (Bezirksgericht Kreuzlingen TG)
Anzahl Verlängerungsgesuche	8
Dauer zweite Stundung	3 Monate
Gerichtskosten zweite Stundung	CHF 150.– (Bezirksgericht Affoltern ZH) bis CHF 1000.– (Bezirksgericht Brig VS)
Anzahl Konkurse	2
Anzahl Verfahren in den Kantonen	ZH: 8, FR: 7, SG: 4, TG, VS und ZG: je 2, AG, TI, VD: je 1
Gesellschaftsformen	19 AGs, 8 GmbHs und 1 Einzelfirma
Eigenkapital in CHF	1 × 0.00[43] 8 × 20 000.00 7 × 100 000.00 1 × 250 000.00 3 × 300 000.00 1 × 500 000.00 1 × 750 000.00 1 × 800 000.00 2 × 1 Mio. 1 × 1.05 Mio. 1 × 1.1 Mio. 1 × 1.5 Mio.
Revisionsstelle	6 mit Revisionsstelle, 22 ohne Revisionsstelle (Opting-out)
Alter der Gesellschaften	2–31 Jahre

---

41 Krampf, Rasches Aus, S. 19.
42 COVID-19-Stundungen waren vom 20.4–19.20.2020 möglich.
43 Einzelfirma.

4. Keine Verlängerung der Massnahmen

Die drei Massnahmen der «COVID-19-Verordung Insolvenzrecht» waren bis zum 20. Oktober 2020 befristet. Ende September 2020 erteilte das Parlament dem Bundesrat die Kompetenz, über dieses Datum hinaus Massnahmen zu erlassen. Der entsprechende Art. 9 im COVID-19-Gesetz lautet:

Der Bundesrat kann, soweit dies zur Verhinderung von Massenkonkursen und zur Stabilisierung der Schweizer Wirtschaft und Gesellschaft erforderlich ist, vom Bundesgesetz vom 11. April 1889 über Schuldbetreibung und Konkurs (SchKG) und vom Obligationenrecht abweichende Bestimmungen erlassen über: a. den Nachlassvertrag (Art. 293 ff. SchKG); b. die Voraussetzungen, die Wirkungen und das Verfahren einer besonderen Stundung; c. die Anzeigepflichten bei Kapitalverlust und Überschuldung.

Von dieser Möglichkeit wollte der Bundesrat aber «einstweilen» keinen Gebrauch machen. Am 14. Oktober 2020 beschloss er, die Dauer der Massnahmen nicht zu verlängern. «Die Unternehmen hatten genug Zeit, um sich auf die neue Situation einzustellen», begründete David Rüetschi vom Bundesamt für Justiz gegenüber der Zeitschrift *K-Tipp* den Entscheid. «Neben der Erleichterung für Unternehmen bedeuteten die Massnahmen auch einen schwerwiegenden Eingriff in die Rechte der Gläubiger. Diese Situation wollte man beenden», so Rüetschi.[44]

Unabhängig von der Corona-Krise hatte das Parlament im Rahmen der Aktienrechtsrevision am 19. Juni 2020 beschlossen, die Gesamtdauer der provisorischen Nachlassstundung von bisher vier auf acht Monate zu verlängern. Diese Gesetzesänderung setzte der Bundesrat auf den 20. Oktober 2020 in Kraft, «um die Sanierung von Unternehmen zu erleichtern», so der Bundesrat in seiner Medienmitteilung.[45]

5. Folgen der Nichtverlängerung der Massnahmen

Mit dem Ende der Massnahmen am 20. Oktober 2020 gilt wieder das bisherige Recht: Eine «COVID-19-Stundung» ist nicht mehr möglich. Unternehmen, die nach dem 20. Oktober immer noch überschuldet sind,

---

44 Krampf, Schluss, S. 38.
45 Bundesrat Konkurse, S. 2.

müssen die Bilanz beim Gericht deponieren.[46] Und beim Nachlassverfahren gelten die Voraussetzungen für eine erleichterte Bewilligung einer provisorischen Nachlassstundung nicht mehr. Hier die Folgen im Einzelnen:

5.1 COVID-19-Stundung

Gesuche für eine COVID-19-Stundung, die vor dem 20. Oktober 2020 beim Gericht eingereicht wurden, mussten vom Gericht noch bewilligt werden. Denn das betroffene Unternehmen hatte keinen Einfluss auf den Entscheid des Gerichts.[47] Das tat z.B. das Kreisgericht Wil SG, das noch am 6. November 2020 das Gesuch der Vitala AG bewilligt hatte.[48]

COVID-19-Stundungsgesuche, die nach dem 20. Oktober 2020 beim Gericht eingereicht wurden, durften von den Gerichten nicht mehr bewilligt werden. Trotzdem bewilligte das Bezirksgericht Sierre am 11. Dezember 2020 der Rahas SA eine COVID-19-Stundung für drei Monate. Die (ehrliche) Begründung des zuständigen Richters François Meilland: «Mir war entgangen, dass die COVID-19-Verordnung nur sechs Monate gültig war und nicht zwölf, wie ich fälschlicherweise dachte. Die COVID-19-Stundung hätte daher nicht gewährt werden dürfen.»

Was galt für die 14 Stundungen, die bereits vor dem 20. Oktober 2020 bewilligt waren? Liefen die ersten Stundungen bei diesen Verfahren nach dem 20. Oktober weiter? Und war eine Verlängerung der Stundungen nach dem 20. Oktober noch möglich? Der Bundesrat unterliess es, eine Übergangsregel festzulegen. Staehelin/Bopp gehen zu Recht davon aus, dass die bis zum 20. Oktober 2020 angeordneten Stundungen über dieses Datum hinaus dauern.[49] Zur möglichen Verlängerung der Stundung wollten sich die von *plädoyer* angefragten betroffenen Gerichte in Greyerz FR, Hinwil ZH, Kreuzlingen TG, Zug, St. Gallen und Will SG nicht äussern. «Wir prüfen die Frage erst, wenn ein Gesuch gestellt wird», sagte etwa Carmela Frey, die für Nachlassverfahren zuständige Richterin am Kantonsgericht Zug.[50]

---

46   Krampf, Schluss, S. 38.
47   Staehelin/Bopp, S. 528.
48   SHAB vom 9. November 2020.
49   Staehelin/Bopp, S. 528.
50   Krampf, Rasches Aus, S. 19.

5.2 Überschuldungsanzeigepflicht

Unternehmen, welche die Überschuldung bis zum 20. Oktober 2020 nicht beseitigen konnten, mussten nach diesem Datum erneut eine Zwischenbilanz zu Fortführungs- und Veräusserungswerten erstellen und diese von der Revisionsstelle prüfen lassen. Bei festgestellter Überschuldung musste der Verwaltungsrat die Bilanz deponieren (Art. 725 Abs. 2 OR). Bei offensichtlicher Überschuldung war auch die Revisionsstelle wieder verpflichtet, die Überschuldung beim Gericht anzuzeigen, wenn der Verwaltungsrat untätig blieb (Art. 728c Abs. 3 und Art. 729c OR).

Als Alternative zur Bilanzdeponierung gibt es die Insolvenzerklärung nach Art. 191 SchKG. Dazu braucht es einen öffentlich beurkundeten Auflösungsbeschluss der Generalversammlung. Zudem muss für die Kosten einer Konkurseröffnung ein Barvorschuss geleistet werden, der je nach Kanton bis zu CHF 6000.– betragen kann (Kanton Zürich: CHF 1800.–) – dies im Gegensatz zur Überschuldungsanzeige, die nichts kostet.[51]

Der Verwaltungsrat kann auf die Bilanzdeponierung nur verzichten, wenn Rangrücktritte im Umfang der Überschuldung vorlagen (Art. 725 Abs. 2 OR).

Weiter kann er zwar die Überschuldung beim Gericht anzeigen, dabei aber einen Antrag auf Konkursaufschub stellen (Art. 725a Abs. 1 OR). Die Bewilligung des Aufschubs setzt eine von einer Revisionsstelle geprüfte Zwischenbilanz zu Fortführungs- und Veräusserungswerten voraus, damit der Richter den Umfang der Überschuldung und die Aussicht auf Sanierung beurteilen kann. Weiter mussten die Verfahrenskosten und – sofern ein Sachwalter bestellt wurde – auch dessen Kosten sichergestellt werden. Der Verwaltungsrat muss zudem einen Sanierungsplan einreichen, aus dem hervorgeht, mit welchen Massnahmen und in welchem Zeitraum die Überschuldung beseitigt werden soll. Die einzelnen Massnahmen müssen genau bezeichnet und mit Unterlagen belegt werden (z. B. Forderungsverzichte). Der Richter bewilligt den Konkursaufschub, wenn Aussicht auf Sanierung bestand, d. h., wenn die Überschuldung beseitigt werden kann.[52]

---

51 Krampf, Sanierung, S. 163.
52 Krampf, Sanierung, S. 165 f.

5.3 Nachlassverfahren

Wie erwähnt, galten ab dem 20. Oktober 2020 beim Nachlassverfahren die Voraussetzungen für eine erleichterte Bewilligung einer provisorischen Nachlassstundung nicht mehr. Dafür gibt es seit dem 20. Oktober 2020 die Möglichkeit, die provisorische Nachlassstundung für maximal acht statt wie bisher vier Monate zu bewilligen (Art. 293a SchKG).

Ein Nachlassverfahren hat – im Vergleich zu einer aussergerichtlichen Sanierung – weitere Vorteile. Diese sind z. B.:[53]

Die Pflicht des Verwaltungsrats, die Bilanz bei Überschuldung beim Gericht anzuzeigen, entfällt, wenn er ein Gesuch um provisorische Nachlassstundung beim Nachlassgericht eingereicht hat (Art. 293a Abs. 1 SchKG). Das gilt auch für die Revisionsstelle.

Es gilt ein umfassendes Betreibungsverbot, also auch für die privilegierten Forderungen (Art. 297 Abs. 1 SchKG). Arreste sind nicht mehr möglich (Art. 297 Abs. 3 SchKG), und Gerichtsprozesse werden sistiert (Art. 297 Abs. 5 SchKG). Für nicht pfandgesicherte Forderungen laufen die Zinsen nicht mehr weiter (Art. 297 Abs. 7 SchKG).

Generelle Debitorenzessionen verlieren ihre Wirkung ab erteilter Nachlassstundung für Forderungen, die später entstehen (Art. 297 Abs. 4 SchKG).

Dauerschuldverhältnisse wie Miet- oder Leasingverträge (ohne Arbeitsverträge) können mit Zustimmung des Sachwalters sofort aufgelöst werden, wenn sonst die Sanierung scheitern würde. Die Gegenpartei muss entschädigt werden. Falls das Verfahren mit einem Dividendenvergleich abgeschlossen wird, wird die Entschädigung nur entsprechend der im Nachlassvertrag festgelegten Dividende bezahlt (Art. 297a SchKG).

Der Verkauf von Anlagevermögen (Maschinen, Liegenschaften) ist später paulianisch nicht anfechtbar, wenn das Nachlassgericht oder ein speziell eingesetzter Gläubigerausschuss den Verkauf genehmigt hat (Art. 285 Abs. 3 SchKG).

---

53 Krampf, Neues Sanierungsrecht, S. 119 f., und Krampf, Sanierung, S. 166–172.

Bei einer Betriebsübernahme während der Nachlassstundung muss der Käufer weder alle bestehenden Arbeitsverträge übernehmen, noch haftet er solidarisch mit dem Verkäufer für ausstehende Lohnforderungen (Art. 333b und Art. 333 Abs. 3 OR).

Bei einer Massenentlassung muss das Unternehmen keinen Sozialplan aufstellen, wenn das Nachlassverfahren mit einem Nachlassvertrag abgeschlossen wird (Art. 335k OR).

Realforderungen können in Geldforderungen umgewandelt werden (Art. 297 Abs. 9 SchKG).

Für das Zustandekommen eines Nachlassvertrags braucht es nicht die Zustimmung aller Gläubiger. Es genügt, wenn die Mehrheit der nicht privilegierten Gläubiger der 3. Klasse zustimmen, die mindestens zwei Drittel der Forderungen vertreten oder ein Viertel der Gläubiger, die mindestens drei Viertel der Forderungen vertreten (Art. 305 Abs. 1 SchKG).

6. Ausblick

Gestützt auf Art. 9 COVID-19-Gesetz hat der Bundesrat weiterhin die Kompetenz, insolvenzrechtliche Massnahmen zu ergreifen. Er kann jederzeit die in der «COVID-19-Verordnung Insolvenzrecht» geregelten Massnahmen wieder aus der Schublade holen – «zur Verhinderung von Massenkonkursen und zur Stabilisierung der Schweizer Wirtschaft und Gesellschaft». Ob er das tun wird, steht in den Sternen. Wie so vieles bei der COVID-Pandemie.

Literatur und Materialien

Literatur

Hunkeler, Daniel/Schönmann, Zeno: Coronavirus: Massnahmen gegen Konkurse werden nicht verlängert, in: Jusletter vom 19. Oktober 2020, S. 1–4.

Krampf, Michael: Covid-19-Stundung als Hilfe für KMU, in: Unternehmerzeitung Nr. 10/2020, S. 10.

Krampf, Michael: Rasches Aus für die Covid-19-Stundung, in: Plädoyer Nr. 6/2020, S. 19 (Krampf, Rasches Aus).

Krampf, Michael: Neues Sanierungsrecht, in: Treuhand und Revision – Jahrbuch 2014, S. 109–126 (Krampf, Neues Sanierungsrecht).

Krampf, Michael: Rettungsanker für KMU, in: Plädoyer Nr. 3/2020, S. 21 (Krampf, Rettungsanker).

Krampf, Michael: Sanierung von Unternehmen: Stolpersteine, in: Treuhand und Revision – Jahrbuch 2020, S. 159–180 (Krampf, Sanierung).

Krampf, Michael: Schluss mit der Verschnaufpause für Firmen, in: K-Tipp Nr. 18/2020, S. 38 (Krampf, Schluss).

Krampf, Michael: Verschnaufpause für 600 000 Kleinbetriebe, in: K-Tipp Nr. 10/2020, S. 25.

Lorandi, Franco: Die neue Covid-19-Stundung, in: Webinar@Weblaw vom 5. Mai 2020, S. 1–11.

Maurenbrecher, Benedikt/Huber, Ueli: Corona-Aufschub der Konkursanmeldung – quo vadis?, in: Jusletter vom 19. Oktober 2020, S. 1–14.

Schöchli, Hansueli: Der Konkursschutz für KMU fällt weg, in: NZZ vom 17. Oktober 2020, S. 27.

Staehelin, Daniel/Bopp, Lukas: Insolvenzrechtliche Massnahmen zur Bewältigung der Coronakrise, in: Covid-19, Ein Panorama der Rechtsfragen zur Corona-Krise, Basel 2020, S. 513–538 (Staehelin/Bopp).

Materialien

Bundesamt für Justiz: Bundesgesetz über die gesetzlichen Grundlagen für Verordnungen des Bundesrates zur Bewältigung der COVID-19-Epidemie (COVID-19-Gesetz), Erläuternder Bericht, Bern 2020, S. 1–34.

Bundesamt für Justiz: COVID-19-Verordnung Insolvenzrecht, Erläuterungen zu den einzelnen Bestimmungen vom 18. Mai 2020, S. 1–9.

Bundesamt für Justiz: Öffentliche Konsultation: Pflicht der Organe von Unternehmen bei drohender Überschuldung sowie Anpassungen des Nachlassverfahrens und Einführung eines einfachen Stundungsverfahrens vom 1. April 2020, S. 1–2 (BJ Konsultation).

Bundesgesetz über Schuldbetreibung und Konkurs (SchKG) vom 11. April 1889.

Bundesgesetz über die gesetzlichen Grundlagen für Verordnungen des Bundesrates zur Bewältigung der COVID-19-Epidemie (COVID-19-Gesetz) vom 25. September 2020.

Bundeskanzlei: Bundesgesetz über die gesetzlichen Grundlagen für Verordnungen des Bundesrates zur Bewältigung der COVID-19-Epidemie (COVID-19-Gesetz), Bericht über das Ergebnis des Vernehmlassungsverfahrens, Bern 2020, S. 1–45.

Bundesrat: Bericht des Bundesrates über die Ausübung seiner Notrechtskompetenz und die Umsetzung überwiesener Kommissionsmotionen seit Beginn der Coronakrise, Bern 2020, S. 1–36.

Bundesrat: Botschaft zum Bundesgesetz über die gesetzlichen Grundlagen für Verordnungen des Bundesrates zur Bewältigung der COVID-19-Epidemie (COVID-19-Gesetz), Bern 2020, BBl 2020, S. 6563–6624.

Bundesrat: Coronavirus: Bundesrat erklärt die «ausserordentliche Lage» und verschärft die Massnahmen, Medienmitteilung vom 16. März 2020, S. 1–2 (Bundesrat Ausserordentliche Lage).

Bundesrat: Coronavirus: Massnahmen gegen Konkurse werden nicht verlängert, Medienmitteilung vom 14. Oktober 2020, S. 1–2 (Bundesrat Konkurse).

Ettlin, Erich: Motion 20.3418 Verlängerung der befristeten Entbindung von der Pflicht zur Überschuldungsanzeige bis 31. Dezember 2021.

Gebührenverordnung zum Bundesgesetz über Schuldbetreibung und Konkurs (GebV SchKG) vom 23. September 1996.

Lorandi, Franco: Kurzgutachten zu spezifischen Fragen des Insolvenzrechts, Zürich 2020, S. 1–24 (Lorandi).

Regazzi, Fabio: Motion 20.3376 Verlängerung der befristeten Entbindung von der Pflicht zur Überschuldungsanzeige bis 31. Dezember 2021.

Verordnung über den Rechtsstillstand gemäss Art. 62 des Bundesgesetzes über Schuldbetreibung und Konkurs vom 18. März 2020 (Verordnung Rechtsstillstand).

Verordnung über eine Teilinkraftsetzung der Änderung vom 19. Juni 2020 des Obligationenrechts (Aktienrecht) (Art. 293a des Bundesgesetzes über Schuldbetreibung und Konkurs) vom 14. Oktober 2020.

Verordnung über insolvenzrechtliche Massnahmen zur Bewältigung der Coronakrise (COVID-19-Verordnung Insolvenzrecht) vom 16. April 2020.

Verordnung zur Gewährung von Krediten und Solidarbürgschaften in Folge des Coronavirus (COVID-19-Solidarbürgschaftsverordnung) vom 25. März 2020.

Aktienrechtsrevision 2020 – ein Überblick über die wesentlichen Änderungen für nicht kotierte Gesellschaften

Petra Hanselmann ist Partnerin im Zürcher Büro von Baker McKenzie, wo sie in den Bereichen M&A und Gesellschaftsrecht tätig ist. Petra Hanselmann startete ihre Anwaltstätigkeit im Jahr 2005 bei Baker McKenzie. Im Jahr 2008 arbeitete sie als Foreign Visiting Attorney bei einer grösseren Anwaltskanzlei in New York. Petra Hanselmann berät Mandanten bei nationalen und internationalen M&A-Transaktionen, Umstrukturierungen sowie in allgemeinen gesellschafts- und vertragsrechtlichen Angelegenheiten. Petra Hanselmann schloss ihr Studium an der Universität Zürich im Jahr 2002 ab und wurde im Jahr 2005 als Rechtsanwältin in Zürich zugelassen. Im Jahr 2007 erwarb sie einen LL. M. (Master in Corporate Law) an der New York University.

Pascal Richard ist Partner im Zürcher Büro von Baker McKenzie, wo er in den Bereichen M&A und Private Equity tätig ist. Bevor er im Jahr 2016 als Partner zu Baker McKenzie kam, arbeitete Pascal Richard als Rechtsberater in der Rechtsabteilung eines schweizerischen Verteidigungs- und Technologiekonzerns sowie als Associate bzw. Partner in Wirtschaftskanzleien in London und Zürich. Pascal Richard hält regelmässig Vorträge zu M&A-Transaktionen und Gesellschaftsrecht, unter anderem an der Universität St. Gallen (HSG). Pascal Richard berät Mandanten bei nationalen und internationalen M&A-Transaktionen sowie in allgemeinen gesellschaftsrechtlichen und kommerziellen Angelegenheiten. Pascal Richard schloss sein Studium an der Universität Bern im Jahr 2003 ab und wurde im Jahr 2006 als Anwalt in Zürich zugelassen. Er hat einen LL. M. vom College of Law of England and Wales und ist als Rechtsanwalt der Senior Courts of England and Wales (n. p.) qualifiziert.

Die Autoren bedanken sich bei MLaw Dario Gomringer für die Unterstützung und Durchsicht des Aufsatzes inkl. Aufarbeitung der Fussnoten.

Inhaltsverzeichnis

1.	**Einleitung**	29
1.1	Hintergrund	29
1.2	Inhalt der Revision	29
2.	**Aktienkapital**	29
2.1	Aktienkapital in Fremdwährung	29
2.2	Mindestnennwert	31
2.3	Liberierung bei qualifizierten Tatbeständen	31
2.4	Kapitalveränderungen	32
2.4.1	Ordentliche Kapitalerhöhung	32
2.4.2	Bedingte Kapitalerhöhung	33
2.4.3	Kapitalherabsetzung	33
2.4.4	Kapitalband	34
3.	**Dividenden und Reserven**	36
3.1	Zwischendividende neu ausdrücklich geregelt	36
3.2	Weitere Änderungen betreffend Dividenden	37
3.3	Neue Terminologie bei den Reserven	37
3.4	Änderungen bei der Äufnung der Gewinnreserven	38
3.5	Neuerungen beim Verrechnungsregime für Verluste	39
4.	**Aktionärsrechte**	39
4.1	Neue Schwellenwerte	39
4.1.1	Auskunfts- und Einsichtsrecht	41
4.1.2	Sonderprüfung, neu «Sonderuntersuchung»	41
5.	**Generalversammlung, Verwaltungsrat und Revisionsstelle**	42
5.1	Änderungen betreffend GV	42
5.1.1	Einberufung der GV	42
5.1.2	Durchführung der GV – mehrere Tagungsorte, virtuelle GV und Verwendung elektronischer Mittel	42
5.1.3	Weitere Änderungen	43
5.2	Änderungen betreffend VR	44
5.3	Änderungen betreffend Revisionsstelle	45
6.	**Sanierungsrecht**	45
6.1	Drohende Zahlungsunfähigkeit als neuer Tatbestand	45
6.2	Kapitalverlust	46
6.3	Überschuldung	46

7. Sonstige Änderungen 47
7.1 Einführung einer statutarischen Schiedsklausel 47
7.2 Neue Verjährungsfristen von Klagen in Verantwortlichkeitsfällen 47

8. Übergangsbestimmungen 48

Literatur und Materialien 48

1. Einleitung

1.1 Hintergrund

Mit der Annahme der Aktienrechtsrevision beendeten der National- und Ständerat am 19. Juni 2020 einen auch für schweizerische Verhältnisse langwierigen Gesetzgebungsprozess. Als Folge davon traten am 1. Januar 2021 die Bestimmungen zu den Geschlechterrichtwerten und die Transparenzregeln im Rohstoffsektor in Kraft bzw. werden voraussichtlich im Jahr 2023[1] die übrigen Änderungen der Aktienrechtsrevision 2020 in Kraft treten.

1.2 Inhalt der Revision

Mit der Aktienrechtsrevision 2020 gehen zahlreiche zu begrüssende Erleichterungen und Flexibilisierungen einher. Folgendes sind die Hauptpunkte der Revision: (i) zusätzliche Flexibilität bei Aktienkapital und Dividenden, (ii) verstärkter Minderheitenschutz, (iii) Modernisierung der Generalversammlung, (iv) Überarbeitung des Sanierungsrechts, (v) Überführung der bisherigen Regeln der Verordnung gegen übermässige Vergütungen bei börsenkotierten Aktiengesellschaften (VegüV) ins Obligationenrecht und (vi) die Geschlechtervertretung in der Geschäftsleitung und im Verwaltungsrat.

Dieser Beitrag fasst die wesentlichen Änderungen der Aktienrechtsrevision 2020 für nicht börsenkotierte Aktiengesellschaften zusammen. Auf Änderungen, die sich nur oder hauptsächlich auf börsenkotierte Gesellschaften beziehen, wird (mit wenigen Ausnahmen) nicht näher eingegangen.

2. Aktienkapital

2.1 Aktienkapital in Fremdwährung

Bereits seit der Revision des Rechnungslegungsrechts ist es Unternehmen erlaubt, die Rechnungslegung entweder in Schweizer Franken oder aber in der für die Geschäftstätigkeit wesentlichen ausländischen Währung zu führen (funktionale Währung).[2] Die Bestimmung der funktiona-

---

[1] Bundesamt für Justiz, Revision des Aktienrechts, abrufbar unter: https://www.bj.admin.ch/bj/de/home/wirtschaft/gesetzgebung/aktienrechtsrevision14.html (Stand: 24. Februar 2021).

[2] Art. 958d Abs. 3 OR.

len Währung liegt im pflichtgemässen Ermessen des obersten Verwaltungs- und Leitungsorgans.[3]

Nach neuem Recht ist es künftig erlaubt, zusätzlich sämtliche kapitalbezogenen Aspekte – insbesondere das Aktienkapital – in der funktionalen Währung zu führen, womit ein Gleichlauf mit der Buchführung und Rechnungslegung herbeigeführt wird.[4] In der Ratsdiskussion war diese Flexibilisierung aus Gläubigerschutzüberlegungen nicht unbestritten. Es fand sich schliesslich ein Kompromiss dergestalt, dass der Bundesrat die zulässigen Fremdwährungen separat in einer Verordnung festlegen wird.[5]

Aus Gründen des Gläubigerschutzes sieht das neue Recht vor, dass das Aktienkapital bei der Gründung umgerechnet mindestens CHF 100 000.– betragen muss.[6] Der relevante Zeitpunkt zur Festlegung des Umrechnungskurses ist der Tag des Errichtungsakts (und nicht das Datum der Eintragung im Handelsregister).[7] Entsprechende Bestimmungen betreffend die Umrechnung in Schweizer Franken gelten für die Mindesteinlage[8] sowie die Kapitalherabsetzung.[9]

Ein Währungswechsel mit Bezug auf das Aktienkapital ist jeweils auf den Beginn eines Geschäftsjahrs durch die Generalversammlung zu beschliessen (prospektiv oder retrospektiv),[10] wobei es sich hierbei um einen Beschluss gemäss Art. 704 Abs. 1 Ziff. 9 revOR handelt, der ein qualifiziertes Mehr erfordert. Dieser Beschluss muss vom Verwaltungsrat umgesetzt werden, und die Statuten sind entsprechend anzupassen. Beide Beschlüsse sind öffentlich zu beurkunden. Im entsprechenden Feststellungsbeschluss legt der Verwaltungsrat den angewandten Umrechnungskurs fest.[11] Dieser Umrechnungskurs soll nicht der Prüfungskognition

---

3 BSK OR II-Neuhaus/Suter, Art. 958d N 12.
4 Art. 621 Abs. 2 revOR.
5 Am 17. Februar 2021 eröffnete der Bundesrat die Vernehmlassung zur Anpassung der Handelsregisterverordnung. Darin sind die folgenden Fremdwährungen vorgesehen: Britische Pfund, Euro, US-Dollar und Yen.
6 Art. 621 Abs. 2 revOR.
7 Botschaft 2017, S. 481.
8 Art. 632 Abs. 2 revOR.
9 Art. 653j Abs. 3 revOR.
10 Botschaft 2017, S. 482.
11 Art. 621 Abs. 3 revOR.

des Handelsregisters unterliegen.[12] Ferner ist zu beachten, dass bei einem Währungswechsel das durch die Umrechnung neu in einer Fremdwährung lautende Aktienkapital nicht auf- oder abgerundet werden darf. Eine Auf- oder Abrundung hat vielmehr zwingend über eine entsprechende Kapitalerhöhung oder Kapitalherabsetzung zu erfolgen (allenfalls im Rahmen eines bestehenden Kapitalbands gemäss Art. 653s revOR).[13]

Für Steuerzwecke sind die relevanten Beträge in CHF umzurechnen. Der Reingewinn ist mittels des durchschnittlichen Devisenkurses der Steuerperiode umzurechnen.[14] Bei der Bewertung des Vermögens gilt das Stichtagsprinzip. Die Umrechnung erfolgt mittels des Devisenkurses am Ende der Steuerperiode.[15]

2.2 Mindestnennwert

Auch unter neuem Recht wird das Nennwertsystem für Aktien aufrechterhalten, d.h. Aktien müssen nach wie vor zwingend einen Nennwert aufweisen. Im Gegensatz zum geltenden Recht wird der Mindestnennwert von einem Rappen jedoch abgeschafft. Vorausgesetzt wird einzig, dass der Nennwert grösser als null ist,[16] womit neu beliebig kleine Unterteilungen des Nennwerts möglich werden. Die gleiche Regelung gilt neu für Stammteile bei der GmbH,[17] deren Mindestnennwert nach geltendem Recht bei CHF 100.– liegt.

2.3 Liberierung bei qualifizierten Tatbeständen

Im Zusammenhang mit der Liberierung durch qualifizierte Tatbestände bringt das neue Recht einerseits gewisse Flexibilisierungen und andererseits zusätzliche Offenlegungsvorschriften.

Die in der Praxis bereits heute geltenden Voraussetzungen für die Sacheinlagefähigkeit, d.h. Aktivierbarkeit, Übertragbarkeit, Verfügbarkeit und Verwertbarkeit, werden neu explizit ins Gesetz überführt.[18] Materiell-

---

12 Botschaft 2017, S. 481.
13 Botschaft 2017, S. 483.
14 Art. 80 Abs. 1bis revDBG.
15 Art. 31 Abs. 5 revStHG.
16 Art. 622 Abs. 4 revOR.
17 Art. 774 Abs. 1 revOR.
18 Art. 634 Abs. 1 revOR.

rechtlich ergeben sich dadurch allerdings keine Änderungen, da diese Voraussetzungen bereits heute geltende Praxis darstellen. Eine inhaltlich bedeutende Änderung liegt in der Streichung der Bestimmungen zur Sachübernahme. Dadurch werden in der Praxis im Hinblick auf potenzielle Nichtigkeitsfolgen häufig vorkommende Fragen betreffend Vorliegen einer (beabsichtigten) Sachübernahme weitgehend gegenstandslos.

Im Zusammenhang mit der Verrechnungsliberierung wird neu klargestellt, dass die Werthaltigkeit der Forderung keine Voraussetzung zur Verrechnung darstellt,[19] was im Hinblick auf Sanierungen zu begrüssen ist. Hingegen ist zu beachten, dass es nach neuem Recht zusätzlich zur Registerpublizität auch eine Statutenpublizität geben wird. Die Statuten müssen neu den Betrag der verrechneten Forderung, den Namen des verrechnenden Aktionärs und die Anzahl der ausgegebenen Aktien offenlegen.[20] Hinzu kommt, dass es sich bei einer Kapitalerhöhung mittels Verrechnung um einen Beschluss gemäss Art. 704 Abs. 1 Ziff. 3 revOR handelt, der ein qualifiziertes Mehr erfordert.

2.4 Kapitalveränderungen
2.4.1 Ordentliche Kapitalerhöhung

Das neue Recht verweist nun auf Gesetzesstufe[21] explizit auf die bereits heute bestehende Möglichkeit, eine ordentliche Kapitalerhöhung bis zu einem Maximalbetrag (und nicht zu einem festen Betrag) zu beschliessen.[22] Ferner bringt das neue Recht eine Flexibilisierung hinsichtlich der Frist, innert welcher eine ordentliche Kapitalerhöhung beim Handelsregister anzumelden ist. Diese Frist beträgt neu sechs Monate.[23] Die maximale Frist der Gültigkeitsdauer des Zeichnungsscheins beträgt neu ebenfalls sechs Monate.

Neu wird eine Statutenpublizität nicht nur bei der Erhöhung des Aktienkapitals durch Sacheinlage, sondern auch, wie bereits erwähnt, bei der Verrechnungsliberierung[24] und bei der Umwandlung aus Eigenkapital

---

19 Art. 634a Abs. 2 revOR.
20 Art. 634a Abs. 3 revOR.
21 Dies ist bisher lediglich auf Verordnungsstufe geregelt (Art. 47 Abs. 1 Bst a und b HregV).
22 Art. 650 Abs. 2 Ziff. 1 und 2 revOR.
23 Art. 650 Abs. 3 revOR.
24 Vgl. Ziff. 2.3.

gelten.²⁵ Ferner stellt der Gesetzgeber klar, dass nicht nur durch Entzug und Beschränkung des Bezugsrechts, sondern auch bei der Festsetzung des Ausgabepreises niemand in unsachlicher Weise begünstigt oder benachteiligt werden darf.²⁶

2.4.2 Bedingte Kapitalerhöhung

Das neue Recht erweitert gemäss bereits bestehender Praxis den Adressatenkreis von Options- und Wandelrechten. Somit können neu auch Aktionäre, Mitglieder des Verwaltungsrats der Gesellschaft oder einer anderen Konzerngesellschaft oder Dritte Inhaber von Options- oder Wandelrechten sein.²⁷ Nach neuem Recht können sodann explizit auch Erwerbspflichten mit bedingtem Kapital unterlegt werden.

Im Zusammenhang mit bedingtem Kapital bringt das revidierte Aktienrecht zusätzliche Flexibilität. So ist es künftig nicht mehr notwendig, dass die Erklärung zur Ausübung von Options- und Wandelrechten in schriftlicher Form erfolgen muss.²⁸ Ebenfalls nicht mehr notwendig ist, dass die Verrechnung bei der Wandlung bei einem Bankinstitut zu erfolgen hat. Schliesslich hat der Verwaltungsrat neu die Möglichkeit, bedingtes Kapital zu streichen, falls keine Rechte ausgegeben wurden²⁹ (und nicht nur wie gemäss geltendem Recht, wenn die ausgegebenen Rechte erloschen sind).

2.4.3 Kapitalherabsetzung

Die Vorschriften zur Kapitalherabsetzung werden neu im Kapitel über die Kapitalveränderungen geregelt, und zwar in den Art. 653j ff. revOR. Im Gegensatz zur heutigen Gesetzeslage werden das Verfahren und die verschiedenen Formen der Kapitalherabsetzung nun im Einzelnen gesetzlich verankert. Materiellrechtlich entsprechen die neuen Bestimmungen weitgehend der geltenden Praxis, jedoch wird das Verfahren betreffend Schuldenruf und Fristen gestrafft. Zukünftig wird nur noch ein einmaliger Schuldenruf notwendig sein,³⁰ und die Anmeldefrist für die Gläubiger

---

25 Art. 652d Abs. 3 revOR.
26 Art. 652b Abs. 4 revOR.
27 Art. 653 Abs. 1 revOR.
28 Art. 653e Abs. 1 revOR.
29 Art. 653i Abs. 1 revOR.
30 Es ist zulässig, den Schuldenruf vor oder nach der Generalversammlung durchzuführen.

zur Sicherstellung der Forderungen wird nur noch 30 Tage (statt wie bisher zwei Monate) betragen.[31] Die Pflicht zur Sicherstellung entfällt bei Erfüllung der Forderung, oder falls der Nachweis erbracht wird, dass die Forderungen der Gläubiger nicht gefährdet werden.[32] Es besteht eine Vermutung für diesen Nachweis, falls die Prüfungsbestätigung des zugelassenen Revisionsexperten vorliegt, wonach alle Forderungen trotz Kapitalherabsetzung gedeckt sind. Wie bei der Kapitalerhöhung[33] wird es nun auch bei der Kapitalherabsetzung zulässig sein, einen Maximalbetrag vorzusehen. Schliesslich ist darauf hinzuweisen, dass analog zum Verfahren bei der Kapitalerhöhung[34] die Kapitalherabsetzung durch den Verwaltungsrat innert sechs Monaten nach dem Beschluss der Generalversammlung durchzuführen ist,[35] wobei der Beschluss auch eine Verkürzung dieser Frist vorsehen kann.[36]

2.4.4 Kapitalband

Eine der bedeutendsten Neuerungen besteht in der Einführung des Rechtsinstituts des Kapitalbands[37] zwecks Flexibilisierung der Kapitalbasis einer Gesellschaft. Dabei handelt es sich um eine Kombination des Instruments der bereits nach geltendem Recht bestehenden genehmigten Kapital*erhöhung* und der genehmigten Kapital*herabsetzung*. Daher wird mit Einführung des Kapitalbands die genehmigte Kapitalerhöhung im neuen Recht konsequenterweise abgeschafft.

Das Kapitalband beinhaltet die statutarische Ermächtigung des Verwaltungsrats das Aktien- und Partizipationskapital während einer Maximaldauer von fünf Jahren bis zur oberen Grenze zu erhöhen oder bis zur unteren Grenze herabzusetzen. Dabei darf die obere und untere Grenze des Kapitalbands das im Handelsregister eingetragene Aktienkapital um höchstens 50% über- bzw. unterschreiten.[38]

---

31 Art. 653k Abs. 1 und 2 revOR.
32 Art. 653k Abs. 3 revOR.
33 Art. 653n Ziff. 1 revOR.
34 Vgl. Ziff. 2.4.1.
35 Wie bei der Kapitalerhöhung ist für das Ende der Frist die Anmeldung an das Handelsregister (und nicht die Eintragung ins Handelsregister) massgebend.
36 Art. 653j revOR.
37 Art. 653s ff. revOR.
38 Art. 653s Abs. 2 revOR.

Eine Gesellschaft hat die Möglichkeit, ein Kapitalband bereits bei der Gründung oder aber auch erst zu einem späteren Zeitpunkt einzuführen. Im letzteren Fall ist gemäss Art. 704 Abs. 1 Ziff. 5 revOR ein Beschluss der Generalversammlung mit qualifiziertem Mehr erforderlich.

Die Generalversammlung kann die in den Statuten im Einzelnen festgelegte Ermächtigung an den Verwaltungsrat unter Beachtung des gesetzlich vorgegebenen Rahmens massschneidern. Die Statuten müssen u.a. Angaben zur oberen und unteren Grenze, zum Enddatum des Kapitalbands, zu den Einschränkungen, Auflagen und Bedingungen der Ermächtigung sowie zur Einschränkung oder Aufhebung des Bezugsrechts enthalten.[39] So ist es beispielsweise auch möglich, lediglich ein einseitiges Kapitalband (nur Erhöhung oder nur Herabsetzung) vorzusehen. Nach jeder Erhöhung oder Herabsetzung des Aktienkapitals macht der Verwaltungsrat die erforderlichen Feststellungen und ändert die Statuten entsprechend mittels öffentlich zu beurkundendem Beschluss.

Im Hinblick auf den Gläubigerschutz darf die untere Grenze des Kapitalbands, wie erwähnt, 50% des im Handelsregister eingetragenen Aktienkapitals nicht unterschreiten und in keinem Fall unter CHF 100 000.– absinken. Weiter besteht bei Gesellschaften mit Opting-out keine Möglichkeit zur Kapitalherabsetzung im Rahmen des Kapitalbands. Schliesslich finden die Bestimmungen zur ordentlichen Kapitalherabsetzung betreffend Sicherstellung, Zwischenabschluss und Prüfungsbestätigung analoge Anwendung.[40] Indessen ist bei einer Kapitalherabsetzung innerhalb des Kapitalbands durch den Verwaltungsrat kein weiterer Beschluss der Generalversammlung erforderlich. Das Kapitalband fällt dahin, falls die Generalversammlung während der Dauer eines bestehenden Kapitalbands, das Aktienkapital ausserhalb des Kapitalbands erhöht, herabsetzt oder für das Aktienkapital eine andere funktionale Währung beschliesst.[41] Falls ein Kapitalband auch nach einem solchen kapitalverändernden Vorgang weiterhin bestehen soll, hat die Generalversammlung das Kapitalband neu zu beschliessen.

---

39 Art. 653t Abs. 1 revOR.
40 Art. 653u Abs. 3 revOR.
41 Art. 653v revOR.

Falls neben einem Kapitalband bedingtes Kapital besteht, wird bei einer Anpassung des Aktienkapitals gestützt auf bedingtes Kapital die obere und untere Grenze des bestehenden Kapitalbands entsprechend erhöht.[42] Eine solche Erhöhung findet dann nicht statt, wenn *innerhalb* des bestehenden Kapitalbands eine bedingte Kapitalerhöhung beschlossen wird.

3. Dividenden und Reserven

3.1 Zwischendividende neu ausdrücklich geregelt

Unter dem geltenden Recht ist die Zulässigkeit von Zwischendividenden, d.h. Ausschüttungen aus dem Gewinn eines laufenden Geschäftsjahrs, umstritten. Das revidierte Aktienrecht stellt in Art. 675a revOR nun klar, dass neu auch die Ausrichtung einer Zwischendividende möglich ist, sofern diese gestützt auf einen Zwischenabschluss erfolgt. Der Zwischenabschluss muss dabei grundsätzlich geprüft sein, ausser bei Gesellschaften mit Opting-out, oder wenn sämtliche Aktionäre der Zwischendividende zustimmen und durch die Dividende die Forderungen von Gläubigern nicht gefährdet werden.[43]

Die Tatsache, dass auf eine Prüfung des Zwischenabschlusses verzichtet werden kann, wenn sämtliche Aktionäre einer Zwischendividende zustimmen und keine Gefährdung von Forderungen von Gläubigern besteht, führt zu einer gewissen Diskrepanz im Vergleich zur ordentlichen Dividende, bei welcher immer (ausser im Falle eines Opting-out) eine geprüfte Jahresrechnung als Grundlage verlangt wird und keine Ausnahme für den Fall der Zustimmung aller Aktionäre vorgesehen ist.

Auch im neuen Recht nicht speziell adressiert, aber weiterhin zulässig bleibt die Ausschüttung einer ausserordentlichen Dividende, d.h. die Ausschüttung zulasten des verfügbaren Eigenkapitals gestützt auf eine bereits genehmigte Jahresrechnung anlässlich einer ausserordentlichen Generalversammlung.

Das neue Recht legt nun auch spezifisch die Anforderungen an einen Zwischenabschluss fest.[44] Im Grundsatz ist ein Zwischenabschluss nach

---

[42] Art. 653g Abs. 2 i. V. m. 653v Abs. 2 revOR.
[43] Art. 675a Abs. 2 revOR.
[44] Art. 960f revOR.

den Vorschriften des Jahresabschlusses zu erstellen und besteht damit aus einer Bilanz, einer Erfolgsrechnung sowie einem Anhang. Die Vorschriften für grössere Unternehmen und Konzerne bleiben dabei vorbehalten. Ferner bestimmt das Gesetz, dass Vereinfachungen und Verkürzungen zulässig sind, sofern damit die Darstellung des Geschäftsgangs nicht beeinträchtigt wird. Der Zwischenabschluss ist als solcher zu bezeichnen. Er enthält einen Anhang, in welchem der Zweck des Zwischenabschlusses, die Verkürzungen und Vereinfachungen sowie die Abweichungen zu den im letzten Jahresabschluss verwendeten Grundsätzen und weitere Faktoren, welche die wirtschaftliche Lage während der Berichtsperiode beeinflusst haben, offenzulegen sind.[45] Es ist zu beachten, dass diese neue Gesetzesbestimmung im Grundsatz auch auf sämtliche «Zwischenabschlüsse» oder «Zwischenbilanzen» Anwendung findet, auf welche in anderen aktienrechtlichen oder spezialgesetzlichen Normen verwiesen wird (sog. dynamischer Verweis).[46]

3.2 Weitere Änderungen betreffend Dividenden

Neu sieht Art. 698 Abs. 2 Ziff. 6 revOR vor, dass die Generalversammlung den Beschluss über die Rückzahlung der gesetzlichen Kapitalreserve[47] und den Beschluss über die Ausrichtung von Dividenden aus Gewinnen der Gesellschaft formell separat fassen muss.

3.3 Neue Terminologie bei den Reserven

Die Terminologie bei den Reserven wird durch das neue Recht an die Terminologie im Rechnungslegungsrecht angeglichen. Neu werden die Reserven somit in *gesetzliche Kapitalreserven, gesetzliche Gewinnreserven* und *freiwillige Gewinnreserven* eingeteilt. Art. 671 revOR stellt klar, dass Agio, Kaduzierungsgewinn sowie Zuschüsse von Aktionären oder Partizipanten den gesetzlichen Kapitalreserven zugewiesen werden müssen. In Angleichung an das Rechnungslegungsrecht werden sodann auch die Reserven für eigene Aktien im Rahmen des neuen Rechts aufgehoben, da eigene Aktien seit der Revision des Rechnungslegungsrechts nicht mehr unter den Aktiven, sondern grundsätzlich als Minusposten im Eigenkapital zu bilanzieren sind. Ebenso werden die Reserven für Wiederbeschaf-

---

[45] Art. 960f Abs. 2 revOR.
[46] Botschaft 2017, S. 618.
[47] vgl. Art. 671 Abs. 2 revOR.

fungszwecke und die Bestimmungen zur Bildung von Reserven für Wohlfahrtszwecke aufgehoben.

3.4 Änderungen bei der Äufnung der Gewinnreserven

Die gesetzliche Gewinnreserve ist (weiterhin) durch Zuweisung von 5% des Jahresgewinns zu äufnen.[48] Diese Äufnung der Gewinnreserven muss vorgenommen werden, bis Kapital- und Gewinnreserven zusammen 50% (statt wie bisher 20%) des eingetragenen Aktienkapitals erreichen.[49] Bei den Holdinggesellschaften bleibt der Schwellenwert bei 20% des eingetragenen Aktienkapitals. Neu wird für die Erreichung des Schwellenwerts somit nicht mehr nur auf die gesetzliche Gewinnreserve, sondern auf die Summe von gesetzlicher Gewinnreserve und gesetzlicher Kapitalreserve abgestellt. Die unter dem bisherigen Recht erforderliche zweite Reservezuweisung bei der Gewinnverteilung gemäss Art. 671 Abs. 2 OR entfällt in Zukunft.

Das neue Recht sieht die Schaffung freiwilliger Gewinnreserven unter den folgenden Voraussetzungen vor:[50] Entweder muss eine entsprechende Grundlage in den Statuten bestehen, oder es ist ein Beschluss der Generalversammlung notwendig. Falls eine Statutenbestimmung besteht, so wird diese festlegen, wann und in welchem Umfang freiwillige Gewinnreserven gebildet werden müssen.[51] Eine Dividendenausschüttung ist diesfalls erst zulässig, wenn die statutarisch vorgeschriebene Zuweisung in die freiwillige Gewinnreserve vorgenommen worden ist. Die Bildung freiwilliger Gewinnreserven ist gemäss Art. 673 Abs. 2 revOR sodann nur zulässig, wenn das dauerhafte Gedeihen des Unternehmens unter Berücksichtigung der Interessen aller Aktionäre dies rechtfertigt. Diese Bestimmung ist restriktiv auszulegen, da die Generalversammlung ohne Beschränkung jederzeit berechtigt ist, Gewinne als Gewinnvortrag auf die nächste Jahresrechnung vorzutragen, was im Ergebnis den gleichen Effekt hat.[52]

---

48 Art. 672 Abs. 1 revOR.
49 Art. 672 Abs. 2 revOR.
50 Art. 673 revOR.
51 Von der Crone, S. 261 N 517.
52 Von der Crone, S. 262 N 518.

3.5 Neuerungen beim Verrechnungsregime für Verluste

Neu wird klargestellt, dass Verluste in folgender Reihenfolge verrechnet werden müssen:[53] 1. mit dem Gewinnvortrag, 2. mit der freiwilligen Gewinnreserve, 3. mit der gesetzlichen Gewinnreserve und 4. mit der gesetzlichen Kapitalreserve. Die Verrechnung von Verlusten mit einem Gewinnvortrag oder freiwilligen Gewinnreserven ist dabei zwingend. Anstelle der Verrechnung mit der gesetzlichen Gewinn- oder Kapitalreserve dürfen Verluste jedoch ganz oder teilweise auch auf die neue Rechnung vorgetragen werden,[54] was steuerlich interessant sein kann, da dadurch die steuerfrei ausschüttbaren Kapitaleinlagereserven nicht vermindert werden.

4. Aktionärsrechte

4.1 Neue Schwellenwerte

Das neue Recht führt zu einer Stärkung der Minderheitenrechte. Insbesondere werden diverse Schwellenwerte gesenkt. Neu wird dabei grundsätzlich zwischen Schwellenwerten für börsenkotierte und nicht börsenkotierte Aktiengesellschaften unterschieden. Die nachfolgende Übersicht zeigt die Änderungen und die neu geltenden Schwellenwerte:

---

53 Art. 674 Abs. 1 revOR.
54 Art. 674 Abs. 2 revOR.

Aktionärsrecht	Aktuelle Regelung	Neue Regelung	
		Nicht börsenkotierte Gesellschaften	Börsenkotierte Gesellschaften
Auskunftsrecht (ausserhalb der GV)	Bisher nicht geregelt.	10% des Aktienkapitals oder der Aktienstimmen (Art. 697 Abs. 2 revOR).	Nicht anwendbar.
Einsichtsrecht	Nur mit ausdrücklicher Ermächtigung der GV oder durch VR-Beschluss (Art. 697 Abs. 3 OR).	5% des Aktienkapitals oder der Aktienstimmen (Art. 697a Abs. 1 revOR).	5% des Aktienkapitals oder der Aktienstimmen (Art. 697a Abs. 1 revOR).
Recht auf Sonderuntersuchung (frühere Terminologie: «Sonderprüfung»)	10% des Aktienkapitals oder Aktien im Nennwert von CHF 2 Mio. (Art. 697b Abs. 1 OR).	10% des Aktienkapitals oder der Aktienstimmen (Art. 697d Abs. 1 Ziff. 2 revOR).	5% des Aktienkapitals oder der Aktienstimmen (Art. 697d Abs. 1 Ziff. 1 revOR).
Recht auf Einberufung der GV	10% des Aktienkapitals (Art. 699 Abs. 3 OR).	10% des Aktienkapitals oder der Aktienstimmen (Art. 699 Abs. 3 Ziff. 2 revOR).	5% des Aktienkapitals oder der Aktienstimmen (Art. 699 Abs. 3 Ziff. 1 revOR).
Traktandierungsrecht	10% des Aktienkapitals oder Aktien im Nennwert von CHF 1 Mio. (Art. 699 Abs. 3 OR).	5% des Aktienkapitals oder der Aktienstimmen (Art. 699b Abs. 1 Ziff. 2 revOR).	0,5% des Aktienkapitals oder der Aktienstimmen (Art. 699b Abs. 1 Ziff. 1 revOR).
Klagerecht auf Auflösung der Gesellschaft	10% des Aktienkapitals (Art. 736 Ziff. 4 OR).	10% des Aktienkapitals oder der Aktienstimmen (Art. 736 Abs. 1 Ziff. 4 revOR).	10% des Aktienkapitals oder der Aktienstimmen (Art. 736 Abs. 1 Ziff. 4 revOR).

4.1.1 Auskunfts- und Einsichtsrecht

Aktionäre nicht kotierter Gesellschaften können weiterhin anlässlich der Generalversammlung (GV) vom Verwaltungsrat (VR) Auskunft über die Angelegenheit der Gesellschaft und von der Revisionsstelle über die Durchführung und das Ergebnis ihrer Prüfung verlangen, soweit die Auskunft für die Ausübung der Aktionärsrechte erforderlich ist. Zukünftig können Aktionäre, die den Schwellenwert von 10% des Aktienkapitals oder der Aktienstimmen erreichen, dieses Auskunftsrecht jederzeit auch ausserhalb einer GV schriftlich ausüben. Das Auskunftsbegehren ist dabei an den VR zu adressieren, welcher die Auskunft innert vier Monaten zu erteilen hat.[55] Verweigert der VR die Auskunft, z. B. unter Berufung auf Geschäftsgeheimnisse bzw. Gesellschaftsinteressen, so hat er dies schriftlich zu begründen.[56] Falls die Auskunft ganz oder teilweise verweigert oder verunmöglicht wird, können die Aktionäre innerhalb von 30 Tagen vom Gericht die Anordnung der Auskunft verlangen.[57]

Im geltenden Recht setzt das Einsichtsrecht in die Geschäftsbücher und Korrespondenzen der Gesellschaft eine ausdrückliche Ermächtigung der GV oder des VR voraus. Zukünftig können Aktionäre, die den Schwellenwert von 5% des Aktienkapitals oder der Aktienstimmen erreichen, ebenfalls jederzeit ein Begehren um Einsicht in die Geschäftsbücher und Akten stellen. Das Begehren ist schriftlich an den VR zu richten,[58] welcher die Einsicht innert vier Monaten zu gewähren hat.[59] Für die Begründung, Verweigerung und Klagemöglichkeit gelten grundsätzlich die analogen Regelungen wie im Zusammenhang mit dem Auskunftsrecht dargestellt.

4.1.2 Sonderprüfung, neu «Sonderuntersuchung»

Die Sonderprüfung wird neu terminologisch zur «Sonderuntersuchung».[60] Der Schwellenwert von 10% des Aktienkapitals oder der Aktienstimmen bleibt für nicht börsenkotierte Aktiengesellschaften unverändert. Neu ist im Antrag auf Durchführung einer Sonderuntersuchung nur noch glaub-

---

[55] Art. 697 Abs. 3 revOR.
[56] Art. 697 Abs. 4 revOR.
[57] Art. 697b revOR.
[58] Botschaft 2017, S. 542.
[59] Art. 697a Abs. 2 und 3 revOR.
[60] Botschaft 2017, S. 543.

haft zu machen, dass Gründer oder Organe Gesetz oder Statuten verletzt haben und dass diese Verletzung geeignet ist, die Gesellschaft oder die Aktionäre zu schädigen.[61] Auf das Erfordernis der Glaubhaftmachung eines bereits eingetretenen Schadens wird zukünftig verzichtet.[62]

5. Generalversammlung, Verwaltungsrat und Revisionsstelle

5.1 Änderungen betreffend GV

5.1.1 Einberufung der GV

Bei der Einberufung und Durchführung der GV passt sich das neue Recht dem technischen Fortschritt der heutigen Zeit an. Danach genügt es neu, wenn die für die Einberufung der GV notwendigen Unterlangen, d. h. insbesondere der Geschäftsbericht und die Revisionsberichte für die Aktionäre elektronisch zugänglich sind.[63] Die Bestimmung, wonach der Geschäfts- und Revisionsbericht spätestens 20 Tage vor der ordentlichen GV am Gesellschaftssitz zur Einsicht aufzulegen, Namenaktionäre schriftlich zu informieren und Inhaberaktionäre durch Bekanntgabe im SHAB zu unterrichten sind,[64] wird aufgehoben.[65] Lediglich das Recht des Aktionärs auf Zustellung des Geschäftsberichts während eines Jahres nach der GV wird vom geltenden Recht – jedoch unter dem Vorbehalt der elektronischen Unzugänglichkeit der Unterlagen – übernommen.[66] Für den Fall, dass die elektronische Zugänglichkeit nicht gewährleistet ist, kann ein Aktionär – vor der GV – die rechtzeitige Zustellung der Unterlagen verlangen.

5.1.2 Durchführung der GV – mehrere Tagungsorte, virtuelle GV und Verwendung elektronischer Mittel

Auch im Zusammenhang mit der Durchführung der GV trägt das neue Recht der technischen Entwicklung Rechnung. So wird neu ausdrücklich geregelt, dass die GV an verschiedenen Orten abgehalten werden

---

61 Art. 697d Abs. 3 revOR.
62 Botschaft 2017, S. 544.
63 Art. 699a Abs. 1 revOR.
64 Art. 696 OR.
65 Botschaft 2017, S. 550.
66 Art. 699a Abs. 2 revOR.

kann.⁶⁷ Die Voten der Teilnehmer müssen in diesem Fall unmittelbar in Bild und Ton an sämtliche Tagungsorte übertragen werden. Besteht eine entsprechende statutarische Regelung, kann die GV auch im Ausland durchgeführt werden.⁶⁸ Der VR kann für die Ausübung der Aktionärsrechte der nicht anwesenden Aktionäre vorsehen, dass deren Rechte auf elektronischem Weg wahrgenommen werden können.⁶⁹

Die GV kann zukünftig auch gänzlich ohne Tagungsort und damit rein virtuell durchgeführt werden, sofern die Statuten dies vorsehen.⁷⁰ Im Fall einer virtuellen GV regelt der VR die Verwendung der elektronischen Mittel.⁷¹ Er hat sicherzustellen, dass die Identität der Teilnehmer feststeht, die Voten in der GV unmittelbar übertragen werden, jeder Teilnehmer Anträge stellen und sich an der Diskussion beteiligen und das Abstimmungsergebnis nicht verfälscht werden kann.⁷² Die Wahl der elektronischen Mittel überlässt das Gesetz richtigerweise der Praxis. Treten während der Durchführung der virtuellen GV technische Probleme im Verantwortungsbereich der Gesellschaft auf, muss der VR die entsprechende Abstimmung oder Wahl grundsätzlich wiederholen,⁷³ es sei denn, die technischen Probleme hätten tatsächlich keinen Einfluss auf das Abstimmungs- oder Wahlresultat gehabt.⁷⁴ Beschlüsse, welche die GV vor dem Auftreten der technischen Probleme gefasst hat, bleiben gültig.⁷⁵

5.1.3 Weitere Änderungen
Auch die Regelungen zur Beschlussfassung erfahren eine Erleichterung. So kann die GV ihre Beschlüsse neu ebenfalls⁷⁶ auf dem Zirkularweg fassen, sofern kein Aktionär die mündliche Beratung verlangt.⁷⁷ Die GV fasst zukünftig ihre Beschlüsse und vollzieht ihre Wahlen, soweit das Gesetz oder die Statuten es nicht anders bestimmen, mit der (einfachen)

---

67 Art. 701a Abs. 3 revOR.
68 Art. 701b Abs. 1 revOR.
69 Art. 701c revOR.
70 Art. 701d Abs. 1 revOR.
71 Art. 701e Abs. 1 revOR.
72 Art. 701e Abs. 2 revOR.
73 Art. 701f Abs. 1 revOR.
74 Botschaft 2017, S. 560.
75 Art. 701f Abs. 2 revOR.
76 Der VR kann Zirkularbeschlüsse bereits nach geltendem Recht fassen (Art. 713 Abs. 2 OR), ebenso die Gesellschafterversammlung bei der GmbH (Art. 805 Abs. 4 OR).
77 Art. 701 Abs. 3 revOR.

Mehrheit der vertretenen Aktienstimmen. Auf das derzeit geltende Erfordernis einer absoluten Mehrheit wurde verzichtet.[78]

5.2 Änderungen betreffend VR

Nebst dem bereits unter dem geltendem Recht bestehenden Teilnahme- und Antragsrecht erhalten der VR und die Geschäftsleitung neu zusätzlich das Recht, sich an der GV zu jedem Verhandlungsgegenstand zu äussern.[79]

Anders als im geltenden Recht legt das neue Recht die Einzelwahl von VR-Mitgliedern auch bei nicht börsenkotierten Aktiengesellschaften fest, es sei denn, die Statuten sehen eine andere Regelung vor oder der Vorsitzende der GV trifft mit Zustimmung aller vertretenen Aktionäre eine andere Anordnung.[80]

Um die organisatorische Flexibilität zu stärken, sieht das neue Recht keinen VR-Sekretär mehr vor.[81] Aus dem gleichen Grund wurde auch darauf verzichtet, das Amt eines Vizepräsidenten gesetzlich einzuführen.

Zirkularbeschlüsse des VR können neu auch ausschliesslich auf elektronischem Weg (z.B. per E-Mail) und damit ohne (qualifizierte)[82] Unterschrift gefasst werden.[83] Inwiefern die Handelsregisterämter elektronische Zirkularbeschlüsse in Zukunft akzeptieren werden, bleibt abzuwarten.

Falls Aktionäre die Einberufung einer GV verlangen, stellt das neue Recht nun klar, dass der VR die Pflicht hat, die beantragte GV spätestens 60 Tage ab Eingang des Gesuchs um Durchführung einer solchen einzuberufen.[84] Damit wird dem VR im Vergleich zum geltenden Recht, wonach er lediglich «binnen angemessener Frist» tätig werden musste, eine klare zeitliche Grenze gesetzt, welche die Stellung der Minderheitsaktionäre verbessert.

---

78   Art. 703 Abs. 1 revOR.
79   Art. 702a Abs. 1 revOR.
80   Art. 710 Abs. 2 revOR.
81   Botschaft 2017, S. 567.
82   BSK OR II-Wernli/Rizzi, Art. 713 N 19.
83   Art. 713 Abs. 2 Ziff. 3 revOR.
84   Art. 699 Abs. 5 revOR; Botschaft 2017, S. 550.

5.3 Änderungen betreffend Revisionsstelle

Im Zusammenhang mit dem neuen Recht ergeben sich gewisse neue Prüfungshandlungen der Revisionsstelle wie z. B. die Prüfung von Zwischenabschlüssen bei der Kapitalerhöhung aus Eigenkapital, der konstitutiven Kapitalherabsetzung oder der Herabsetzung innerhalb eines Kapitalbands, der Ausschüttung von Zwischendividenden oder bei der Überschuldung.[85]

Nach geltendem Recht kann die GV die Revisionsstelle «jederzeit mit sofortiger Wirkung» abberufen.[86] Neu ist eine Abberufung der Revisionsstelle nur noch «aus wichtigen Gründen» möglich, wobei die Gründe im Anhang zur Jahresrechnung offengelegt werden müssen.[87] Der Bundesrat begründet die Einführung dieser Regelung mit dem Minderheiten- und Gläubigerschutz.[88]

Grundsätzlich sieht das neue Recht betreffend Revisionsstelle und Revisionsrecht ansonsten keine wesentlichen Änderungen vor. Ein vom Bundesrat in Auftrag gegebener Expertenbericht kommt zum Schluss, dass das Revisionsrecht keiner wesentlichen Überarbeitung bedarf.[89]

6. Sanierungsrecht

6.1 Drohende Zahlungsunfähigkeit als neuer Tatbestand

Das Sanierungsrecht wurde im Rahmen der Aktienrechtsrevision weitgehend überarbeitet. Neu wurde neben den bestehenden Tatbeständen des Kapitalverlusts und der Überschuldung der Tatbestand der drohenden Zahlungsunfähigkeit eingeführt. Der Verwaltungsrat wird neu explizit verpflichtet, die Zahlungsfähigkeit der Gesellschaft zu überwachen und im Falle einer drohenden Zahlungsunfähigkeit die notwendigen Mass-

---

85 Vgl. Art. 652d Abs. 2 Ziff. 2 revOR, Art. 653l ff. revOR, Art. 653u Abs. 3 revOR, Art. 675a Abs. 2 revOR, Art. 725b Abs. 2 revOR; Forstmoser/Küchler, S. 421.
86 Art. 730a Abs. 4 OR.
87 Art. 730a Abs. 4 revOR und Art. 959c Abs. 2 Ziff. 14 revOR.
88 Botschaft 2017, S. 583.
89 Expertenbericht vom 20.7.2017 über den allfälligen Handlungsbedarf im allgemeinen Revisions- und Revisionsaufsichtsrecht, abrufbar unter: https://www.ejpd.admin.ch/ejpd/de/home/aktuell/news/2017/2017-11-09.html (Stand: 8. Januar 2021); Forstmoser/Küchler, S. 421.

nahmen zur Sicherstellung der Zahlungsfähigkeit zu ergreifen.[90] Der Begriff der Zahlungsunfähigkeit wird gesetzlich nicht definiert. Nach Lehre und Rechtsprechung ist eine Gesellschaft zahlungsunfähig, wenn sie weder die Mittel zur Erfüllung fälliger Verbindlichkeiten hat noch über den erforderlichen Kredit verfügt, sich diese Mittel nötigenfalls zu beschaffen.[91] Falls weitere Massnahmen zur Sanierung der Gesellschaft erforderlich sind, hat der Verwaltungsrat diese bei der Generalversammlung zu beantragen, soweit diese zuständig ist. Das Gesetz sieht jedoch keine zwingende Pflicht vor, eine Generalversammlung einzuberufen, und es werden gesetzlich auch keine Fristen vorgegeben. Der Verwaltungsrat muss aber mit der «gebotenen Eile» handeln.[92]

6.2 Kapitalverlust

Beim Tatbestand des Kapitalverlusts wird weiterhin an den hälftigen Kapitalverlust angeknüpft. Neu gilt für Gesellschaften ohne Revisionsstelle im Falle eines Kapitalverlustes eine Pflicht zur zumindest eingeschränkten Prüfung der letzten Jahresrechnung durch einen zugelassenen Revisor, es sei denn, es liegt ein Gesuch um Nachlassstundung vor.[93] Der Revisor kann in diesem Fall vom Verwaltungsrat bestimmt werden.

6.3 Überschuldung

Auch beim Tatbestand der Überschuldung bleiben die Anknüpfungskriterien nach neuem Aktienrecht grundsätzlich gleich. Einzig eine vorliegende Überschuldung ist für die Anzeige an das Gericht massgebend. Eine Benachrichtigung des Gerichts kann nach neuem Recht unterbleiben: (i) wie bisher, falls ein Rangrücktritt im Umfang der Überschuldung vorliegt, sofern der Rangrücktritt den geschuldeten Betrag und neu die Zinsforderungen während der Dauer der Überschuldung umfasst oder (ii) falls begründete Aussicht besteht, dass die Überschuldung spätestens 90 Tage nach Vorliegen des Zwischenabschlusses behoben werden kann und die Forderungen der Gläubiger nicht zusätzlich gefährdet werden. Das Kriterium, dass während der Sanierungsbemühungen «die Forderungen der Gläubiger nicht zusätzlich gefährdet werden dürfen», bleibt

---

90 Art. 725 revOR.
91 BGE 111 II 206 E. 1; vgl. auch Von der Crone, S. 850 N 1993 m. w. H.
92 Art. 725 Abs. 3 revOR.
93 Art. 725a Abs. 2 revOR.

schwer umsetzbar. Verwaltungsräte gehen deshalb auch auf Basis des neuen Rechts im Zusammenhang mit Sanierungsbemühungen weiterhin ein gewisses persönliches Haftungsrisiko ein.[94]

Im Zusammenhang mit Rangrücktritten legt das neue Recht fest, dass bei Ansprüchen gegen Organpersonen bei der Berechnung des Schadens Forderungen von Gesellschaftsgläubigern, die im Rang hinter allen anderen Gläubigern zurückgetreten sind, nicht einzubeziehen sind.[95]

Eine Aufwertung von Grundstücken und Beteiligungen bleibt weiterhin möglich. Eine Auflösung ist nur durch Umwandlung in Aktienkapital oder Partizipationskapital möglich.[96]

7. Sonstige Änderungen

7.1 Einführung einer statutarischen Schiedsklausel

Neu besteht die Möglichkeit, gesellschaftsrechtliche Streitigkeiten durch ein Schiedsgericht beurteilen zu lassen, falls die Statuten dies so vorsehen. Das Schiedsgericht muss dabei zwingend seinen Sitz in der Schweiz haben.[97]

7.2 Neue Verjährungsfristen von Klagen in Verantwortlichkeitsfällen

Neu kann die Generalversammlung beschliessen, dass die Gesellschaft den ihr verursachten Schaden einzuklagen hat, und sie kann den Verwaltungsrat oder einen Vertreter mit der Prozessführung betrauen.[98] Ferner hält das neue Recht fest, dass das Klagerecht der nicht einer Décharge zustimmenden Aktionäre zwölf Monate nach entsprechendem Décharge-Beschluss erlischt.[99] Nach geltendem Recht beträgt die Frist nur sechs Monate. Der Anspruch auf Schadenersatz gegen die verantwortlichen Personen verjährt neu in drei und nicht mehr in fünf Jahren.

---

94 Vgl. auch Forstmoser/Küchler, S. 410.
95 Art. 757 Abs. 4 revOR.
96 Art. 725c revOR.
97 Art. 697n Abs. 1 revOR.
98 Art. 756 Abs. 2 revOR.
99 Art. 758 Abs. 2 revOR.

8. Übergangsbestimmungen

Gleichzeitig mit dem Inkrafttreten der neuen Gesetzesartikel treten auch die Übergangsbestimmungen in Kraft.

Die Gesellschaften, die zum Zeitpunkt des Inkrafttretens des neuen Rechts im Handelsregister eingetragen sind und den neuen Vorschriften nicht entsprechen, haben zwei Jahre Zeit, um ihre Statuten und Reglemente den neuen Bestimmungen anzupassen.[100] Sollte dies innerhalb der zwei Jahre nicht geschehen sein, werden die entsprechenden Bestimmungen der Statuten und Reglemente ungültig.[101]

Kapitalerhöhungen, die genehmigt wurden oder aus bedingtem Kapital erfolgten, unterstehen ohne zeitliche Einschränkung dem alten Recht. Einzig die hierzu gefassten Beschlüsse der Generalversammlung können nicht mehr verlängert oder geändert werden.[102]

Literatur und Materialien

Literatur

Forstmoser, Peter/Küchler, Marcel: Die Reform 2020 des Schweizerischen Aktienrechts, in: Zeitschrift für Schweizerisches Recht, Band 139 (2020) I, Heft 5 (zit. Forstmoser/Küchler).

Honsell, Heinrich/Vogt, Nedim Peter/Watter, Rolf: Basler Kommentar zum Obligationenrecht II, 5. Aufl., Basel 2016 (zit. BSK OR II-Bearbeiter-in).

Von der Crone, Hans Caspar: Aktienrecht, 2., vollständig überarbeitete Aufl. auf der Grundlage des revidierten Aktienrechts vom 19. Juni 2020, Zürich, September 2020 (zit. Von der Crone).

Materialien

Botschaft zur Änderung des Obligationenrechts (Aktienrecht) vom 23. November 2016, BBl 2017, S. 399 ff. (zit. Botschaft 2017).

---

[100] Art. 2 Abs. 1 Übergangsbestimmungen.
[101] Art. 2 Abs. 2 Übergangsbestimmungen.
[102] Art. 3 Übergangsbestimmungen.

Lohngleichheit und Lohngleichheitsanalyse

Theresa Goop, M.A. HSG und M. Sc., ist Projektleiterin beim Kompetenzzentrum für Diversität & Inklusion am Forschungsinstitut für Internationales Management der Universität St. Gallen. Sie ist auf die Beratung zu und die Durchführung von Lohngleichheitsanalysen spezialisiert. Dabei arbeitet sie mit mittleren und grossen Unternehmen und Organisationen im privaten sowie öffentlichen Sektor mit dem Ziel, potenzielle Lohndiskriminierung zwischen Frauen und Männern zu identifizieren. Die statistischen Methoden, die sie dazu verwendet, reichen von der Methode, die dem Standardanalysetool des Bundes unterliegt, bis zu vertieften Methoden, die auf das Unternehmen angepasste Analysen ermöglichen.

Inhaltsverzeichnis

1. Einleitung ...51
1.1 Lohnunterschiede sind noch keine Lohndiskriminierung ...51
1.2 Gleicher Lohn für gleiche Arbeit ...52
1.3 Wo steht die Schweiz in Sachen Lohngleichheitsanalyse? ...53

2. Lohngleichheit messen ...55
2.1 Üblicherweise verwendete Methoden ...55
2.2 Einflussfaktoren auf den Lohn bei der statistischen Lohnanalyse ...56
2.3 Statistische Lohnanalyse anhand des Logib ...57
2.4 Keine «Nulltoleranz» bei der Lohngleichheitsanalyse ...58

3. Das Wichtigste für Arbeitgeber*innen ...59
3.1 Gesetzliche Pflichten fristgerecht einhalten ...59
3.2 Betriebliche Realität abbilden ...60
3.3 Resultate zielführend kommunizieren ...60
3.4 Lohngleichheit nachhaltig sichern ...61

4. Das Wichtigste für Revisor*innen ...61

5. Zusammenfassung ...62

6. Ausblick: Lohngleichheit und Gleichstellung ...62

Literatur und Materialien ...63

1. Einleitung

Mit der Revision des Gleichstellungsgesetzes vom 1. Juli 2020 ist Lohngleichheit in aller Munde. Nicht nur die Pflichten für Arbeitgebende und Revisionsstellen, sondern auch die öffentliche Diskussion hält die Schweiz auf Trab. Doch was heisst Lohngleichheit genau, und wie kann sie gemessen werden? Der folgende Beitrag beantwortet diese Fragen.

1.1 Lohnunterschiede sind noch keine Lohndiskriminierung

Lohnunterschiede zwischen Frauen und Männern sind z. B. Differenzen in den Durchschnittslöhnen von Frauen und Männern: «Im Durchschnitt verdienen Frauen bei Firma X 10% weniger als Männer.» Kann so ein Lohnunterschied als diskriminierend eingeschätzt werden? Nicht direkt. Lohnunterschiede können nämlich zu einem Grossteil erklärt werden, etwa durch die Hierarchieeinstufung oder die Berufserfahrung. Die Aussage «Im Durchschnitt verdienen Frauen bei Firma X, die in der mittleren Kaderstufe angestellt sind, 10% weniger als Männer in derselben Kaderstufe» kommt dem Konzept von Lohndiskriminierung schon näher. Spricht man von Lohnungleichheit oder Lohnunterschieden, kann also nicht direkt auf Lohndiskriminierung geschlossen werden. Erst, wenn die Lohnungleichheit nicht mehr aufgrund von objektiven Kriterien erklärt werden kann, ist diese Ungleichheit potenziell diskriminierend. Somit kann erst dann von Lohndiskriminierung gesprochen werden.

Üblicherweise sind die Hierarchie- und Funktionseinstufung, die Erfahrung und die Ausbildung der Mitarbeitenden Faktoren, die den Lohn beeinflussen. Das heisst, dass durch diese Faktoren Lohnunterschiede erklärt werden können und daher plausibel sein können. Wie und in welchem Ausmass Lohnunterschiede zwischen zwei Mitarbeitenden jedoch genau erklärt werden können, hängt letztendlich auch von der Lohnstruktur eines Unternehmens oder einer Organisation ab. Zum Beispiel ist der Faktor Ausbildung an Universitäten tendenziell stärker lohnwirksam als bei nicht bildungsfokussierten Organisationen, wie beispielsweise Unternehmen in der Finanzindustrie.

1.2 Gleicher Lohn für gleiche Arbeit

Die Bundesverfassung (Art. 8. Abs. 3) fordert gleichen Lohn für gleichwertige Arbeit. Mit der Revision des Gleichstellungsgesetzes zielt der Bund darauf ab, diesen «verfassungsrechtlichen Anspruch auf gleichen Lohn für gleichwertige Arbeit durchzusetzen.»[1] Der Bund stellt hierzu ein Tool zur Verfügung, mit dem Arbeitgebende ihre Löhne auf potenzielle Diskriminierung zwischen Frauen und Männern statistisch prüfen können. Das «Lohngleichheitsinstrument des Bundes», kurz «Logib» genannt, ist die Methode, die der Bund für die Lohngleichheitsanalyse empfiehlt. Diese Methode ist in einem Webtool kostenlos zugänglich und kann jederzeit auf die eigenen Lohndaten angewendet werden.[2]

Wie misst man die Gleichwertigkeit der Arbeit?

Der Wert der Arbeit wird im Logib durch die vordefinierten, objektiven Einflussfaktoren des Lohns definiert. Ein konkretes Beispiel: Wer eine höhere berufliche Stellung innehat, darf auch mehr verdienen. Es ist auch legitim, dass Frau Beck mehr verdient, wenn sie durch ihre Funktion komplexere Aufgaben wahrnimmt als Frau Sacher. Ist für Frau Becks Funktion eine höhere Ausbildung notwendig als für Frau Sachers Funktion, darf Erstere auch besser entlohnt werden, wenn sie diese Ausbildungsanforderung erfüllt. Andere Methoden als das Logib messen den Wert der Arbeit durch zusätzliche Faktoren. Wie bei jeder Anwendung von Lohnmodellen ist es massgebend, welche Informationen im Modell berücksichtigt werden (und welche nicht), um korrekte Resultate zu erhalten. Wird der Wert der Arbeit im Modell falsch definiert, kommt auch ein falsches Resultat heraus.

Der Kanton Zürich wurde z. B. vom Verwaltungsgericht dazu aufgefordert, die Einstufung von Pflegefachfrauen und -männern zu erhöhen, da der Wert ihrer Arbeit mit der bisherigen Einstufung falsch abgebildet war, insbesondere im Vergleich mit der Einstufung der Polizist*innen.[3]

---

1 Eidgenössisches Büro für die Gleichstellung von Frau und Mann, EBG, 2020. Häufige Fragen zur Lohngleichheitsanalyse nach Gleichstellungsgesetz.
2 Eidgenössisches Büro für die Gleichstellung von Frau und Mann, EBG, 2020. Häufige Fragen zur Lohngleichheitsanalyse nach Gleichstellungsgesetz.
3 Die Fachstellen für Gleichstellung in der Deutschschweiz, 2020.

Eine Lohngleichheitsanalyse, auf der Basis der unterschiedlichen Einstufung vor dem Gerichtsentscheid, hätte nicht zwingend Lohndiskriminierung zwischen den Pflegefachkräften und Polizist*innen erkannt, da die Lohnunterschiede durch die unterschiedliche Einstufung vom Modell als objektive, erklärende Einflussfaktoren des Lohns angenommen werden. Das Resultat dieser Lohngleichheitsanalyse wäre also falsch gewesen, da der Wert der Arbeit im Modell bereits von vornherein falsch definiert wurde.

Ein gutes Modell muss also den Wert der Arbeit in der jeweiligen Organisation durch passende Einflussfaktoren auf den Lohn richtig abbilden.

1.3 Wo steht die Schweiz in Sachen Lohngleichheitsanalyse?

Die Änderung des Bundesgesetzes über die Gleichstellung von Mann und Frau («Gleichstellungsgesetz») ist per 1. Juli 2020 in Kraft. Gemäss Abschnitt 4a: Lohngleichheitsanalyse und Überprüfung, ergeben sich daraus für Arbeitgebende, die per Jahresanfang 100 oder mehr Arbeitnehmende beschäftigen, drei Verpflichtungen:

1. die Durchführung einer **Lohngleichheitsanalyse** (Analyse)
2. die **Überprüfung** der Lohngleichheitsanalyse (Revision)
3. die **Information** der Arbeitnehmenden und Aktionär*innen über das Resultat der Lohngleichheitsanalyse (Kommunikation)

Durch die Erarbeitung und kostenlose Bereitstellung des Logib hat die Schweiz eine Vorreiterrolle eingenommen. Verschiedene andere Länder verpflichten ihre Unternehmen auch zum Nachweis der Lohngleichheit[4] – die Schweiz stellt dabei ein besonders einfaches, kostengünstiges und gut dokumentiertes Tool zur Verfügung, das auf einem ausgeklügelten statistischen Modell basiert. Die Logib-Methode hat zudem den Vorteil, dass sie schon seit Anfang der 2000er-Jahre entwickelt wurde.[5] Seither wird die Methode im Rahmen des Beschaffungswesens angewendet und werden dessen Resultate offiziell überprüft. Die Schweiz läuft daher mit der Änderung des Gleichstellungsgesetzes nicht ins Unbekannte, sondern weitet die Anwendung von Bekanntem auf die breite Masse aus.

---

4 Zum Beispiel: Grossbritannien, Österreich, Frankreich, Deutschland.
5 PricewaterhouseCoopers AG, 2019.

Einige Unternehmen haben schon vor der Einführung der gesetzlichen Pflicht Lohngleichheitsanalysen durchgeführt. Oft war ihr Ziel die Positionierung als attraktive Arbeitgeberin.

Um das Einhalten von Lohngleichheit öffentlich zu kommunizieren, gibt es bereits einige Zertifikate auf dem Schweizer Markt – wie sollen die Zertifikate interpretiert werden? Sie unterstützen zwar die interne und externe Kommunikation, sind aber nicht per se Nachweis für Lohngleichheit, deren Revision oder ausreichend für die Einhaltung der gesetzlich geforderten Kommunikation des Lohngleichheitsanalyse-Resultats. Die Zertifikate basieren auf unterschiedlichen Methoden für den Nachweis der Lohngleichheit.[6]

Zur Einhaltung des Gleichstellungsgesetzes ist jedoch Wissenschaftlichkeit und Rechtskonformität der angewandten Methode geboten.[7] Für das Logib stellt der Bund die Nachweise zur Wissenschaftlichkeit und Rechtskonformität zur Verfügung, während für andere, von Logib abweichende Methoden diese Nachweise erbracht werden müssen. Die Revisionsstelle prüft das Vorhandensein des Nachweises gemäss Verordnung über die Überprüfung der Lohngleichheitsanalyse.[8] Solche Nachweise können von unabhängigen Stellen wie z. B. Universitäten erstellt werden und unterliegen neben der Vorgabe, dass die Nachweise vollständig und transparent dokumentiert sein müssen,[9] keinen weiteren Kriterien.

Die Schweiz hat also mit dem neuen Gleichstellungsgesetz und der erprobten Methode, die durch das Logib einfach angewendet werden kann, eine Vorreiterrolle in der breiten Anwendung der Lohngleichheitsanalyse eingenommen und steht daher im internationalen Vergleich gut da in Sachen Lohngleichheitsanalyse.

---

6 Das «We Pay Fair»-Zertifikat der Universität St. Gallen basiert z. B. auf der vom Bund empfohlenen Methode Logib.
7 Art. 13c Gleichstellungsgesetz.
8 Art. 7 Abs. 3.
9 Art. 7 Abs. 3 Verordnung über die Überprüfung der Lohngleichheitsanalyse.

2. Lohngleichheit messen
2.1 Üblicherweise verwendete Methoden

Unzählige Methoden können Lohngleichheit messen. Welche ist die richtige? Die Antwort dazu hängt davon ab, was gemessen werden soll.

Der **Gender Pay Gap** ist an dieser Stelle zu erwähnen, da er oft in den Medien verwendet wird, um Lohndifferenzen eklatant zu machen.

Der Gender Pay Gap misst Lohngleichheit üblicherweise anhand der Durchschnittslöhne. Er wird oft in volkswirtschaftlichen Analysen gebraucht, um die gesamte Differenz in einem Land darzustellen. Der Gender Pay Gap misst damit nicht, ob die Entlohnung zwischen Herrn Lutz und Frau Beck fair ist. Er misst, ob die Durchschnittsfrau am Ende des Monats weniger oder mehr Geld eingenommen hat als der Durchschnittsmann. Damit ist der Unterschied in der Anstellung, d. h. der Hierachieebene oder der Funktion der Durchschnittsfrauen und Durchschnittsmänner in der Schweiz dem Gender Pay Gap inhärent.

In Abgrenzung zum Gender Pay Gap können wissenschaftlich fundierte Methoden grob in die arbeitswissenschaftliche Arbeitsbewertung und die statistische Lohnanalyse eingeteilt werden.[10]

Die **arbeitswissenschaftliche Arbeitsbewertung** ist eine qualitative Analyse, die auf der Bestimmung von Anforderungen und Belastungen einer Funktion basiert. Oft wird die arbeitswissenschaftliche Arbeitsbewertung dazu verwendet, die Wertigkeit einer Funktion zu bestimmen. Die Methode hat den Vorteil, dass sie Merkmale wie z. B. die psychosozialen Anforderungen und Belastungen miteinbezieht, welche oft nicht direkt in den Daten zu erkennen sind, aber lohnwirksam sind. In konkreten Fällen, wie beim Vergleich des Funktionslohns von Frau Beck und Herrn Lutz, kann mithilfe der arbeitswissenschaftlichen Arbeitsbewertung bestimmt werden, ob eine geschlechterspezifische Lohnungleichheit vorliegt. Systematische Lohndiskriminierung kann anhand der Bewertung des Lohnsystems erkannt werden. Ob die Systematik der Lohnbänder in einem Unternehmen an sich diskriminierend ist, kann durch die arbeitswissenschaftliche Arbeitsbewertung qualitativ erkannt

---
10 Schär Moser & Baillod, 2006.

werden. Nachteilig ist bei dieser Methode die Subjektivität des Bewertungsprozesses der Funktionen. Zusätzlich kann Lohngleichheit zwischen Unternehmen nicht verlässlich verglichen werden, wenn sie auf der arbeitswissenschaftlichen Arbeitsbewertung basiert, da die Kombination und Gewichtung der Faktoren, die in die Arbeitsbewertung mit einfliessen, oft unternehmensspezifisch sind.[11]

Die **statistische Lohnanalyse** ist eine quantitative Methode, die systematische Lohndiskriminierung aufgrund von Lohn- und Personaldaten identifiziert. Unterschiedliche Arten von statistischen Lohngleichheitsanalysen zielen dabei auf verschiedene Detaillierungsgrade ab. In Anbetracht der Anforderungen im Gleichstellungsgesetz ist die einfache Regression, die auf Durchschnittswerten basiert, relevant. Diese Methode schätzt den durchschnittlichen Effekt, den verschiedene Faktoren auf den Lohn haben. Zum Beispiel: «Ein Jahr mehr Berufserfahrung erhöht den Lohn im Durchschnitt um 3%.»

Es wird wohl kaum Unternehmen geben, die das Geschlecht direkt als Einflussfaktor des Lohns vorgeben: «Sie sind eine Frau, daher verdienen Sie 10% weniger als Ihr männlicher Kollege.» Vielmehr ist der Einfluss des Geschlechts in statistischen Lohnanalysen als «Black Box» zu betrachten. Sofern nicht durch objektive Merkmale, die in den Daten ersichtlich sind, erklärt werden kann, wieso der Lohn von Herrn Lutz höher ist als der Lohn von Frau Gschwend, wird der Unterschied dem Geschlecht zugeschrieben.

2.2 Einflussfaktoren auf den Lohn bei der statistischen Lohnanalyse

Das Ergebnis einer statistischen Lohnanalyse hängt davon ab, welche Einflussfaktoren ins Modell miteinbezogen werden. Nur quantifizierbare Faktoren können dabei berücksichtigt werden, praktisch gesehen also Faktoren, die in den Daten vorhanden sind oder mit geringem Aufwand erhoben werden können. Bei jedem Faktor, der ins Modell miteinbezogen wird, muss begründbar sein, wieso dieser Faktor, objektiv und nicht geschlechtsspezifisch, unterschiedlich den Lohn beeinflusst.[12] Mögliche objektive Einflussfaktoren sind beispielsweise Ausbildung oder Dienstalter.

---

11   Schär Moser & Baillod, 2006.
12   Schär Moser & Baillod, 2006.

Der Bund verwendet im Logib nur diskriminierungsfreie Einflussfaktoren, d. h. Faktoren, die nicht direkt oder indirekt diskriminierend auf den Lohn wirken. Bei den von Logib abweichenden Modellen ist Vorsicht bei den vermeintlich nicht diskriminierenden Einflussfaktoren geboten: Indirekt können auch tiefere Löhne beispielsweise aufgrund des Beschäftigungsgrads diskriminierend wirken – weil sie oft nur Frauen betreffen.[13]

2.3 Statistische Lohnanalyse anhand des Logib

Logib ist ein Instrument der statistischen Analyseklasse und misst den durchschnittlichen Effekt eines Merkmals auf den Lohn. Das Logib teilt den Lohnunterschied in zwei Teile ein:

1. den Anteil des durch vordefinierte, objektive Einflussfaktoren des Lohns **erklärten** Lohnunterschieds und

2. den Anteil des durch diese vordefinierten, objektiven Einflussfaktoren **unerklärten** Lohnunterschieds.

Dabei wird der zweite Anteil «Geschlechtereffekt» genannt.

Die vordefinierten, objektiven Einflussfaktoren auf den Lohn im Logib sind: Ausbildung, Dienstjahre, potenzielle Erwerbserfahrung, berufliche Stellung, betriebliches Kompetenzniveau. Der Effekt dieser Einflussfaktoren auf den Lohn kann oft fast den ganzen Lohnunterschied erklären. Der Geschlechtereffekt hingegen kann potenzielle Lohndiskriminierung darstellen.

Wieso «potenzielle» Lohndiskriminierung? Es ist möglich, dass der laut dem Logib unerklärte Anteil des Lohnunterschieds gemäss Realität im Unternehmen weiter erklärt werden kann und der unerklärte Geschlechtereffekt damit schrumpft. Zum Beispiel werden Unterschiede in Provisionslöhnen im Logib nicht gut abgebildet. Das Logib erkennt also nicht, dass Herr Lutz mehr als Frau Beck verdient, weil Herr Lutz mehr Produkte verkauft hat und sich das aufgrund der Provisionslöhne positiv auf seinen Lohn auswirkt. Der Grund dafür ist, dass Leistung nicht als Einflussfaktor im Logib miteinbezogen wird. Wird Leistung als Einflussfaktor von Löhnen im Lohnanalysemodell anerkannt, kann das Modell also

---
13 Felfe, Trageser & Iten, 2015.

Lohnunterschiede erklären, die in einem Modell ohne Leistungsmessung unentdeckt bleiben und in der Folge womöglich fälschlich als potenzielle Lohndiskriminierung identifiziert werden.

Der Bund hält sich mit dem Einbezug von Leistung im Logib aber zurück. Leistung birgt schliesslich Diskriminierungspotenzial und sollte daher, bevor sie als objektiver Einflussfaktor des Lohns angesehen wird, auf dieses Diskriminierungspotenzial geprüft werden. In Fällen von Provisionslöhnen oder anderen Einflussfaktoren, die massgebend für den Lohn sind, aber nicht im Logib vertreten sind, ist das Logib oft nicht das passendste Instrument, um die Lohnstruktur korrekt abzubilden. In solchen Fällen ist es ratsam, eine zusätzliche interne Überprüfung der Lohngleichheit durchzuführen, um noch mehr über die Einflussfaktoren auf den Lohn zu erfahren.

2.4 Keine «Nulltoleranz» bei der Lohngleichheitsanalyse

In der Praxis ist eine Toleranzschwelle von 5% unerklärter Lohndifferenz zwischen Männern und Frauen üblich. Firma X darf also im Logib einen Geschlechtereffekt auf den Lohn von höchstens 5% haben.[14] Dürfen Frauen also durchschnittlich bis zu 5% weniger verdienen als Männer?

Die Toleranzschwelle ist als **Fehlertoleranz, nicht als Diskriminierungstoleranz** zu interpretieren. Der Bund gibt mit dieser Toleranzschwelle also nicht seinen Segen zur Diskriminierung, sondern lässt Spielraum für allfällige Fehler, die durch die Modellspezifikation und deren fehlende Passgenauigkeit auf das jeweilige Unternehmen vorkommen können. Die Einführung der Toleranzschwelle dient einerseits dazu, dass Unternehmen nicht fälschlicherweise als lohndiskriminierend verdächtigt werden, birgt andererseits aber Potenzial für fälschlicherweise als nicht lohndiskriminierend kategorisierte Unternehmen.[15]

Zu hinterfragen ist jedoch die Festsetzung der Toleranzschwelle. Die Höhe der Toleranzschwelle wird weder juristisch noch wissenschaftlich belegt. Vielmehr wird die Höhe der Toleranzschwelle aufgrund der Er-

---

14 Der Geschlechtereffekt muss statistisch signifikant über 5% liegen, um die Toleranzschwelle zu überschreiten.
15 Felfe, Trageser & Iten, 2015.

gebnisse in den Lohnkontrollen im Rahmen des Beschäftigungswesens durch die Kontrolleur*innen beurteilt.[16]

Die Toleranzschwelle gilt offiziell für Überprüfungen im Rahmen des Beschaffungswesens, ist jedoch nicht im Gleichstellungsgesetz verankert.[17] In der Praxis verwendet das Logib jedoch die 5%-Toleranzschwelle bei der Interpretation der Lohngleichheitsresultate.

3. Das Wichtigste für Arbeitgeber*innen
3.1 Gesetzliche Pflichten fristgerecht einhalten

Gemäss Verordnung über die Überprüfung der Lohngleichheitsanalyse prüfen Revisor*innen, ob die Lohngleichheitsanalyse im gesetzlich vorgeschriebenen Zeitraum durchgeführt wurde. Das Gleichstellungsgesetz verpflichtet zur Durchführung der Lohngleichheitsanalyse im «betreffenden Jahr», in dem die Anzahl Mitarbeitende mindestens 100 beträgt.[18] Damit startet jedes Unternehmen den Zeitplan für die beiden weiteren Verpflichtungen, die Überprüfung der Lohngleichheitsanalyse und die Kommunikation der Resultate. Innerhalb eines Jahres muss die Lohngleichheitsanalyse abgeschlossen sein, innerhalb des nächsten Jahres die Überprüfung und innerhalb des nachfolgenden Jahres die Kommunikation des Resultats. Dies ergibt folgende maximale Bearbeitungszeiten der drei Verpflichtungen:[19]

Zeitraum/Frist	Aktion
Zwischen 1. Juli 2020 und 30. Juni 2021	Durchführung der Lohngleichheitsanalyse
Bis spätestens 30. Juni 2022 oder ein Jahr nach Abschluss der Lohngleichheitsanalyse	Überprüfung der Lohngleichheitsanalyse durch eine externe Stelle
Bis spätestens 30. Juni 2023 oder ein Jahr nach Abschluss der Überprüfung	Information von Mitarbeitenden und Aktionär*innen über das Ergebnis der Lohngleichheitsanalyse

---

16 Felfe, Trageser & Iten, 2015.
17 Die Toleranzschwelle wird lediglich in der Logib-Wegleitung vom Eidgenössischen Büro für die Gleichstellung von Frau und Mann, EBG, erwähnt.
18 EBG, FAQ Logib.
19 EBG, Häufige Fragen zur Lohngleichheitsanalyse nach Gleichstellungsgesetz, Punkt 6, und Art. 13a, 13e und 13g Gleichstellungsgesetz.

3.2 Betriebliche Realität abbilden

Um die betriebliche Realität im Logib oder in anderen Lohnanalysemodellen möglichst genau abzubilden, ist eine Prüfung der Lohnpraxis notwendig. Dabei können folgende Leitfragen helfen: Welches Modell passt zu Ihrer Lohnpraxis, und welche Erklärungsfaktoren sind nötig, um Lohnunterschiede objektiv zu erklären? Wie kann die Lohnpraxis am adäquatesten im Modell widergespiegelt werden? Hier spielen beispielsweise die Einteilung in die berufliche Stellung (Hierarchiestufen) oder das betriebliche Kompetenzniveau eine grosse Rolle. Unter anderem bestimmt diese Einteilung den Wert einer Funktion. Wenn der Wert der Funktion nicht gemäss der betrieblichen Realität im Modell abgebildet werden kann, kann dies daran liegen, dass das Modell nicht zur Lohnpraxis im Unternehmen passt. Dann muss ein passenderes Modell gewählt werden.

3.3 Resultate zielführend kommunizieren

Das Ergebnis der Lohngleichheitsanalyse muss den Arbeitnehmenden und den allfälligen Aktionär*innen schriftlich mitgeteilt werden, wobei das Gleichstellungsgesetz keine spezifischen Vorgaben zum Inhalt der Kommunikation macht.[20]

Die Herausforderung bei der Kommunikation ist, dass das Ergebnis transparent beschrieben wird, ohne Verwirrung zu stiften. Verwirrung kann z. B. von der womöglich nicht intuitiven Interpretation des Geschlechtereffekts in der Regressionsanalyse kommen. Da statistische Resultate ohne Grundkenntnisse oft irreführend sein können, empfiehlt es sich, bei der Kommunikation des Ergebnisses vorsichtig im Umgang mit rohen Zahlen zu sein. Diese müssen erklärt werden, um Fehlinterpretationen vorzubeugen.

Zertifikate, die Lohngleichheit bestätigen, können bei der Kommunikation auch hilfreich sein, ersetzen aber nicht zwingend die Pflicht zur Kommunikation gemäss Gleichstellungsgesetz. Wichtig ist, vorab zu prüfen, ob die Zertifikate einer wissenschaftlichen und rechtskonformen Methode unterliegen.

---

20 Art. 13g und 13h Gleichstellungsgesetz.

3.4 Lohngleichheit nachhaltig sichern

Die Lohngleichheit zu messen, ist der erste Schritt zu einer diskriminierungsfreien Lohnpraxis. Bei der Lohngleichheitsanalyse handelt es sich nämlich um eine Standortanalyse, die zur Identifikation von systematischer Diskriminierung auf Unternehmensbasis verhilft. Daraus können sich spezifische Massnahmen zur Verringerung der Lohndiskriminierung herauskristallisieren. Zum Beispiel können einzelne zu tiefe Löhne punktuell angepasst werden. Eine nachhaltige Verbesserung der Lohnpraxis in Richtung Lohngleichheit kann erreicht werden, indem Personalprozesse diskriminierungsfrei gestaltet werden und dementsprechend keine neue Lohndiskriminierung, beispielsweise bei Lohnverhandlungen im Rahmen der Rekrutierung, mehr entsteht.

4. Das Wichtigste für Revisor*innen

Revisor*innen sind verpflichtet, einen Ausbildungskurs zu absolvieren, der sie zur formellen Überprüfung der Lohngleichheitsanalysen befähigt.[21] Dieser Ausbildungskurs gibt eine Einführung zur Methode, auf dem das Logib aufbaut, und beschreibt den Prozess der Überprüfung der Lohngleichheitsanalysen. Die Einhaltung folgender Anforderungen wird von Revisor*innen überprüft:[22]

a) Die Lohngleichheitsanalyse wurde im gesetzlich vorgeschriebenen Zeitraum durchgeführt.

b) Es liegt ein Nachweis vor, wonach die Lohngleichheitsanalyse nach einer wissenschaftlichen und rechtskonformen Methode durchgeführt wurde.

c) Alle Arbeitnehmerinnen und Arbeitnehmer wurden vollständig erfasst.

d) Alle Lohnbestandteile wurden vollständig erfasst.

e) Die erforderlichen Daten, einschliesslich persönlicher und arbeitsplatzbezogener Merkmale, wurden vollständig erfasst.

---

21 Art. 6 Verordnung über die Überprüfung der Lohngleichheitsanalyse.
22 Art. 7, Abs. 2 Verordnung über die Überprüfung der Lohngleichheitsanalyse.

5. Zusammenfassung

Lohndiskriminierung ist zu unterscheiden von Lohndifferenzen. Von Lohndiskriminierung wird gesprochen, wenn es einen durch objektive Faktoren unerklärbaren Lohnunterschied zwischen Frauen und Männern gibt. Verschiedene statistische Lohnanalysemodelle können diesen unerklärbaren Lohnunterschied identifizieren. Um Lohngleichheit gemäss dem neuen Gleichstellungsgesetz nachzuweisen, empfiehlt der Bund eine Regressionsanalyse gemäss dem Logib. Diese Methode identifiziert den Effekt des Geschlechts auf den Lohn bei gleicher Ausbildung, gleichen Dienstjahren, gleicher potenzieller Erwerbserfahrung, beruflicher Stellung, gleichem betrieblichem Kompetenzniveau. Sollten diese Faktoren nicht zur Lohnpraxis eines Unternehmens passen, empfiehlt es sich, ein Modell zu wählen, das die Lohnpraxis besser darstellen kann, und dieses zumindest als Ergänzung zum Logib zu verwenden. Ziel ist es, die betriebliche Realität bestmöglich in einem Modell zu erfassen und dementsprechend systematische Lohndiskriminierung zu analysieren.

6. Ausblick: Lohngleichheit und Gleichstellung

Der aktuelle Fokus in der Schweiz liegt, dem revidierten Gleichstellungsgesetz entsprechend, stark auf der Identifikation von Lohndiskriminierung. Dabei ist Lohndiskriminierung nur ein Teil eines grossen Ganzen – der Gleichstellung. Wird Lohndiskriminierung festgestellt, ist das oft das Resultat nicht gelebter Gleichstellung.

Neben der Lohndiskriminierung sind zusätzlich oft andere Formen der Diskriminierung zu erkennen. Beschäftigungsdiskriminierung ist eines der häufigsten Phänomene, die in Schweizer Firmen auftauchen. Bei der Beschäftigungsdiskriminierung zuungunsten der Frauen geht es darum, dass Frauen grössere Hürden in der Anstellung, Weiterbildung, Beförderung, Übernahme von Aufgaben etc. haben als Männer mit gleicher Qualifikation.[23]

Die Änderung des Gleichstellungsgesetzes und damit die seit 1. Juli 2020 geforderten Verpflichtungen um die Lohngleichheitsanalyse treten nach

---

23 Schär Moser & Baillod, 2006.

zwölf Jahren wieder ausser Kraft. Bis dahin wird die öffentliche Diskussion um die Thematik der Lohngleichheit ihren Beitrag leisten, Lohngleichheit, aber auch Lohntransparenz zu fördern. Kann angenommen werden, dass sich die Problematik der Lohndiskriminierung aufgrund des Geschlechts bis dahin aufgelöst hat? Dies steht noch in den Sternen.

Literatur und Materialien

Literatur

Facincani, N. (1. Dezember 2016): Überblick über das Gleichstellungsgesetz – Arbeitsrecht Aktuell, Arbeitsrecht, abgerufen von: https://www.arbeitsrecht-aktuell.ch/de/2016/12/01/ueberblick-ueber-das-gleichstellungsgesetz/

Die Fachstellen für Gleichstellung in der Deutschschweiz (2020): Zürich Fall 7 Lohngleichheit für Krankenschwestern im Vergleich mit Polizisten (n. d.). Entscheide nach Gleichstellungsgesetz, abgerufen von: https://www.gleichstellungsgesetz.ch/d103-1007.html

Eidgenössisches Büro für die Gleichstellung von Frau und Mann, EBG (2020): FAQ Logib, abgerufen von: https://www.ebg.admin.ch/ebg/de/home/dienstleistungen/logib/faq-logib.html

Eidgenössisches Büro für die Gleichstellung von Frau und Mann, EBG (2020): Häufige Fragen zur Lohngleichheitsanalyse nach Gleichstellungsgesetz, abgerufen von: https://www.ebg.admin.ch/ebg/de/home/themen/arbeit/lohngleichheit/lohngleichheitsanalyse-gleichstellungsgesetz.html

Felfe, C./Trageser, J./Iten, R. (2015): Studie zu den statistischen Analysen der Eidgenossenschaft betreffend die Lohngleichheit von Frau und Mann, Eidgenössisches Büro für die Gleichstellung von Frau und Mann, EBG (2020).

Pärli, K. (2019): Diskussionspapier zum Diskriminierungspotenzial einzelner Erklärungsfaktoren zur Messung der Lohngleichheit zwischen Frau und Mann aus juristischer Sicht, Eidgenössisches Büro für die Gleichstellung von Frau und Mann, EBG.

PricewaterhouseCoopers AG (2019): Technischer Beschrieb zur Lohnspezifikation im Standard-Analysemodell des Bundes – Phase 2 – Rechtskonforme Lohnspezifikation, Eidgenössisches Büro für die Gleichstellung von Frau und Mann, EBG, abgerufen von: https://docplayer.org/187001090-Fachbereich-arbeit-technischer-beschrieb-zur-lohnspezifikation-im-standard-analysemodell-des-bundes-rechtskonforme-lohnspezifikation.html

Schär Moser, M./Baillod, J. (2006): Instrumente zur Analyse von Lohndiskriminierung. Orientierungshilfe für die juristische Praxis, Eidgenössisches Büro für die Gleichstellung von Frau und Mann, EBBG, abgerufen von: https://www.gleichstellungsgesetz.ch/pdf/Instrumente_zur_Analyse_von_Lohndiskriminierung.pdf

Materialien

Bundesgesetz über die Gleichstellung von Frau und Mann (n. d.), Schweizerische Eidgenossenschaft, abgerufen von: https://www.admin.ch/opc/de/classified-compilation/19950082/index.html

Verordnung über die Überprüfung der Lohngleichheitsanalyse (n. d.), Schweizerische Eidgenossenschaft, abgerufen von: https://www.admin.ch/opc/de/classified-compilation/20191248/index.html

Unternehmensbewertung von KMU in der DACH-Region

Prof. Dr. Tobias Hüttche ist Wirtschaftsprüfer und Steuerberater (D) sowie Certified Valuation Analyst (CVA). Er ist Professor für Revisions- und Treuhandwesen und leitet das Institut für Finanzmanagement an der Hochschule für Wirtschaft in Basel (FHNW). Nach Studium und Doktorat war Tobias Hüttche für internationale Prüfungsgesellschaften in München und Frankfurt a. M. tätig. Er ist Partner einer Treuhandgesellschaft mit Standorten in Deutschland und der Schweiz und berät Unternehmen und Unternehmer bei finanziellen Entscheiden. Er ist weiter Gründungspartner und Verwaltungsrat der wevalue AG, einer Anbieterin webbasierter Unternehmensbewertungen.

Dr. Fabian Schmid ist promovierter Ökonom und Certified Valuation Analyst (CVA). Er ist Dozent für Corporate Finance an der Hochschule für Wirtschaft der Fachhochschule Nordwestschweiz (FHNW). Seine Themenschwerpunkte umfassen die Bewertung von KMU und die Kapitalkostenbestimmung, zu denen er regelmässig referiert und publiziert. Zudem ist er Gründungspartner und Geschäftsführer der wevalue AG, einer Anbieterin webbasierter Unternehmensbewertungen. Er bewertet regelmässig KMU und berät Unternehmen bei finanziellen und strategischen Fragestellungen.

Inhaltsverzeichnis

1.	**Einleitung**	67
2.	**Eigenheiten der Unternehmensbewertung von KMU**	67
3.	**Internationale Bewertung von KMU**	69
4.	**Besonderheiten von KMU und Auswirkungen auf die Bewertung**	72
5.	**Berufsständische Stellungnahmen zur Bewertung von KMU in der DACH-Region**	74
5.1	Verankerung des Berufsstands in der DACH-Region	74
5.2	Deutschland	75
5.3	Österreich	76
5.4	Schweiz	77
5.5	Gemeinsamkeiten und Unterschiede	77
6.	**Bewertungspraxis**	79
6.1	Bewertungsmethoden	79
6.2	Besonderheiten	79
6.3	Vereinfachende Bewertungsverfahren	81
6.3.1	Empfehlungen anderer Organisationen zur Bewertung von KMU	83
6.3.2	Branchenübliche Bewertungsverfahren	84
7.	**Fazit**	85
Literaturverzeichnis		86

1. Einleitung

Die Bewertung von KMU ist keine «kleine» Bewertung und schon gar nicht einfach. Noch komplizierter wird es, wenn es sich um Bewertungen oder Wertvorstellungen aus dem Ausland handelt, über die im Inland – beispielsweise bei Kauf und Verkauf, Rechtsstreitigkeiten oder Schiedsverfahren – entschieden werden muss. Unterschiede bei der Bewertung von KMU ergeben sich trotz weitgehend gleicher Sprache auch innerhalb der DACH-Region. Diese zu kennen, ist der erste Schritt, um besser zu entscheiden und Konflikte zu vermeiden. Erstaunlicherweise ist jedoch wenig zur vergleichenden Unternehmensbewertung zu finden.[1] *Lobo/ Bottomley* haben zwar 2015 unter dem vielversprechenden Titel «Around the World in Eighty Valuations» eine Analyse vorgelegt, die jedoch nur fünf Länder abdeckt und bei der über die Grösse der jeweils bewerteten Unternehmen keine Informationen gegeben werden. Diese Forschungslücke ist angesichts der Verflechtung der Wirtschaftsräume erstaunlich. Der folgende Beitrag gibt dazu einen Überblick, bezogen auf die für die Leserschaft relevante DACH-Region.[2]

2. Eigenheiten der Unternehmensbewertung von KMU

KMU werden aus denselben Anlässen bewertet wie grosse bzw. kotierte Unternehmen, allerdings mit anderen Schwerpunkten.[3] Bei kotierten Unternehmen approximiert deren Börsenwert recht gut den Verkehrswert. Bei KMU geben allenfalls zeitnahe Transaktionspreise einen Hinweis darauf. Ansonsten ist in allen Fällen, in denen Verkehrswerte benötigt werden, eine Bewertung erforderlich.

Bei KMU sind dies neben Kauf und Verkauf insbesondere Nachfolgeregelungen, bei denen sich eine Bewertung schon aus Gründen der «Familiengerechtigkeit» empfiehlt. Weitere und im Vergleich zu kotierten Unternehmen häufigere Anlässe ergeben sich aus den Statuten, Gesellschaftsverträgen oder Aktionärsbindungsverträgen (Eintritt, Ausscheiden

---

1 Eine Ausnahme bilden im deutschsprachigen Raum die rechtsvergleichenden Arbeiten von Fleischer, dazu z. B. Fleischer (2000), S. 1331 ff.
2 Diese Übersicht ist eine überarbeitete und ergänzte Fassung des Beitrags von Hüttche (2020), S. 1193 ff.
3 Vgl. Hüttche/Schmid (2019), S. 1108 f.

oder Ausschluss von Gesellschaftern) sowie Finanzierungsfragen (Beleihungsgrenzen). Schliesslich sind aus steuerlichen Gründen Bewertungen erforderlich.

Die den KMU zugeschriebene «Hemdsärmeligkeit» gilt in vielen Fällen auch für den Bewertungsprozess. Dies beginnt mit der Auftragsvergabe: Nur selten – beispielsweise aus steuerlichen Gründen – wird ein dem Unternehmen fremder Berufsträger ausdrücklich mit einer Bewertung inklusive eines vollständigen «Hochglanzgutachtens» beauftragt werden. Häufig geht es bei KMU lediglich um eine Einschätzung oder eine Bandbreite als Basis weiterer eigener Überlegungen. Bewerter rekrutieren sich dann üblicherweise aus dem Kreis bereits für das Unternehmen tätiger Prüfer oder Berater.

Auch die Auftragsdurchführung stellt sich in vielen Fällen als pragmatischer Kompromiss zwischen dem theoretisch Erforderlichen und dem – angesichts beschränkter Zeit und beschränktem Budget – praktisch Möglichen dar. Dies betrifft auch die Methodenwahl, bei der – in einzelnen Ländern mehr, in anderen weniger – vereinfachte Verfahren (sog. Praktikerverfahren) immer noch grossen Zuspruch finden. Doch auch bei der Verwendung von Zukunftserfolgsverfahren (DCF- oder Ertragswertverfahren) wird häufig mit stark vereinfachenden Annahmen gearbeitet, etwa bezüglich der Kapitalkosten oder der Ableitung des Restwerts.

Vereinfachungen finden sich auch in der Berichterstattung. Hier ist eine verkürzte Berichterstattung verbreitet, häufig auch nur in Form sogenannter Wertüberlegungen oder verkürzter Gutachten. Auch eine nur mündliche Berichterstattung anhand einer mehr oder weniger ausführlichen Präsentation ist zu beobachten.

Die auch im Bereich Unternehmensbewertung fortschreitende Digitalisierung öffnet auch KMU-Bewertern den Zugang zur Welt und den Möglichkeiten «grosser Bewertungen». Auch bei der Bewertung von KMU kommen daher mehr und mehr webbasierte Bewertungstools zum Einsatz. Sinnvollerweise sind diese nicht als «Robo-DCF»[4] gebaut, sondern nehmen Bewertenden vor allem fehleranfällige und aufwendige Modellie-

---

4 http://aswathdamodaran.blogspot.com/2015/02/dcf-myth-1-if-you-have-ddiscount-rate.html. abgerufen am 18.12.2020.

rungsarbeiten ab.[5] Allerdings bleibt es dabei, dass eine sachgerechte Unternehmensbewertung beides verlangt: die Beherrschung des Handwerks, eben der «Bewertung», und ein tiefes Verständnis für das «Unternehmen».

3. Internationale Bewertung von KMU

Mit der Internationalisierung der Wirtschaft geht ein internationales Interesse an Unternehmenswerten einher. Dies betrifft auch KMU. Sie suchen Expansionsmöglichkeiten im Ausland, sind selbst aber auch attraktive Zielgesellschaften. Internationale Kooperationen oder gar Fusionen sind auch im KMU-Umfeld keine Seltenheit mehr. Weiter ergeben sich aus dem grenzüberschreitenden Geschäft auch grenzüberschreitende Bewertungsfragen, etwa im Zusammenhang mit der Besteuerung (Funktionsverlagerungen, BEPS etc.) oder Rechtsstreitigkeiten (z. B. Schiedsverfahren).

Während Grossunternehmen häufig durch international tätige Bewerter mit weitgehend einheitlichen Methoden bewertet werden, ist die Situation bei KMU – wie beschrieben – eine andere. National unterschiedliche Wertauffassungen und Bewertungspraktiken führen dann zu «geoprofessionellen»[6] Unterschieden. Diese erschweren die Kommunikation, Transaktion und Konfliktlösung.

Interessanterweise ist das hierzulande beliebte «Praktikerverfahren» keine Schweizer Eigenheit. Solche Kombinationsverfahren – also Mischungen aus Substanz- und Ertragswert – haben sich aus der Verkaufspraxis bei bebauten Grundstücken entwickelt.[7] In der Bewertungslehre wurden diese u. a. durch *Jakob Viel* (Zürich), *Otto Bredt* (Hannover) und *Maurice Rendard* (Paris) vertreten. Gemeinsam mit *Otto Hax* (Frankfurt) und im Auftrag der *Union Européenne des Experts Comptables, Economiques et Financiers* (UEC) publizierten sie 1961 diese Methode erstmals in einer geschlossenen Darstellung. Die fortan sogenannte UEC-Methode war faktisch der erste Unternehmensbewertungsstandard für Wirtschaftsprüfer.[8]

---

5 Zu nennen sind z. B. die Angebote von wevalue.ch, PwC eValuation oder valutico.com.
6 Lobo/Bottomley (2015), S. 2.
7 Siehe bereits Axer (1932), S. 22.
8 Siehe Henselmann (2012), S. 107.

Die UEC ist Geschichte – sie wurde 1986 aufgelöst –, und auch die «UEC-Methode» wird seit 1967 in dieser Form nicht mehr vertreten.[9] Derzeit steht – soweit erkennbar – in der Bewertungslehre niemand mehr für die theoretische Richtigkeit des Praktikerverfahrens ein.[10] Zwar sind einzelne Aspekte – Substanzbezogenheit des Erfolgs, Kapitalbindung, Übergewinne und deren Gefährdung durch die Konkurrenz – durchaus anerkannt, deren methodische Verknüpfung in einer Formel jedoch zweifelhaft.

Mit dem International Valuation Standards Council (IVSC) existiert seit einiger Zeit eine Organisation, die sich – vergleichbar dem IASB auf dem Gebiet der Rechnungslegung (IFRS) – als internationaler Standardsetter im Bereich der Unternehmensbewertung versteht. Einheitlichkeit und Standardisierung sind zwar ein Wert an sich und daher ein Vorteil, allerdings ist der Siegeszug der IFRS wesentlich deren Anerkennung durch die Aufsichtsbehörden zu verdanken. Ein vergleichbarer Coup steht beim IVSC noch aus. Zu einer international harmonisierten Bewertungspraxis ist es daher noch ein langer Weg.[11] Bis dahin bleiben Unternehmensbewertungen «mathematics in context».[12]

Auch die anwendungsorientierte Forschung zur Bewertung von KMU ist ganz überwiegend national ausgerichtet und beleuchtet die Praxis einzelner Länder (beispielsweise für Spanien jüngst *Occhino/Maté 2018* oder Italien *Grandis/Palazzi 2015*). Im deutschen Sprachraum vergleicht *Nicklas 2008* nationale und internationale Standards zur Unternehmensbewertung, geht dabei jedoch nicht auf die Bewertungspraxis oder die Besonderheiten bei KMU ein. Herausragend sind «komparative Miniaturen» von *Fleischer*, der jedoch eine rechtsvergleichende Perspektive bei der Unternehmensbewertung einnimmt. 2017 untersucht *Merdian* die berufsständischen Vorgaben in ausgewählten europäischen Ländern, jedoch unter dem Blickwinkel der Vereinheitlichung dieser Vorgaben. Neu und seit 2018 versucht die *Organismo Italiano di Valutazione* diese Lücke zu schliessen, indem im *Business Valuation Journal* grenzüberschreitend

---

9 Vgl. Hüttche/Schmid (2019), S. 84.
10 Helbling bezeichnet sie als «reine Kompromisslösungen, die wie jeder Kompromiss theoretisch nicht begründet werden können», Helbling (2012), S. 813. Im Übrigen merkte Käfer bereits 1946 an, «die Methode nur den Vorzug hat, das Denken zu ersparen», Käfer (1946), S. 90.
11 Vgl. Hayn (2019), S. 162.
12 Grossfeld (2001), S. 1837.

interessierende Themen in englischer Sprache veröffentlicht werden. Nationale Besonderheiten werden jedoch ausdrücklich nicht adressiert («the Journal intends to share ideas and solutions to advanced valuation problems common to different geographical areas»). *Lobo/Bottomley* haben 2015 – wie in der Einleitung bereits erwähnt – unter dem vielversprechenden Titel «Around the World in Eighty Valuations» eine Analyse vorgelegt, die jedoch nur fünf Länder abdeckt und bei der über die Grösse der jeweils bewerteten Unternehmen keine Informationen gegeben werden.

Abbildung 1 bringt diesen Kontext in einen – nicht massstabsgetreuen – Zusammenhang.[13]

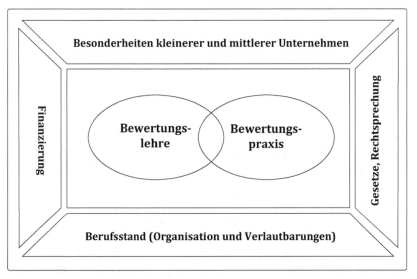

Abb. 1: Kontext der Unternehmensbewertung von KMU

Ausgeklammert werden in diesem Beitrag die Bewertungslehre, die Finanzierung und die rechtlichen Rahmenbedingungen. In der Bewertungslehre scheinen sich zumindest in der DACH-Region keine erheblichen Unterschiede zu ergeben, auch wenn die Entstehung unterschiedlichen Linien folgt. So ist die schweizerische Bewertungslehre massgeblich durch *Käfer (1989–1999)* geprägt worden. Vor allem mit seinem Werk «Zur Bewertung der Unternehmung als Ganzes» (1946) und ergänzenden Beiträgen zu «Problemen der Unternehmensbewer-

---
13 Zu weiteren Darstellungen vgl. Henselmann (2019), S. 101 f.

tung» (1967) sowie «Substanz und Ertrag bei der Unternehmensbewertung» (1969) schuf er deren Fundament. Dabei wurde *Käfer* mehr durch amerikanische Autoren beeinflusst *(Patton, Littleton, Canning* und *Vatter)* als durch seine Zeitgenossen in Deutschland (wie *Schmalenbach, Rieger* und *Kosiol).* Letztere dienten ihm als Belegstellen, aber nicht als Vorbilder. Diese Orientierung der Schweizer Bewertungslehre und -praxis, die mehr nach Westen denn nach Norden blickt, hält bis heute an.

Banken sind zwar an Unternehmensbewertungen im Kreditprozess und als Produkt interessiert, nehmen jedoch nicht erkennbar auf die Bewertungspraxis Einfluss. Banken berechnen die Finanzierbarkeit eines Vorhabens anhand des Schuldendeckungspotenzials, was zumindest bei einer zukunftsorientierten Bewertung ein Nebenprodukt ist. Banken sind zwar im Transaktionsgeschäft tätig, unterhalten aber – mit wenigen Ausnahmen – keine dedizierten Bewertungsabteilungen. Für eine eigene Facharbeit hat die Branche keine Ressourcen und auch nur wenig Interesse.

Eine rechtsvergleichende Darstellung massen wir uns als Ökonomen nicht an. Über die jeweilige nationale Rechtsprechung zur Unternehmensbewertung wird bereits ausführlich an anderen Stellen berichtet.[14]

4. Besonderheiten von KMU und Auswirkungen auf die Bewertung

Kleine und mittlere Unternehmen werden – soweit es Fragen der Rechnungslegung, Prüfung oder Förderung betrifft – quantitativ abgegrenzt. So gelten nach dem Bundesamt für Statistik Unternehmen mit weniger als 250 Beschäftigen als KMU. Auch die für eine ordentliche Revision geltenden Schwellenwerte gemäss Art. 727 OR können zur Definition eines KMU herangezogen werden. Als wirtschaftlich bedeutend – und somit als Grossunternehmen – gelten danach Unternehmen, die eine Bilanzsumme von mindestens CHF 20 Mio., einen Umsatz von mindestens CHF 40 Mio. und mehr als 250 Vollzeitstellen aufweisen. Dies entspricht zumindest bezüglich der Zahl der Beschäftigten auch den jeweiligen nationalen Regelungen in Deutschland und Österreich. Bei Bilanzsumme und Umsatzerlösen divergieren hingegen die dortigen Festlegungen.

---

14 Vgl. Hüttche/Meier-Mazzucato (2018), S. 319 ff.; Fellner (2017), S. 195 ff.

Sofern es die Bewertung von KMU betrifft, mögen deren Umsatzerlöse und Bilanzsumme zwar für das Ergebnis der Bewertung relevant sein, aber nicht für das Verfahren. Es gibt keine besonderen Bewertungsverfahren für KMU, hingegen sind deren Besonderheiten bei der Bewertung zu berücksichtigen. Auch bilanzrechtlich als «gross» qualifizierende Unternehmen können KMU-typische Merkmale aufweisen, die dann entsprechend zu berücksichtigen sind.

Typisch für KMU ist die besondere Personenbezogenheit der Unternehmen. Diese betrifft die Vermögensstruktur (Abgrenzung von betrieblichem und privatem Vermögen unter Berücksichtigung stiller Reserven), die Finanzierung (kein Zugang zu einem organisierten Kapitalmarkt und bevorzugte Eigenfinanzierung) sowie insbesondere die häufig nur eingeschränkt übertragbare Ertragskraft. Weiter sind die Verknüpfung von Eigentümerschaft und Management hervorzuheben und die im Vergleich zu grossen Unternehmen geringere Datenqualität. Schliesslich ist festzustellen, dass gerade Kleinstunternehmen häufig als Einzelunternehmen betrieben werden, deren Zahlenwerk mehr steuerlich getrieben ist, als dies bei Kapitalgesellschaften der Fall ist. Kennzeichnend ist weiter, dass für Anteile an KMU kein liquider Markt besteht.

Die Einschätzung dieser Besonderheiten und die Vorschläge zu deren Berücksichtigung bei der Bewertung weisen in allen drei Ländern in ähnliche Richtungen.[15] Da ihre Wiedergabe redundant erscheint, begnügen wir uns mit einer tabellarischen und alphabetischen Übersicht.[16]

Besonderheit	Auswirkung auf die Bewertung
Datenqualität	Eingeschränkte Aussagefähigkeit der Vergangenheitsdaten, keine oder nur rudimentäre Planungsrechnungen vorhanden. Bewertende müssen Daten kritischer hinterfragen und Planungen ggf. selber erstellen.
Diversifikation	Eigentümer von KMU sind in der Regel nicht breit diversifiziert. Inwieweit dies bei der Bemessung der Eigenkapitalkosten zu beachten ist, wird unterschiedlich beurteilt.

---

15 Für Österreich vgl. Aschauer/Bertl/Purtscher (2015), S. 189 ff., für die Schweiz Hüttche/Meier-Mazzucato (2018) und für Deutschland vgl. Ihlau/Duscha (2019).
16 Leicht angepasst entnommen aus: Hüttche/Schmid (2019), S. 1108.

Besonderheit	Auswirkung auf die Bewertung
Ertragskraft	Die mit den Eigentümern verknüpfte Ertragskraft ist nicht immer vollständig übertragbar. Bewertungsrelevant sind nur die tatsächlich übertragbaren finanziellen Überschüsse.
Finanzierung	Für das Eigenkapital und eigenkapitalähnliches Fremdkapital sind keine Marktdaten verfügbar. Kapitalkosten müssen geschätzt werden.
Kein liquider Markt	Tatsächliche oder vertragliche Verkaufsbeschränkungen sind vorhanden. Ob diese bewertungsrelevant sind, hängt vom Bewertungsanlass ab.
Verknüpfung von Eigentum und Management	Nicht angemessene Vergütungen vermengen Resultate des Arbeits- und Kapitaleinsatzes. Analyse und Planung müssen dies berücksichtigen.
Vermögensstruktur	Keine Identität von Betriebsvermögen und Bewertungseinheit. Abgrenzung und Analyse des betrieblichen Vermögens ist von grosser Bedeutung.

Tab. 1: Besonderheiten von KMU und deren Berücksichtigung bei der Bewertung

5. Berufsständische Stellungnahmen zur Bewertung von KMU in der DACH-Region

5.1 Verankerung des Berufsstands in der DACH-Region

Da es in der Regel Berufsträger sind, die Unternehmen bewerten, kommt den Stellungnahmen eben der Berufsstände eine grosse praktische Bedeutung zu. Deren Ausstrahlungswirkung hängt massgeblich von der Stellung und Position der jeweiligen Organisation ab. Bereits hier sind Unterschiede festzustellen.

Zunächst ist zu bemerken, dass «Wirtschaftsprüfer» zwar auch in Deutschland und Österreich ein Beruf ist, jedoch – anders als in der Schweiz – auch ein öffentliches Amt. Der Titel «diplomierter Wirtschaftsprüfer» ist ein eidgenössisches Diplom, das aufgrund des Bestehens einer höheren Fachprüfung vergeben wird. Das Gesetz erwähnt denn auch an keiner Stelle den Wirtschaftsprüfer, sondern nennt lediglich «Revisionsexperten» als Oberbegriff für Angehörige verschiedener Berufsgruppen, die – sofern bestimmte Voraussetzungen erfüllt sind – als Abschlussprüfer zugelassen werden.

Soweit Bewertungen gesetzlich vorgesehene Vorbehaltsaufgaben sind (etwa für qualifizierte Gründungsarten wie Sacheinlagen, Sachübernahmen oder Kapitalerhöhungen sowie bei Umstrukturierungen), werden diese in der Schweiz – und auch anders als in Deutschland und Österreich – per Gesetz nicht Wirtschaftsprüfern oder anderen Berufsträgern zugewiesen, sondern Revisionsexperten. Für die Erstellung einer Fairness Opinion bedarf es einer besonderen Befähigung gemäss Art. 30 Abs. 6 Übernahmeverordnung (UEV). Auch hier gelten Revisionsgesellschaften ohne Weiteres als besonders befähigt.

Weiter ist von Bedeutung, dass es in der Schweiz – anders als in Deutschland und Österreich – kein besonders ausgeprägtes System öffentlichrechtlich organisierter Berufskammern gibt. Die EXPERTsuisse (ehemals Treuhand-Kammer) ist ein privatrechtlich organisierter Berufsverband, dessen Verlautbarungen nur die Verbandsmitglieder binden. Gleiches gilt für die TREUHAND|SUISSE. Daneben bestehen weitere Berufsverbände, die jeweils Teilbereiche dieser Arbeitsgebiete umfassen. Die Facharbeit ist daher vergleichsweise fragmentiert und entfaltet ausserhalb der Formen eines Prüfungsstandards (PS) nur eine eingeschränkte Breitenwirkung.

5.2 Deutschland

Im Standard «Grundsätze zur Durchführung von Unternehmensbewertungen» (IDW S1 i.d.F. 2008) legt das Institut der Wirtschaftsprüfer in Deutschland (IDW) «vor dem Hintergrund der in Theorie, Praxis und Rechtsprechung entwickelten Standpunkte die Grundsätze dar, nach denen Wirtschaftsprüfer Unternehmen bewerten» (Tz. 1). Es handelt sich dabei um einen Rahmen, innerhalb dessen die eigenverantwortliche Lösung liegt. IDW S1 ist grundsätzlich bei der Bewertung aller Unternehmen zu beachten, unabhängig von der Grösse.[17]

Das IDW ist ein Verein, der die Fachgebiete der Wirtschaftsprüfer sowie die Weiterentwicklung des Berufsbilds fördert und unterstützt. Dafür bietet das IDW Aus- und Fortbildung an und vertritt die Interessen des Berufsstands. Kernthemen der Arbeit sind Prüfung und Rechnungslegung, betriebswirtschaftliche und steuerliche Beratung sowie Berufs-

---

17 Vgl. Franken/Köller (2017), S. 167.

recht. Die Mitgliedschaft im IDW ist freiwillig, die Mitgliedschaft in der Wirtschaftsprüferkammer (WPK) für Berufsträger hingegen obligatorisch. Die WPK vertritt die berufsbezogenen Belange gegenüber der Öffentlichkeit und bringt sie dem Gesetzgeber, den zuständigen Gerichten und sonstigen Behörden gegenüber zum Ausdruck. Ziel der WPK ist es, Konflikte zu vermeiden, die eigentliche Facharbeit findet im IDW und in seinen Gremien statt.

Entsprechend finden sich auch Hinweise auf die Bewertung von KMU in einem eigenen Abschnitt des oben genannten IDW-S1-Standards unter dem Rubrum «Besonderheiten der Unternehmensbewertung». Diese «liefern für den konkreten Bewertungsfall nur wenig praktische Hilfen».[18] Das IDW hat daher 2011 begonnen, offenbar häufig gestellte Fragen als «Fragen und Antworten» zu veröffentlichen, die auszugsweise 2014 in den «IDW Praxishinweis: Besonderheiten bei der Ermittlung eines objektivierten Unternehmenswerts kleiner und mittelgrosser Unternehmen (IDW Praxishinweis 1/2014)» integriert wurden. Die Bundessteuerberaterkammer hat diesen Praxishinweis wortgleich übernommen und ebenfalls 2014 veröffentlicht.

5.3 Österreich

Die Kammer der Steuerberater und Wirtschaftsprüfer (KSW) ist die Dachorganisation für Steuerberater und Wirtschaftsprüfer in Österreich. Ihre Mitglieder sind die Spezialisten für Steuerberatung, Wirtschaftsprüfung, Buchhaltung und Bilanzen. Die KSW erfüllt eine Doppelfunktion: Sie ist in einer übertragenen Funktion eine Behörde, die für die Berufszulassung und -aufsicht verantwortlich ist, gleichzeitig als Interessenvertretung fungiert und die Facharbeit übernimmt. Entsprechend stammen die massgeblichen Ausführungen zur Unternehmensbewertung auch aus dieser Quelle.

Der Fachsenat für Betriebswirtschaft und Organisation der Kammer der Wirtschaftstreuhänder hat 2014 das Fachgutachten Unternehmensbewertung (KFS/BW 1) neu gefasst. Auch das KFS/BW 1 bildet einen Rahmen, in dem die fachgerechte Lösung des Einzelfalls liegen soll.

---

18 Peemöller (2019), S. 27.

KFS/BW 1 geht im Abschnitt «Besonderheiten bei der Bewertung bestimmter Unternehmen» auf die Bewertung von KMU ein. Kursorisch veröffentlicht der Fachsenat Empfehlungen zu ausgewählten Fragestellungen (Debt Beta, Basiszins, Marktrisikoprämie). Soweit hier Besonderheiten bei KMU vermutet werden, wird jeweils auch darauf eingegangen.

5.4 Schweiz

In der Schweiz gibt es keine Kammer für Wirtschaftsprüfer oder Wirtschaftstreuhänder. Die Facharbeit für die Treuhänder, Steuerexperten und Wirtschaftsprüfer wird von mehreren Fachorganisationen übernommen. Soweit es die Unternehmensbewertung betrifft, hat die EXPERTsuisse wohl den anerkanntesten und bedeutendsten Teil davon geleistet.

Die EXPERTsuisse geht in ihrer 2018 vollständig überarbeiteten «Fachmitteilung zur Unternehmensbewertung von kleinen und mittleren Unternehmen (KMU)» auf die Bewertung von KMU ein. Zwar wird – im Unterschied zum IDW S1 und zum KFS/BW 1 – nur die Bewertung von KMU adressiert, es wird aber darauf hingewiesen, dass die Hinweise auch zur Bewertung grosser Unternehmen herangezogen werden können.[19]

5.5 Gemeinsamkeiten und Unterschiede

Die erwähnten Besonderheiten von KMU werden in den Stellungnahmen der drei Berufsstände in Deutschland, Österreich und der Schweiz ganz überwiegend identisch bzw. ohne wesentliche Differenzen behandelt.

Unterschiede sind hingegen bei 1) der Zulässigkeit vereinfachter Preisfindungsverfahren, 2) der Berücksichtigung persönlicher Steuern, 3) den Vereinfachungen bei der Steuermodellierung von Einzelunternehmen sowie 4) der Zulässigkeit von Zu- und Abschlägen festzustellen.[20]

1) Während nach KFS/BW 1 auch der objektivierte Wert zumindest bei «sehr kleinen Unternehmen» durch Multiplikatoren auf Basis von Erfahrungssätzen ermittelt werden kann (Tz. 18), schliesst das IDW dies kategorisch aus (Tz. 60). Vermittelnd lässt die Schweizer Fach-

---

19 Vgl. Hüttche/Meier-Mazzucato (2018), S. 12.
20 Vgl. Hüttche/Schmid (2019), S. 1110.

mitteilung auch «beobachtbare und branchenspezifische Erfahrungssätze» zu (Tz. 54). Hingegen lassen alle Berufsverbände Multiplikatoren zur Plausibilisierung der nach anderen Methoden ermittelten Bewertungsergebnisse zu.

2) Nach IDW S1 sind persönliche Steuern grundsätzlich zu berücksichtigen. Ausnahmsweise kann davon bei Bewertungen im Rahmen von unternehmerischen Initiativen abgesehen werden (mittelbare Typisierung, Tz. 30 und 45). Liberaler steht dazu das KFS/BW 1, das es «in der Regel als zulässig erachtet, vereinfachend auf die Berücksichtigung der persönlichen Ertragsteuern [...] zu verzichten» (Tz. 34). Die Schweizer Fachmitteilung sieht hingegen von der Berücksichtigung persönlicher Ertragsteuern grundsätzlich ab, was der Schweizer Bewertungspraxis entspricht.[21]

3) Einzelunternehmen sind in der DACH-Region die zahlenmässig wohl häufigste Rechtsform. Bei der Modellierung von deren Steuerbelastung zeigen sich Unterschiede: IDW S1 bezieht in Abhängigkeit vom Bewertungsanlass neben den Unternehmenssteuern auch die Steuern auf Eigentümerebene (ggf. als typisierten Satz) ein (Tz. 47 und 58). Ähnlich tritt auch bei der Schweizer Fachmitteilung die persönliche Steuer an die Stelle der betrieblichen Steuer. Nach KFS/BW 1 wird weitergehend die für Kapitalgesellschaften geltende Ertragssteuerbelastung zugrunde gelegt (Tz. 86). Auf die persönliche Ertragsteuer kann in diesem Fall verzichtet werden.

4) Sogenannte «size premia» sind in der Schweizer Bewertungspraxis verbreitet, und so lässt auch die Fachmitteilung diese – wie andere Zu- und Abschläge – zu, weist jedoch darauf hin, dass sie «theoretisch umstritten und empirisch wenig abgestützt sind» (Tz. 117).[22] Demgegenüber lehnt das IDW jegliche Zu- und Abschläge auch bei der Bewertung von KMU ab. KFS/BW 1 geht auf diese Frage nicht ausdrücklich ein. Die 2007 herausgegebene Empfehlung zur Berücksichtigung der fehlenden Liquidität («allfälliges Mobilitätsrisiko») lautete, mögliche Effekte nur bei absehbar begrenzter Haltedauer – und auch dann nur bei den finanziellen Überschüssen – zu berücksichtigen.

---

21 Vgl. Hüttche (2012), S. 208 ff.
22 Vgl. Hüttche/Schmid (2020), S. 940 ff.

6. Bewertungspraxis

6.1 Bewertungsmethoden

So wie es keine besonderen Bewertungsmethoden für KMU gibt, gibt es auch keine typischen «deutschen», «schweizerischen» oder «österreichischen» Bewertungsverfahren, auch wenn Bezeichnungen wie «Stuttgarter», «Wiener» oder etwa «Schweizer» Verfahren darauf hindeuten mögen. Die DACH-Region fischt im selben Teich der Bewertungsmethoden, der hier nur grob kartiert und in Zukunftserfolgsverfahren (DCF- und Ertragswertverfahren), Multiplikatormethoden und Mischverfahren geteilt werden soll.

Wie KMU nun tatsächlich bewertet werden, lässt sich nur sagen, wenn die Bewertungen auch zugänglich wären.[23] Solche Aussagen lassen sich bei börsennotierten Unternehmen in der DACH-Region treffen.[24] Bei KMU muss man sich an Befragungen orientieren. Diese liegen für Deutschland, Österreich und die Schweiz vor, erheben aber jeweils nur die nationalen Verhältnisse und sind nicht einfach miteinander vergleichbar. Nimmt man drei Untersuchungen jüngeren Datums für die drei Länder zur Hand, ergibt sich jedoch zumindest bezüglich der Bewertungsmethoden ein weitgehend einheitliches Bild: Führend sind DCF- und Ertragswertverfahren, gefolgt von Multiplikator- und Mischverfahren, also einer Verbindung von Ertrags- und Substanzwert.[25]

6.2 Besonderheiten

Zunächst ist auf begriffliche Besonderheiten hinzuweisen. In Deutschland und Österreich wird unter dem «Ertragswertverfahren» eine Methode verstanden, welche die dem Unternehmenseigner zufliessenden finanziellen Überschüsse ermittelt.[26] Unter identischen Annahmen führt dieses Verfahren zu identischen Werten wie das DCF-Verfahren. Ein so verstandenes Ertragswertverfahren ist in der Schweiz wenig bekannt und nicht gebräuchlich.[27] Dort wird unter dem Ertragswertverfahren eine

---

23 Vgl. Henselmann (2019), S. 99.
24 Für die Schweiz etwa Hüttche (2012), S. 208 ff., für Deutschland Beumer (2019), S. 763 ff.
25 Für Deutschland vgl. Homburg/Lorenz/Sievers (2011), S. 120 f., für Österreich Nadvornik/Sylle (2012), S. 12, und für die Schweiz Hörler (2018).
26 Vgl. Franken/Köller (2017), S. 168 f.
27 Vgl. Hüttche (2017), S. 190.

ewige Fortschreibung des bereinigten und gewichteten oder durchschnittlichen Gewinns vergangener Perioden verstanden. Dass dies nur zufällig zu denselben Werten führen kann wie ein DCF-Verfahren, liegt auf der Hand.

Eine weitere für die Bewertungspraxis in der DACH-Region bedeutende Besonderheit sind die Empfehlungen zu den Kapitalkosten. Schon bei kotierten Unternehmen ist deren Schätzung komplex. Aussenstehende – etwa KMU-Unternehmer – erinnert es mitunter an «Voodoo». Die Kapitalkosten werden von diesen häufig allein als Ventil verstanden, um den berechneten Wert an das gewünschte Ergebnis heranzuführen. Diese pragmatische Ansicht steht im scharfen Kontrast zur ausdauernd und mit eleganter Klinge geführten Diskussion der (akademischen) Bewertungspraxis.

Dass die Kapitalmarkttheorie – namentlich das CAPM – auch bei der Bewertung von KMU «Best Practice» ist, wird in den genannten berufsständischen Empfehlungen einheitlich vertreten. Alternativ lässt die Schweizer Fachmitteilung recht allgemein formuliert eine subjektive Schätzung der Kapitalkosten zu (Tz. 103). Das KFS/BW 1 wird hier konkreter und schlägt Renditeerwartungen auf Basis von individuellen Verhältnissen des Bewertungssubjekts vor (Tz. 113). Zurückhaltend ist hingegen das IDW, das gutachterliche Anpassungen des unternehmensspezifischen Risikozuschlags nur dann für zulässig hält, wenn das Risikoprofil des Bewertungsobjekts mittels der Betafaktoren von Peer-Group-Unternehmen nicht angemessen erfasst werden kann.

Doch auch hier gilt: Freiheit und Verantwortung gehören zusammen. Auch im eigenen Ermessen und subjektiv geschätzte Kapitalkosten müssen verteidigt werden können, was gerade KMU-Bewerter wieder den sicheren Hafen der berufsständischen Empfehlungen ansteuern lässt. Hier wird in Deutschland, Österreich und der Schweiz technisch unterschiedlich vorgegangen: Während das IDW Empfehlungen zum Basiszinssatz und zur Marktrisikoprämie veröffentlicht, gibt die KSW nur eine Empfehlung für die Marktrendite ab, aus dem der Korridor für die Marktrisikoprämie durch Abzug des Basiszinssatzes stichtagsbezogen errechnet werden kann.[28] Die EXPERTsuisse wählt einen vermittelnden Weg: Sie

---

28 Vgl. Rabel (2018), S. 3.

empfiehlt Bandbreiten für den risikofreien Zins und die Marktrisikoprämie, verbunden mit dem Hinweis, dass beide Parameter mit Blick auf eine summarisch belastbare Marktrendite zu setzen sind.

Mit Hinweisen zu Betafaktoren sieht es hingegen mager aus. Dies ist umso bedauerlicher, als sich die Praxis gerade hier schwertut. Lediglich die EXPERTsuisse schlägt für die Schweiz zumindest eine Bandbreite zwischen 0,5 und 1,5 vor. Die in Österreich und Deutschland sporadisch veröffentlichten «KMU-Betafaktoren» sind zwar eine gute Orientierung, ersetzen aber keine eigene Analyse.

6.3 Vereinfachende Bewertungsverfahren

6.3.1 Empfehlungen anderer Organisationen zur Bewertung von KMU

Die gegen kapitalmarktorientierte Verfahren vorgebrachten Argumente sind in der DACH-Region identisch. Befürchtet werden Probleme bei der praktischen Umsetzung und der Akzeptanz der Ergebnisse: Die Rechenmodelle seien komplex, die Annahmen realitätsfern und die Ergebnisse notorisch zu hoch.[29] Die in allen drei berufsständischen Stellungnahmen gegebenen Hinweise zu «tax shields», «debt beta» und Restwertmodellierung führen im KMU-Umfeld zu mehr Unruhe als Klarheit.

KMU-Bewerter – die nicht notwendigerweise Berufsträger sein müssen – wagen daher «möglicherweise einen Alleingang – basierend auf in der Literatur verfügbaren Beiträgen zur KMU-Bewertung».[30] Allerdings sollten auch diese nicht möglichst originell, sondern vor allem akzeptiert sein. Naheliegend sind daher Verlautbarungen anderer Vereinigungen der beratenden Berufe, branchenübliche Bewertungsverfahren oder, vor allem wenn es um steuerlich relevante Bewertungen geht, die von der Finanzverwaltung propagierten Verfahren.

Hier sind zunächst die «Hinweise zur Bewertung von kleinen und mittleren Unternehmen» zu nennen, die 2014 in Deutschland vom Arbeitskreis Unternehmensbewertung des Vereins wp.net e. V. – Verband für die mittelständische Wirtschaftsprüfung – herausgegeben wurden.[31] Nament-

---

29 Stellvertretend Aschauer/Bertl/Purtscher, (2015) S. 191.
30 Aschauer/Bertl/Purtscher (2015), S. 191.
31 Vgl. Weckerle (2019), S. 461 ff.

lich werden dort die als ungeeignet empfundenen Hinweise des IDW aufgegriffen und eigene Vorschläge gemacht, darunter u. a.:

1) An die Stelle einer integrierten Planung im Phasenmodell tritt die ewige Fortschreibung eines bereinigten, gewichteten durchschnittlichen Ergebnisses der letzten drei bis fünf Jahre.

2) Der Basiszins wird aus dem Durchschnittszins für risikolose Anlagen der letzten 15 bis 30 Jahre abgeleitet. Für die Marktrisikoprämie wird 2014 eine Bandbreite von 4 bis 6% empfohlen und in der Folge eine Orientierung am IDW/FAUB.

3) Für das «individuelle unternehmerische Risiko» sind Zuschläge zugelassen, ebenso ein «size premium». Die insgesamt möglichen Zuschläge werden in einer Bandbreite von 2 bis 14% gesehen.

4) Steuern der Anteilseigner werden nicht berücksichtigt. Bezüglich der Unternehmenssteuern wird die «Rechtsformneutralität» der Bewertung durch Ansatz einer «fiktiven Ertragsteuer von 16%» angestrebt. Bei Freiberuflerpraxen wird empfohlen, ohne Berücksichtigung von Steuern zu rechnen.

Zweifellos vereinfachen diese Empfehlungen die Bewertung von KMU. Ob sie akzeptiert werden und im Konfliktfall verteidigbar sind, bleibt abzuwarten. Vergleichbare Absetzbewegungen sind jedenfalls im Berufsstand Österreichs und der Schweiz nicht erkennbar.

Als Beispiel für ausserhalb des Berufsstands entwickelte Hinweise kann der «Standpunkt Bewertung von kleinen und mittleren Unternehmen (KMU)» des Bundesverbands öffentlich bestellter und vereidigter sowie qualifizierter Sachverständiger e. V. (BVS) genannt werden, der nach eigenen Angaben bundesweit mitgliedsstärksten Vereinigung öffentlich bestellter und vereidigter sowie qualifizierter Sachverständiger.[32]

Bemerkenswert ist dieser Standpunkt in dreierlei Hinsicht:

1) In Abhängigkeit von der Grösse des Unternehmens und der Übertragbarkeit der Ertragskraft werden unterschiedliche Bewertungsmethoden vorgeschlagen.

---

[32] Vgl. BVS, Fachbereich Betriebswirtschaft, Bewertung von kleinen und mittleren Unternehmen (KMU), BVS Standpunkt 11/2017.

2) Das sogenannte modifizierte Ertragswertverfahren wird bei kleinen Unternehmen als Regelverfahren vorgeschlagen und bei mittleren Unternehmen zumindest in den Fällen, in denen eine «überwiegende» bis «starke Inhaberprägung» festzustellen ist. In anderen Fällen wird eine weitgehend dem IDW S1 entsprechende Ertragswertmethode empfohlen.

3) Bei kleinen und inhabergeprägten mittleren Unternehmen wird ein «Ergebniszeitraum» von ein bis zehn Jahren als «Orientierungsparameter» vorgeschlagen. An dessen Ende steht dann kein Fortführungswert, sondern ein vorsichtig geschätzter Liquidationswert.

Soweit der «Standpunkt» auf das Ertragswertverfahren im Sinne des IDW S1 referenziert, werden dessen Ausführungen in eher allgemeiner Form wiederholt, ohne aber wesentliche Erleichterungen zu gewähren. Bemerkenswert sind die Ausführungen zum «modifizierten Ertragswertverfahren». Man mag die Ausführungen zur Bedeutung des Substanzwerts nicht teilen, aber das Motiv – nämlich die schwindende übertragbare Ertragskraft zu berücksichtigen – ist gerade bei der Bewertung von KMU berechtigt. Die vom IDW angestossene Diskussion um das «Abschmelzen» der Ertragskraft führt derzeit in Deutschland, Österreich wie der Schweiz zu einer Renaissance von Übergewinnverfahren.[33]

6.3.2 Branchenübliche Bewertungsverfahren

Die wohl umfangreichste Zusammenstellung branchenüblicher Bewertungsverfahren der DACH-Region stammt vom Bayerischen Landesamt für Steuern und beschreibt Bewertungsmethoden für 30 Betriebstypen in Industrie, Dienstleistung, Handel, Logistik und Handwerk.[34] Da – so das Landesamt – auch «solche Methoden nicht vom Himmel fallen, sondern von branchenkundigen Betriebswirten zur Bewältigung von Bewertungsaufgaben» entwickelt wurden, erstaunt es nicht, dass sich bei Industrieunternehmen wie Kfz-Zulieferern, Anlagenbauern oder Brauereien die allgemein – und nicht nur branchenüblichen Methoden der Unternehmensbewertung finden, eben DCF- und Ertragswertverfahren sowie Multiplikatoren. Versteht man unter «branchenüblich» eine ausdrückliche Empfehlung des jeweiligen Berufsverbands, so verkleinert sich das

---

33 Für Deutschland etwa Thees/Sulek (2018), S. 1963 ff., für Österreich Aschauer/Bertl/Purtscher (2015), S. 198, für die Schweiz Hüttche/Schmid (2019), S. 87.
34 Bayerisches Landesamt für Steuern vom 28.2.2013 – S 3224.1.1 – 1/6 St 34.

Feld auf die Steuerberater, Rechtsanwälte, Ärzte, Psychotherapeuten sowie Handwerksbetriebe und Taxiunternehmen.

Dass ein Verfahren «branchenüblich» ist, mag seiner Akzeptanz dienen. Dennoch muss auch hier der Bewertungszweck beachtet werden. Aus institutioneller Perspektive ist den Branchenverbänden ein eigenes Interesse an einem gesunden Betriebsbestand seiner Mitglieder und der Förderung erfolgreicher Betriebsübernahmen zu unterstellen.[35] Daher sind diese Methoden allenfalls bei «freien» Bewertungen im Rahmen der Beratungsfunktion einsetzbar oder aus steuertaktischen Gründen. Zur Ermittlung von Schiedswerten oder bei rechtlich erforderlichen Bewertungen (Güter-, Erb- und Gesellschaftsrecht) scheiden sie aufgrund ihrer systematischen Parteilichkeit aus. Dies gilt für alle von Branchenverbänden in der DACH-Region selbst entwickelten Verfahren.

6.3.3 Steuerliche Bewertungsverfahren

Die Finanzverwaltungen der DACH-Region haben jeweils eigene, für steuerliche Zwecke relevante Bewertungsverfahren entwickelt. Die Reichweite der Verfahren ist über die einzelnen Steuerarten hinweg unterschiedlich: Das «vereinfachte Ertragswertverfahren» i. S. d. §§ 200 ff. BewG wurde in Deutschland zwar für Zwecke der Erbschaftssteuer entwickelt, ist aber mittlerweile auch für Zwecke der Ertragsteuern das Regelverfahren.[36] Für die Schweiz wurde in einem Kreisschreiben – also einer Verwaltungsanweisung – für die Bewertung nicht börsennotierter Unternehmen ein Verfahren entwickelt, das auch ausserhalb des Steuerrechts beliebt und als «Praktikerverfahren» bekannt ist.[37] Dieses ist für die Vermögenssteuer verbindlich vorgesehen, aber auch in anderen Fällen verbreitet. Das «Wiener Verfahren» ist im Bewertungsgesetz angesiedelt und gilt für alle Sachverhalte, soweit nicht in anderen Steuergesetzen besondere Bewertungsvorschriften enthalten sind.[38]

---

35 Vgl. Buchner/Friedl (2019), S. 323 f.
36 Vgl. Kowanda (2017), S. 43 f. mit Verweis auf BMF vom 22.9.2011, BStBl I, 859.
37 Vgl. ESTV, Wegleitung zur Bewertung von Wertpapieren ohne Kurswert für die Vermögenssteuer vom 28.8.2008, Kreisschreiben Nr. 28.
38 Vgl. Erlass des BM für Finanzen vom 13.12.1996 – Z 08 1037/1-IV/8/96: Richtlinien zur Ermittlung des gemeinen Wertes von inländischen nicht notierten Wertpapieren und Anteilen (Wiener Verfahren 1996), AÖF 1996/189.

Die drei steuerlichen Bewertungsverfahren haben folgende Gemeinsamkeiten:

1) Die finanziellen Überschüsse entsprechen den mehr oder weniger modifizierten handels- oder steuerrechtlichen Gewinnen der letzten zwei oder drei Geschäftsjahre.

2) Einer zum Bewertungsstichtag erkennbar veränderten Ertragslage kann nicht oder nur in sehr engen Grenzen Rechnung getragen werden.

3) In Form von Erlassen, Richtlinien und Kreisschreiben veröffentlichen die Finanzverwaltungen umfangreiche und durch ergänzende Hinweise und Kommentare aktualisierte Hilfestellungen zur Berechnung.

4) Die für die Bewertung relevanten Kapitalkosten werden in der Schweiz verbindlich als Prozentsatz, in Deutschland als Vervielfältiger und in Österreich als feste Kapitalverzinsung vorgegeben.

Dies ist wenig erstaunlich, da für steuerliche Massenverfahren taugliche Methoden einfach, transparent und wenig streitanfällig sein sollen. Dies ist für KMU-Bewerter Segen und Fluch zugleich.[39] Denn es liegt auf der Hand, dass diese Art von Bewertungen vergleichsweise günstig ist. Sie sind auch «richtig» – nicht nur «plausibel» –, da man sich auf dem festen Boden vergangener Jahresabschlüsse befindet. Auf der anderen Seite können die steuerlichen Verfahren die Besonderheiten von KMU häufig nicht sachgerecht abbilden. Für KMU-Bewerter und ihre Kunden ist es also ein Abwägen zwischen Preis (der Bewertung) und Wert (des Unternehmens).

7. Fazit

Besonderheiten von KMU führen zu Eigenheiten bei ihrer Bewertung. Die berufsständischen Stellungnahmen in der DACH-Region adressieren diese, geben aber unterschiedliche Empfehlungen, was zu unterschiedlichen Bewertungen führen kann (Steuermodellierung, Kapitalkosten, Zu- und Abschläge). Ob Bewertungen nach den Empfehlungen anderer Verbände akzeptiert und verteidigt werden können, bleibt abzuwarten. Vorsicht ist bei branchenüblichen und steuerlichen Bewertungsverfahren geboten. Diese sind einfach, aber naturgemäss parteiisch.

---

39 Vgl. Erb/Regierer/Vosseler (2018), S. 175.

Literaturverzeichnis

Aschauer, Ewald/Bertl, Romuald/Purtscher, Victor (2015): Die Bewertung von KMU unter Berücksichtigung des neuen Fachgutachtens KFS/BW 1, in: Feldbauer-Durstmüller/Janschek (Hrsg.): Jahrbuch für Controlling und Rechnungswesen 2015.

Axer, Ernst (1932): Der Verkaufswert industrieller Unternehmungen unter besonderer Berücksichtigung des ideellen Firmenwertes (Goodwill), Berlin 1932.

Beumer, Jochen (2019): Empirische Analyse von Bewertungen bei gesellschaftsrechtlichen Anlässen in 2010–2018, in: Peemöller (Hrsg.): Praxishandbuch Unternehmensbewertung, 7. Aufl. 2019.

Buchner, Markus/Friedl, Gunther (2019): Die relative Schätzgüte des vereinfachten Ertragswertverfahrens – Eine empirische Analyse unter Berücksichtigung des AWH-Standards, in: BFuP 2019, S. 295–328.

BVS, Fachbereich Betriebswirtschaft, Bewertung von kleinen und mittleren Unternehmen (KMU), BVS Standpunkt 11/2017.

Erb, Thoralb/Regierer, Christoph/Vosseler, Christina (2018): Bewertung bei Erbschaft und Schenkung, München 2018.

Erlass des BM für Finanzen vom 13.12.1996 – Z 08 1037/1–IV/8/96: Richtlinien zur Ermittlung des gemeinen Wertes von inländischen nicht notierten Wertpapieren und Anteilen (Wiener Verfahren 1996), AÖF 1996/189.

ESTV, Wegleitung zur Bewertung von Wertpapieren ohne Kurswert für die Vermögenssteuer vom 28.8.2008, Kreisschreiben Nr. 28.

Fleischer, Holger (2019): Unternehmensbewertung im Spiegel der Rechtsvergleichung, in: Fleischer/Hüttemann (Hrsg.): Rechtshandbuch Unternehmensbewertung, 2. Aufl. 2019.

Franken, Lars/Köller, Stefan (2017): IDW S1 – Vergleichende Darstellung im Hinblick auf den KFS/BW 1, in: Kranebitter/Maier (Hrsg.): Unternehmensbewertung für Praktiker, 3. Aufl. 2017.

Grandis, Fabio Giulio/Palazzi, Federica (2015): The valuation of small and medium-sized enterprises, Piccola Impresa/Small Business (2).

Grossfeld, Bernhard (2001): Internationale Unternehmensbewertung, in: BB 2001, S. 1836–1847.

Hayn, Sven (2019: Internationale Unternehmensbewertung im Kontext der Standard Setter, in: Peemöller (Hrsg.): Praxishandbuch der Unternehmensbewertung, 7. Aufl. 2019.

Helbling, Carl (2012): Besonderheiten bei der Bewertung von KMU, in: Peemöller (Hrsg.): Praxishandbuch Unternehmensbewertung, 5. Aufl. 2012.

Henselmann, Klaus (2019): Geschichte der Unternehmensbewertung, in: Peemöller (Hrsg.): Praxishandbuch Unternehmensbewertung, 7. Aufl. 2019.

Homburg, Carsten/Lorenz, Michael/Sievers, Sönke (2011): Unternehmensbewertung in Deutschland: Verfahren, Finanzplanung und Kapitalkostenermittlung, in: ZfCM 2011, S. 119–130.

Hörler, Valentin (2018): Anwendung von Unternehmensbewertungs- und Investitionsrechnungsmethoden bei Schweizer Unternehmen, Masterthesis, FH St. Gallen, 2018.

Hüttche, Tobias (2012): Zur Praxis der Unternehmensbewertung in der Schweiz, in: DST 2012, S. 208–219.

Hüttche, Tobias (2017): Unternehmensbewertung in der Schweiz, in: Kranebitter/Maier (Hrsg.): Unternehmensbewertung für Praktiker, 3. Aufl. 2017.

Hüttche, Tobias (2020): KMU-Bewertung in der DACH-Region, in: BB 2020, S. 1193–1197.

Hüttche, Tobias/Meier-Mazzucato, Giorgio (2018): Unternehmensbewertung und Rechtsprechung, in: Anwaltsrevue 2018, S. 319–325.

Hüttche, Tobias/Meier-Mazzucato, Giorgio (2018): Unternehmensbewertung von Schweizer KMU, 2018.

Hüttche, Tobias/Schmid, Fabian (2019): Besonderheiten bei der Bewertung von kleinen und mittleren Unternehmen (KMU), in: Peemöller (Hrsg.): Praxishandbuch der Unternehmensbewertung, 7. Aufl. 2019.

Hüttche, Tobias/Schmid, Fabian (2019): Pragmatisch, einfach, gut – DCF-Bewertung von KMU, in: TREX 2019, S. 78–85.

Hüttche, Tobias/Schmid, Fabian (2020): Darf es etwas mehr sein? Theorie und Praxis der Zu- und Abschläge bei der Bewertung von KMU, in: EF 2020, S. 940–951.

Ihlau, Susann/Duscha, Hendrik (2019): Besonderheiten bei der Bewertung von KMU, 2. Aufl. 2019.

Käfer, Karl (1946): Zur Bewertung der Unternehmung als Ganzes, in: Rechnungsführung in Unternehmung und Staatsverwaltung, Festgabe Otto Juzi, 1946, S. 71–98.

Kowanda, Markus (2017): Vereinfachtes Ertragswertverfahren, München 2017.

Lobo, Prem M./Bottomley, Matt (2015): Around The World in Eighty Valuations, 2015.

Merdian, Angelika (2017): Zur Vereinheitlichung des europäischen Prüfungsmarkts am Beispiel der Unternehmensbewertung, Springer-Verlag.

Nadvornik, Wolfgang/Sylle, Fabian (2012): Eine empirische Untersuchung zur Anwendungshäufigkeit von Unternehmensbewertungsverfahren in Österreich, in: RWZ 2012, S. 12–24.

Nicklas, Jörg (2008): Vergleich nationaler und internationaler Standards der Unternehmensbewertung, Dissertation, Technische Universität Chemnitz.

Occhino, Paolo/Maté, Mariluz (2018): Valuation of small to medium sized companies using spatial information: An empirical example from the fruit subsector, in: Spanish Journal of Agricultural Research, 16(4), S. 2.

Peemöller, Volker H. (2005): Bewertung von Klein- und Mittelbetrieben, in: BB 2005, S. 30–38.

Peemöller, Volker H. (2019): Anlässe der Unternehmensbewertung, in: Peemöller (Hrsg.): Praxishandbuch der Unternehmensbewertung, 7. Aufl. 2019.

Rabel, Klaus (2018): Empfehlungen KWS/BW 1 E7 zu Basiszins und Marktrisikoprämie in: BewP 2018, S. 3–8.

Schmid, Fabian/Hüttche, Tobias (2019): Bestimmung der Kapitalkosten in der Praxis in: EF 2019, S. 268–285.

Thees, Alexander/Sulek, Vivienne (2018): Berücksichtigung von Übergewinnen bei der Bewertung von kleinen und mittleren Unternehmen, in: BB 2018, S. 1963–1967.

Weckerle, Thomas (2019): Die wp.net Hinweise für die Bewertung von KMU, in: Tönnes (Hrsg.): Unternehmensbewertung, FS für Grossfeld, 2019.

Zehn häufige Stolperfallen und Evergreens im Arbeitsrecht

Stefanie Meier-Gubser, lic. iur., ist Rechtsanwältin und Partnerin bei der Rechtsanwaltskanzlei advokatur56 ag in Bern. Sie verfügt über langjährige und breite Erfahrung in den Bereichen Verwaltungsrat und Corporate Governance, Verbandsführung sowie Unternehmensrecht, Vertragsrecht und Arbeits- und Sozialversicherungsrecht (CAS Arbeitsrecht Universität Zürich). Sie berät, unterstützt und vertritt Unternehmen, Verwaltungsräte, Verbände und Privatpersonen in rechtlichen, strategischen und organisatorischen Fragen. Zudem publiziert und referiert sie regelmässig zu Themen aus ihren Fachgebieten. Von 2007 bis 2018 war sie Geschäftsführerin, seit 2019 Mitglied des Beirats des SwissBoardForum und ist Co-Autorin dessen Handbuchs für den Verwaltungsrat.

Inhaltsverzeichnis

1.	**Kompensation und Entschädigung von Überstunden**	95
1.1	Die Grundlagen	95
1.2	Die Falle	95
1.3	Definition von Überstunden	96
1.3.1	Unterscheidung von Überstunden und Überzeit	97
1.3.2	Vorholzeit und Gleitzeit	98
1.4	Vertragliche Gestaltungsmöglichkeit	98
1.4.1	Bezugsgrösse von Überstunden	99
1.4.2	Anordnung der Kompensation durch den Arbeitgeber	99
1.4.3	Wegbedingung der Entschädigung für Überstunden	99
1.5	Beweisrechtliches im Zusammenhang mit Entschädigung von Überstunden	100
1.6	Praxistipps	100
2.	**Bonusregelungen**	101
2.1	Die Grundlagen	101
2.2	Die Falle	101
2.3	Lohn	102
2.4	Gratifikation	102
2.5	Praxistipps	104
3.	**Lohnfortzahlung bei Krankheit und Krankentaggeld**	104
3.1	Die Grundlagen	104
3.2	Die Falle	105
3.3	Lohnfortzahlung nach Gesetz: Skalenlösung	105
3.4	Krankentaggeldversicherung	107
3.5	Information des Arbeitnehmers über die Möglichkeit des Übertritts in die Einzelversicherung bei Beendigung des Arbeitsverhältnisses	108
3.6	Praxistipps	109
4.	**Sachlicher und zeitlicher Kündigungsschutz (Missbräuchlichkeit und Sperrfristen)**	109
4.1	Die Grundlagen	109
4.2	Die Falle	110
4.3	Sachlicher Kündigungsschutz (Missbräuchlichkeit)	110
4.4	Zeitlicher Kündigungsschutz (Sperrfristen)	111
4.4.1	Nichtigkeit der Kündigung	112
4.4.2	Unterbruch der Kündigungsfrist und Kumulation von Sperrfristen	113
4.4.3	Lohn und Lohnfortzahlung bei verlängertem Arbeitsverhältnis	115
4.5	Praxistipps	116

5.	**Aufhebungsvereinbarungen**	117
5.1	Die Grundlagen	117
5.2	Die Falle	117
5.3	Klarer Wille der Parteien	118
5.4	Verzichtsverbot des Arbeitnehmers und Interessenausgleich	118
5.4.1	Im Besonderen: Berücksichtigung von Sperrfristen	118
5.5	Typische Inhalte von Aufhebungsvereinbarungen	119
5.6	Praxistipps	120
6.	**Fristlose Kündigungen**	121
6.1	Die Grundlagen	121
6.2	Die Falle	122
6.3	Der wichtige Grund	122
6.4	Die Unzumutbarkeit der Fortsetzung des Arbeitsverhältnisses	124
6.5	Praxistipps	125
7.	**Abwerbe- und Konkurrenzverbote**	126
7.1	Die Grundlagen	126
7.2	Die Falle	126
7.3	Voraussetzungen für die gültige Vereinbarung eines nachvertraglichen Konkurrenzverbots	127
7.3.1	Handlungsfähigkeit	127
7.3.2	Schriftlichkeit	128
7.3.3	Einblick in Kundenkreis, Fabrikations- und/oder Geschäftsgeheimnisse	128
7.3.4	Schädigungspotenzial	129
7.3.5	Örtliche, zeitliche und sachliche Beschränkung des Konkurrenzverbots	129
7.4	Abwerbeverbote	129
7.5	Durchsetzung von Konkurrenzverboten	129
7.5.1	Konkurrenzierung	129
7.5.2	Schadenersatz, Konventionalstrafe, Realexekution	130
7.6	Praxistipps	131
8.	**Verrechnung von Forderungen des Arbeitgebers mit Lohn des Arbeitnehmers**	132
8.1	Die Grundlagen	132
8.2	Die Falle	132
8.3	Pfändbare Quote	132
8.4	Geltendmachung spätestens bei der Auszahlung des letzten Lohns	133
8.5	Praxistipps	134

9.	**Arbeitszeugnisse**	134
9.1	Die Grundlagen	134
9.2	Die Falle	135
9.3	Anspruch des Arbeitnehmers	135
9.4	Form und Inhalt von Arbeitszeugnissen	136
9.5	Beweislast und Streitwert	138
9.6	Schadenersatzpflicht für unwahre Zeugnisse	138
9.7	Praxistipps	139
10.	**Anwendbarkeit von Gesamt- und Normalarbeitsverträgen**	139
10.1	Die Grundlagen	139
10.2	Die Falle	140
10.3	Gesamtarbeitsverträge (GAV)	140
10.3.1	Unterstellte Arbeitsverhältnisse und GAV-Konkurrenz	141
10.3.2	Der GAV für den Personalverleih im Besonderen	142
10.4	Normalarbeitsverträge (NAV)	143
10.5	Praxistipps	143

Das Arbeitsrecht kennt zahlreiche zwingende Bestimmungen, von denen Arbeitgeber und Arbeitnehmer auch einvernehmlich nicht oder zumindest nicht zuungunsten des Arbeitnehmers abweichen dürfen. Diese Bestimmungen gilt es zu kennen, will man rechtssichere Arbeitsverträge abschliessen und die Arbeitsverhältnisse korrekt abwickeln. Zudem haben Lehre und Rechtsprechung die gesetzlichen Grundlagen verfeinert und präzisiert. Auch diese rechtlichen Grundlagen sollten berücksichtigt werden, damit Rechtsstreitigkeiten vermieden werden können.

Der vorliegende Beitrag befasst sich mit zehn Evergreens des Arbeitsrechts, zeigt deren rechtlichen Grundlagen auf, wo die Stolperfallen in der Praxis liegen, und gibt schliesslich Praxistipps, wie diese vermieden werden können. Diese Tipps sind jeweils nicht als komplexe Lösung, sondern als einzelne, unabhängige Hinweise zu verstehen. Es versteht sich von selbst, dass die arbeitsrechtlichen Vertrags- und Regelwerke aufeinander und auf die Unternehmenssituation abgestimmt sein sollten.

1. Kompensation und Entschädigung von Überstunden

1.1 Die Grundlagen

Gemäss Art. 321c OR ist der Arbeitnehmer verpflichtet, Überstunden zu leisten, soweit diese notwendig und zumutbar sind. Die Kompensation von Überstunden durch Freizeit hat im Einverständnis mit dem Arbeitnehmer zu erfolgen. Werden Überstunden nicht kompensiert, müssen sie mit einem Zuschlag von mindestens 25% ausbezahlt werden.

Abweichende Regelungen sind möglich. Sie müssen jedoch schriftlich vereinbart oder durch Normalarbeitsvertrag oder Gesamtarbeitsvertrag geregelt sein.

1.2 Die Falle

Einzelarbeitsvertragliche Kompensations- und Entschädigungsregelungen, die von der gesetzlichen Lösung abweichen, müssen für ihre Gültigkeit schriftlich erfolgen. Eine betriebliche Übung oder eine mündliche Vereinbarung genügen nicht. Fehlt eine schriftliche Vereinbarung, und verweigert der Arbeitnehmer die Kompensation (oder ist eine solche nicht möglich), kann die Auszahlung von Überstunden mit Zuschlag den Arbeitgeber teuer zu stehen kommen.

Zudem gelten unter Umständen nicht nur explizit angeordnete Mehrstunden als Überstunden, sondern auch solche, von denen der Arbeitgeber wusste (oder hätte wissen müssen) und gegen deren Leistung er nicht eingeschritten ist.

Für Arbeitsverhältnisse, die dem Arbeitsgesetz unterstehen, sind sodann die zwingenden Vorschriften über die wöchentliche Höchstarbeitszeit (45 oder 50 Stunden) und die Überzeitstunden zu beachten, die vertraglich nicht abweichend geregelt werden können.

1.3 Definition von Überstunden

Überstunden sind die über die vertraglich vereinbarte, die übliche oder die durch Gesamtarbeitsvertrag (GAV) oder Normalarbeitsvertrag (NAV) bestimmte Arbeitszeit (Normalarbeitszeit) hinaus geleisteten Mehrstunden (Art. 321c Abs. 1 OR). Gibt es keine vertragliche, übliche oder durch GAV oder NAV bestimmte Arbeitszeit, gibt es auch keine Überstunden.

Von leitenden Angestellten wird gemäss Bundesgericht (BGE 129 III 171) erwartet, dass sie «etwas mehr leisten als nur das übliche Pensum». Für sie gilt damit keine übliche Arbeitszeit, und geleistete Mehrstunden sind keine Überstunden. Leitende Angestellte haben daher keinen Anspruch auf eine Überstundenentschädigung, es sei denn, es wurde vertraglich eine feste Arbeitszeit vereinbart, es wurden zusätzliche Aufgaben über die vertraglich vereinbarten Pflichten hinaus übertragen, die ganze Belegschaft leistete während längerer Zeit in einem wesentlichen Umfang Überstunden, oder eine Überstundenentschädigung wurde vereinbart. Über die Kompensation hat sich das Bundesgericht nicht geäussert. Da Mehrstunden von leitenden Angestellten somit nicht als Überstunden gelten, besteht ohne vertragliche Vereinbarung folgerichtig auch kein Anspruch auf Kompensation. Nicht restlos geklärt ist, wer als leitender Angestellter im Sinne dieser Rechtsprechung gilt. Der Begriff dürfte jedoch weiter gefasst sein als der des Arbeitnehmers mit höherer leitender Tätigkeit gemäss Art. 3 lit. d ArG. Eine weitgehend selbstständige Einteilung der Arbeitszeit, wenig Kontrolle und ein relativ hoher Lohn sowie

(Mit-)Entscheidungsrechte sprechen tendenziell für eine leitende Stellung. Die Bezeichnung der Stelle ist nicht massgebend.

Die Berechnungsbasis von Überstunden wird durch Vereinbarung, Übung, GAV oder NAV festgelegt. Sie kann sich bei einer festgelegten täglichen Arbeitszeit auf den Tag beziehen oder aber bei entsprechender Regelung auch auf die Woche, den Monat, das Quartal, das Halbjahr oder das Jahr.

Überstunden werden beispielsweise bei einem 50%-Pensum und vier Stunden pro Tag allerdings nicht erst geleistet, wenn die betriebliche Normalarbeitszeit von acht Stunden am Tag erreicht ist, sondern bereits, wenn der entsprechende Arbeitnehmer mehr als das mit ihm vertraglich vereinbarte Pensum von vier Stunden pro Tag überschreitet. Arbeitet ein teilweise arbeitsunfähiger Arbeitnehmer in Missachtung des Arztzeugnisses mehr als das Pensum der Arbeitsfähigkeit, leistet er keine Überstunden. Der Arbeitgeber darf jedoch keine solche Mehrarbeit anordnen und ist aufgrund seiner allgemeinen Fürsorgepflicht gehalten, beim Wissen um diese Überschreitungen dagegen einzuschreiten.

1.3.1 Unterscheidung von Überstunden und Überzeit

Während die Parteien im Rahmen von Überstunden in der vertraglichen Gestaltung weitgehend frei sind, sind die Regelungen zur Überzeit zwingendes Recht und entziehen sich damit der Parteidisposition.

Überzeit sind die über die wöchentlichen Höchstarbeitszeiten des Arbeitsgesetzes (ArG) hinaus geleisteten Mehrstunden. Die wöchentliche Höchstarbeitszeit beträgt 45 Stunden für Arbeitnehmer in industriellen Betrieben sowie für Büropersonal, technische und andere Angestellte, mit Einschluss des Verkaufspersonals in Grossbetrieben des Detailhandels und 50 Stunden für alle übrigen Arbeitnehmer (Art. 9 ArG), deren Arbeitsverhältnis in den Anwendungsbereich des Arbeitsgesetzes fällt.

Überzeit ist entweder innert 14 Wochen durch Freizeit von gleicher Dauer zu kompensieren oder mit einem Zuschlag von 25% auszubezahlen (Art 13 ArG). Der Zuschlag ist für Büropersonal, technische und andere Angestellte mit Einschluss des Verkaufspersonals in Grossbetrieben des Detailhandels erst ab der 61. Überzeitstunde geschuldet, bei allen anderen Arbeitnehmern ab der ersten Überzeitstunde. Zudem dürfen pro Jahr insgesamt höchstens 170 resp. 140 Überzeitstunden geleistet werden (Art. 12 Abs. 2 ArG).

1.3.2 Vorholzeit und Gleitzeit

Vorholzeit (z. B. für Brückentage zwischen Weihnachten und Neujahr) ist nicht Überstundenarbeit, sondern eine vertragliche Verlagerung der Arbeitszeit. Das Gleiche gilt, wenn in Saisonbetrieben z. B. im Sommer mehr und im Winter weniger gearbeitet wird.

Gleitzeit zeichnet sich grundsätzlich dadurch aus, dass sie vom Arbeitnehmer im Rahmen eines Gleitzeitsystems und der eingeräumten Zeitautonomie freiwillig geleistet wird. Die Abgrenzung von Überstunden und positiven Gleitzeitstunden ist in der Praxis oft schwierig. Als Faustregel gilt: Überstunden werden aufgrund betrieblicher Notwendigkeit oder auf Anordnung des Arbeitgebers hin, Gleitzeitstunden aus freiem Willen des Arbeitnehmers geleistet. Kann ein positiver Gleitzeitsaldo nicht egalisiert werden, dann wandelt er sich – ohne gegenteilige schriftliche Vereinbarung – gemäss Bundesgericht in zuschlagspflichtige Überstunden um.

1.4 Vertragliche Gestaltungsmöglichkeit

Kompensation und Entschädigung von Überstunden können schriftlich abweichend von der gesetzlichen Lösung geregelt werden. Hier gilt es, eine individuell sinnvolle Regelung zu finden. Die Lohnhöhe und die Entschädigung der Überstunden können in die Beurteilung der Zumutbarkeit von Überstunden miteinfliessen.

Die Schriftlichkeit der abweichenden Lösung ist Gültigkeitserfordernis: Ohne Schriftlichkeit keine abweichende Lösung. Schriftlichkeit bedeutet, dass die sich verpflichtenden Parteien eigenhändig unterschreiben oder qualifiziert elektronisch signieren müssen (Art. 13 ff. OR). Bei abweichenden Regelungen in Personalreglementen muss der unterzeichnete Einzelarbeitsvertrag zumindest einen Hinweis auf die Regelung enthalten. Der Schriftlichkeit ist sodann Genüge getan, wenn das Personalreglement auch unterzeichnet wird.

Da die Regelungen zur Überzeit zwingend sind, sollte eine vertragliche Überstundenregelung mit Arbeitnehmern, deren Arbeitsverhältnis dem Arbeitsgesetz untersteht, diese mitberücksichtigen.

1.4.1 Bezugsgrösse von Überstunden

Das Gesetz legt die Bezugsgrösse von Überstunden nicht fest. Zwar können die Parteien die Definition von Überstunden nicht abweichend vom Gesetz regeln, aber es ist ihnen anheimgestellt, die Bezugsgrösse (von Halbtagsarbeitszeit bis Jahresarbeitszeit) festzulegen. Dies kann insbesondere in Betrieben mit grossen saisonalen Schwankungen in den notwendigen Arbeitszeiten sinnvoll sein.

1.4.2 Anordnung der Kompensation durch den Arbeitgeber

Die Kompensation kann grundsätzlich nur im Einverständnis mit dem Arbeitnehmer erfolgen. Hier stellt sich die Frage, ob das Einverständnis für jeden Einzelfall erteilt werden muss (sicher, wenn keine abweichende vertragliche Vereinbarung) oder ob dies bei einer entsprechenden Regelung generell möglich ist. Die hier vertretene Meinung geht davon aus, dass der Arbeitnehmer das Einverständnis schriftlich generell erteilen kann und sich dann im Einzelfall nicht mehr gegen die Kompensation stellen darf.

Unbestrittenermassen kann sich der Arbeitgeber die Anordnung der Kompensation von Überstunden vertraglich ausbedingen. Eine entsprechende vertragliche Regelung ist daher sinnvoll. Nur so kann der Arbeitgeber Einfluss auf den bereits aufgelaufenen Überstundensaldo nehmen.

1.4.3 Wegbedingung der Entschädigung für Überstunden

Am häufigsten dürfte in der Praxis die Wegbedingung des Zuschlags (Auszahlung zum Normallohn) oder die Pauschalierung der Überstundenentschädigung (Pauschalbetrag oder zusätzliche Ferienwoche) sein. Solange die Überstunden nicht (auch) Überzeitstunden sind, ist grundsätzlich jede erdenkliche Abstufung von der gänzlichen Wegbedingung (sowohl des Grundlohns als auch des Zuschlags für Überstunden) über die Pauschalierung bis hin zur Entschädigung mit einem Zuschlag in beliebiger Höhe möglich.

Übrigens: Gemäss bundesgerichtlicher Rechtsprechung kann der Arbeitnehmer während der Dauer des Arbeitsverhältnisses bis und mit einen

Monat nach dessen Beendigung nachträglich nicht gültig auf bereits entstandene Ansprüche auf Überstundenentschädigung verzichten. Die Wegbedingung muss gemäss Bundesgericht im Voraus erfolgen, andernfalls mutiert der Anspruch zu einem zwingenden gemäss Art. 341 OR. Diese Rechtsprechung wird von einem wesentlichen Teil der Lehre zu Recht abgelehnt.

1.5 Beweisrechtliches im Zusammenhang mit Entschädigung von Überstunden

Grundsätzlich hat diejenige Partei das Vorhandensein einer behaupteten Tatsache zu beweisen, die aus ihr Rechte ableitet (Art. 8 ZGB). Das bedeutet, der Arbeitnehmer, der eine Entschädigung für Überstunden geltend macht, muss beweisen, dass er Überstunden geleistet hat, wie viele Überstunden er geleistet hat und dass sie angeordnet oder betrieblich notwendig (resp. nachträglich genehmigt) waren. Hat der Arbeitgeber Kenntnis von den Überstunden oder hätte er Kenntnis davon haben müssen, und schreitet er nicht dagegen ein, gelten die Überstunden als genehmigt.

Die Rechtsprechung setzt das Beweismass teilweise zugunsten des Arbeitnehmers herab oder wendet Art. 42 OR analog an (richterliche Schätzung der Überstunden), wenn der Arbeitgeber den Beweis erschwert und dem Arbeitgeber der strenge Beweis nicht möglich ist.

Achtung: Zum Teil sehen Gesamtarbeitsverträge eine Beweislastumkehr vor, wenn der Arbeitgeber die gesetzlichen Bestimmungen zur Arbeitszeiterfassung nicht befolgt.

1.6 Praxistipps

Die folgenden Praxistipps sollen helfen, den praktischen, rechtlich korrekten Umgang mit Kompensation und Entschädigung von Überstunden zu erleichtern, unabhängig davon, ob die gesetzliche oder eine vertraglich vereinbarte Regelung zum Tragen kommt.

- Gesetz kennen und Gestaltungsspielraum sinnvoll nutzen.
- Bei vom Gesetz abweichender Regelung: Schriftformerfordernis beachten.
- Bezugsgrösse von Überstunden sinnvoll definieren.

- Kompensation und entsprechendes Weisungsrecht des Arbeitgebers (Anordnung von Überstundenkompensation) als Grundsatz vereinbaren.
- Ansammeln von Überstunden, wenn möglich, verhindern (Kontrolle – auch bei Zeitautonomie des Arbeitnehmers) und gegen nicht notwendige Überstunden einschreiten (Abmahnung).

2. Bonusregelungen

2.1 Die Grundlagen

Das Gesetz kennt den Begriff des Bonus nicht. Kommt es zum Streit, prüfen die Gerichte im Einzelfall, ob es sich bei einem Bonus um einen (variablen) Lohnbestandteil (Art. 322 OR), um eine Gratifikation (Art. 322d OR), um einen Anteil am Geschäftsergebnis (Art. 322a OR) oder um eine Provision (Art. 322b OR) handelt. Häufig sind auch Mischformen.

Die Unterscheidung ist zentral: Auf Lohn, Anteil am Geschäftsergebnis und Provision besteht ein Anspruch des Arbeitnehmers (bei unterjährigem Ein- und Austritt pro rata temporis), auf eine Gratifikation nicht (ausser es sei verabredet).

2.2 Die Falle

Bonusregelungen verfolgen verschiedene Zwecke. Häufig will sich der Arbeitgeber dabei die Ausrichtung eines Bonus vorbehalten oder den Bonus in gekündigten Arbeitsverhältnissen nicht ausbezahlen. Dies ist allerdings nur möglich, wenn es sich beim Bonus nicht um einen anspruchsberechtigten Lohnbestandteil handelt. Da es keine gesetzliche Regelung des Bonus gibt, muss die Beurteilung anhand der konkreten vertraglichen Regelung im Einzelfall geschehen. Die Abgrenzung von variablem Leistungslohn und Gratifikation ist dabei in der Praxis nicht immer einfach.

Selbst eine Gratifikation, die grundsätzlich im Ermessen des Arbeitgebers steht, kann gemäss bundesgerichtlicher Rechtsprechung und einem wesentlichen Teil der Lehre zu einem Anspruch führen, wenn sie regelmässig, ununterbrochen und vorbehaltlos ausbezahlt wird. In der Regel erachtet die Gerichtspraxis eine ununterbrochene und vorbehaltlose Zahlung während dreier Jahre als anspruchsbegründend.

2.3 Lohn

Lohn kann fest oder variabel ausgestaltet sein. Häufig ist ein Bonus – insbesondere dann, wenn er als finanzieller Anreiz für eine bessere Leistung des Arbeitnehmers gedacht ist – ein variabler, leistungsabhängiger Lohnbestandteil.

Gemäss bundesgerichtlicher Rechtsprechung ist Bonus immer dann Lohn, wenn

- Anspruch und Höhe des Bonus vertraglich festgelegt sind und dem Arbeitgeber kein Ermessen zusteht;
- der Bonus zwar nicht im Voraus betragsmässig feststeht, aber aufgrund eines vertraglichen Bonussystems oder Bonusplans unabhängig vom Ermessen des Arbeitgebers objektiv bestimmt werden kann;
- der Bonus aufgrund seiner Höhe nicht mehr akzessorisch zum sonstigen Entgelt ist, Ausnahme: sehr hohe Löhne (siehe dazu Kapitel 2.4 Gratifikation).

Wird der Bonus rechtlich als Lohn(bestandteil) qualifiziert, zieht dies ausser dem Anspruch, der auch pro rata temporis besteht, weitere Folgen nach sich. An Lohn werden weitere Leistungen geknüpft wie z. B. Ferienlohn, Überstundenentschädigung, Lohnfortzahlung bei unverschuldeter Arbeitsverhinderung des Arbeitnehmers, Pönalzahlungen bei missbräuchlicher oder ungerechtfertigter fristloser Kündigung etc.

Lohn ist bedingungsfeindlich, d. h., die Auszahlung eines Bonus, der rechtlich als Lohn qualifiziert wird, kann nicht von Bedingungen wie z. B. dem Vorliegen eines ungekündigten Arbeitsverhältnisses abhängig gemacht werden.

2.4 Gratifikation

Eine echte Gratifikation ist eine freiwillige, zu einem bestimmten Anlass ausgerichtete Leistung des Arbeitgebers an den Arbeitnehmer. Betreibungs-, konkurs-, steuer- und sozialversicherungsrechtlich wird sie wie Lohn behandelt. Der Arbeitnehmer hat keinen Anspruch auf die Gratifikation.

Auf sogenannte unechte Gratifikationen besteht allerdings ein vertraglicher Anspruch. Wird die Gratifikation entweder vertraglich zugesichert oder während ungefähr dreier Jahre ununterbrochen und vorbehaltlos ausbezahlt, so besteht gemäss Gerichtspraxis in der Regel ein Anspruch. Der Arbeitgeber, der eine stillschweigende Verpflichtung verhindern will, tut gut daran, im Vertrag oder bei der jeweiligen Auszahlung unmissverständlich auf die Freiwilligkeit hinzuweisen. Es gibt Meinungen, die den Hinweis auf die Freiwilligkeit trotz entsprechender vertraglicher Regelung bei jeder Auszahlung fordern. Erfolgt die Auszahlung der Gratifikation «jahrzehntelang» mit dem Freiwilligkeitsvorbehalt, und verkommt dieser für den Arbeitnehmer zu einer leeren Floskel, kann ein Anspruch auf Gratifikation entstehen, wenn keine objektiven Gründe wie schlechter Geschäftsgang, Liquiditätsprobleme etc. gegen die Auszahlung sprechen.

Sowohl die echte als auch die unechte Gratifikation zeichnen sich durch einen Ermessensspielraum des Arbeitgebers zumindest bezüglich der Höhe der Auszahlung aus. Hängt ein Bonus (auch) von der subjektiven Einschätzung durch den Arbeitgeber ab, ist er zumindest teilweise als Gratifikation zu qualifizieren. Selbst wenn die Berechnung des Bonus nach festen Regeln erfolgt, die Auszahlung aber ins Ermessen des Arbeitgebers gestellt wird, liegt noch eine Gratifikation vor. Die Auszahlung darf jedoch nicht gegen Treu und Glauben, d. h. willkürlich verweigert werden.

In BGE 129 III 276 (E. 2.1) hat das Bundesgericht 2003 entschieden und seither mehrfach bestätigt, dass unabhängig vom Parteiwillen und unabhängig von der rechtlichen Qualifikation ein Bonus immer nur dann Gratifikation sein könne, wenn sie im Vergleich zur sonstigen Entschädigung als akzessorisch erscheine, d. h., als Zusatzentgelt hinzutrete. Ist der Bonus nicht akzessorisch, gilt er – zumindest teilweise – als Lohn.

Dieser Rechtsprechung erwuchs in der Lehre zu Recht Kritik. Zwischenzeitlich hat das Bundesgericht seine Rechtsprechung zur Akzessorietät nur, aber immerhin für sehr hohe Löhne relativiert (BGE 141 III 407): Beträgt die jährliche Entschädigung (Lohn inkl. Bonus) mehr als den fünffachen Medianlohn, kommt der Akzessorietät keine Bedeutung zu, und der Bonus bleibt bei entsprechender vertraglicher Regelung Gratifikation, selbst wenn er höher ist als der Grundlohn. Massgebender Zeitpunkt für die Beurteilung, ob der fünffache Medianlohn überschritten ist oder nicht, ist gemäss BGE 142 III 381 der Zeitpunkt der Bezahlung.

Wird der Bonus rechtlich als Gratifikation qualifiziert, kann seine Auszahlung an Bedingungen geknüpft werden wie z. B., dass sich der Arbeitnehmer im ungekündigten Arbeitsverhältnis befindet, die Probezeit absolviert hat, nicht mehr als einen Monat der Arbeit ferngeblieben ist, länger als fünf Jahre im Betrieb ist, nicht freigestellt ist etc.

2.5 Praxistipps

Häufig soll der Bonus als freiwillige Leistung des Arbeitgebers (Gratifikation) ausgestaltet werden, dies steht oft im Widerspruch zum Incentive-Zweck des Bonus: Ein Bonus, auf den kein Anspruch besteht, bietet nicht den gleichen Ansporn wie ein anspruchsberechtigter. Boni können auch gemischt teilweise Lohn und teilweise Gratifikation sein. Für den jeweiligen Teil gelten die jeweiligen rechtlichen Grundlagen. Vor der rechtlichen Regelung des Bonus ist zu definieren, was mit dem Bonus bezweckt wird und welche Anreize allenfalls geschaffen werden sollen.

- Soll die Auszahlung des Bonus an Bedingungen geknüpft werden, muss er vertraglich als Gratifikation ausgestaltet werden.
- Soll der Bonus Gratifikation sein, muss er in der Höhe akzessorisch zum Grundgehalt sein (Ausnahme sehr hohe Löhne), ansonsten mutiert er unabhängig vom Parteiwillen zum Lohnbestandteil.
- Bei Gratifikationen empfiehlt es sich, den Hinweis auf die Freiwilligkeit als ernst gemeinten Vorbehalt im Vertrag und auch bei der Auszahlung anzubringen.
- Bonussysteme, die vom Ermessen des Arbeitgebers unabhängig sind, machen den Bonus zum Lohn.

3. Lohnfortzahlung bei Krankheit und Krankentaggeld

3.1 Die Grundlagen

Grundsätzlich erhält der Arbeitnehmer nur Lohn, wenn er eine Arbeitsleistung erbringt (Art. 319 Abs. 1 OR i. V. m. Art. 119 Abs. 2 OR). Eine wichtige, sozialpolitisch begründete Ausnahme von diesem Grundsatz ist die Lohnfortzahlungspflicht des Arbeitgebers bei Krankheit des Arbeitnehmers (und weiteren Gründen): Ist der Arbeitnehmer aufgrund von Krankheit an der Arbeitsleistung verhindert, schuldet ihm der Arbeitgeber während einer beschränkten Zeit eine hundertprozentige Lohnfortzahlung (Art. 324a Abs. 1 OR).

Abweichende Regelungen sind möglich. Sie müssen jedoch schriftlich vereinbart oder durch Normalarbeitsvertrag oder Gesamtarbeitsvertrag bestimmt und für den Arbeitnehmer mindestens gleichwertig sein.

3.2 Die Falle

Einzelarbeitsvertragliche Regelungen, die von der gesetzlichen Lösung abweichen, müssen für ihre Gültigkeit schriftlich erfolgen. Eine betriebliche Übung oder die regelmässig ausgewiesenen Abzüge für eine Krankentaggeldversicherung genügen nicht.

Diese abweichende schriftliche Regelung ist in der Praxis relativ häufig unklar oder unsorgfältig redigiert, sodass sich Unklarheiten ergeben können (die von den Gerichten regelmässig zugunsten des Arbeitnehmers ausgelegt werden). Oder die vereinbarte Lösung entspricht nicht dem wirklichen Willen der Parteien, insbesondere demjenigen des Arbeitgebers.

Zudem besteht eine gewisse Rechtsunsicherheit bezüglich dessen, was als mindestens gleichwertige Lösung wie die gesetzliche gilt. Hier besteht nur bezüglich Krankentaggeldversicherung eine einigermassen gesicherte Lösung.

3.3 Lohnfortzahlung nach Gesetz: Skalenlösung

Von Gesetzes wegen hat der Arbeitgeber eines kranken Arbeitnehmers eine hundertprozentige Lohnfortzahlungspflicht «für eine beschränkte Zeit», im ersten Dienstjahr für drei Wochen, danach für «eine angemessene längere Zeit» (Art. 324a OR).

Für die Bemessung der «beschränkten Zeit» wurden für den Regelfall Skalen entwickelt:

Dauer des Arbeits-verhältnisses	Basler Skala (BS/BL)	Zürcher Skala (ZH/GR/SH/TG)	Berner Skala (übrigen Kantone)
bis 3 Monate	keine gesetzliche Lohnfortzahlungspflicht		
1. Dienstjahr	3 Wochen	3 Wochen	3 Wochen
2. Dienstjahr	9 Wochen	8 Wochen	4 Wochen
3. Dienstjahr	9 Wochen	9 Wochen	9 Wochen
4. Dienstjahr	13 Wochen	10 Wochen	9 Wochen
5. Dienstjahr	13 Wochen	11 Wochen	13 Wochen
6. Dienstjahr	13 Wochen	12 Wochen	13 Wochen
7. Dienstjahr	13 Wochen	13 Wochen	13 Wochen
8. Dienstjahr	13 Wochen	14 Wochen	13 Wochen
9. Dienstjahr	13 Wochen	15 Wochen	13 Wochen
10. Dienstjahr	13 Wochen	16 Wochen	17 Wochen
11. Dienstjahr	17 Wochen	17 Wochen	17 Wochen
15. Dienstjahr	17 Wochen	21 Wochen	22 Wochen
20. Dienstjahr	22 Wochen	26 Wochen	26 Wochen
21. Dienstjahr	26 Wochen	27 Wochen	26 Wochen
25. Dienstjahr	26 Wochen	31 Wochen	30 Wochen
30. Dienstjahr	26 Wochen	36 Wochen	33 Wochen
35. Dienstjahr	26 Wochen	41 Wochen	39 Wochen
40. Dienstjahr	26 Wochen	43 Wochen	39 Wochen

Quelle: Centre Patronal

Die Lohnfortzahlungspflicht greift beim unbefristeten Verhältnis erst nach drei Monaten, d. h. vom ersten Tag des vierten Monats des Arbeitsverhältnisses an, beim befristeten nur, wenn die vereinbarte Dauer ohne Kündigungsmöglichkeit mehr als drei Monate beträgt.

Die Skalen werden ohne abweichende vertragliche Regelung in der Regel schematisch angewandt. Die Gerichte in den Kantonen Basel-Stadt und Basel-Landschaft stützen sich dabei auf die Basler, die Gerichte in den

Kantonen Zürich, Schaffhausen und Thurgau auf die Zürcher Skala und die Gerichte in den übrigen Kantonen auf die Berner Skala. Es steht den Parteien jedoch frei, die Anwendung einer anderen oder eigenen Skala zu vereinbaren – die eigene nur, solange sie mindestens gleichwertig ist wie die gesetzliche Lösung.

Zu entschädigen ist «der darauf [auf die beschränkte Zeit] entfallende Lohn», d. h., neben dem Lohn im engeren Sinn sind unter Umständen auch eine Entschädigung für ausfallenden Naturallohn sowie regelmässige Zulagen geschuldet. Der Arbeitnehmer ist für eine beschränkte Zeit so zu stellen, wie wenn er nicht an der Arbeit verhindert gewesen wäre und gearbeitet hätte.

Der Lohnfortzahlungsanspruch des Arbeitnehmers entsteht in jedem Dienstjahr neu. Nicht «aufgebrauchte Guthaben» verfallen am Ende des Dienstjahrs. Anstelle des Dienstjahrs kann schriftlich das Kalenderjahr als Berechnungsbasis vereinbart werden.

Umstritten ist, ob es sich bei der Lohnfortzahlung bei teilweiser Arbeitsunfähigkeit um ein sogenanntes Lohn- oder Zeitminimum handelt. Beim Zeitminimum hat der teilweise krankgeschriebene Arbeitnehmer während der beschränkten Zeit Anspruch auf Lohnfortzahlung im Umfang seiner Arbeitsunfähigkeit, beim Lohnminimum auf den Betrag, der einer hundertprozentigen Arbeitsunfähigkeit für die beschränkte Zeit entspricht – die Lohnfortzahlungsdauer verlängert sich also entsprechend. Das Bundesgericht hat die Frage noch nicht entschieden, die kantonale Gerichtspraxis ist unterschiedlich. Die Lehre geht aber tendenziell davon aus, dass es sich um ein Lohnminimum handelt.

3.4 Krankentaggeldversicherung

Die Arbeitgeber schliessen für ihre Arbeitnehmer häufig eine Krankentaggeldversicherung ab (meist eine Kollektivkrankentaggeldversicherung nach VVG). Zahlreiche Gesamtarbeitsverträge verpflichten die Arbeitgeber zum Abschluss einer entsprechenden Versicherung.

Die Krankentaggeldversicherung muss für den Arbeitnehmer mindestens gleichwertig sein wie die gesetzliche Lösung, damit sie an deren Stelle treten kann. Jede vertragliche Vereinbarung ist also immer unter diesem

Aspekt zu beurteilen. Ob eine Krankentaggeldlösung (oder auch eine andere vom Gesetz abweichende Regelung) als mindestens gleichwertig gilt oder nicht, ist in der Praxis mit einer gewissen Rechtsunsicherheit belastet. Gefestigte Meinung ist einzig, dass eine Krankentaggeldversicherung, die in einer Rahmenfrist von 900 Tagen während 720 oder 730 Tagen (abzüglich der Wartefrist) 80% des Lohnes deckt und deren Prämien zur Hälfte vom Arbeitgeber übernommen werden, als gleichwertig gilt.

Je nach Versicherungsvertrag kennt die Krankentaggeldversicherung eine Wartefrist, die oft 30, 60 oder 90 Tage beträgt. Es empfiehlt sich, eine vertragliche Regelung zu treffen, welche Lohnfortzahlungsansprüche in der Wartezeit bestehen.

Die häufigsten Fehler passieren in der Praxis entweder mit einer ungenügenden oder einer unklaren vertraglichen Regelung bezüglich Krankentaggeldversicherung. Die Schriftlichkeit der abweichenden Lösung ist Gültigkeitserfordernis: ohne Schriftlichkeit keine abweichende Lösung. Schriftlichkeit bedeutet, dass die sich verpflichtenden Parteien eigenhändig unterschreiben oder qualifiziert elektronisch signieren müssen (Art. 13 ff. OR). Bei abweichenden Regelungen in Personalreglementen muss der unterzeichnete Einzelarbeitsvertrag zumindest einen Hinweis auf die Regelung enthalten. Der Schriftlichkeit ist sodann Genüge getan, wenn das Personalreglement auch unterzeichnet wird.

3.5 Information des Arbeitnehmers über die Möglichkeit des Übertritts in die Einzelversicherung bei Beendigung des Arbeitsverhältnisses

Gemäss Art. 331 Abs. 4 OR muss der Arbeitgeber den Arbeitnehmer über die ihm gegenüber einer Vorsorgeeinrichtung oder einem Versicherungsträger zustehenden Forderungsrechte informieren. Gemäss Lehre und Rechtsprechung (Urteil des Bundesgerichts 4A_186/2010) gilt diese Informationspflicht entgegen der Gesetzessystematik nicht nur für Personalvorsorgeeinrichtungen, sondern namentlich auch für Unfall- und Krankentaggeldversicherungen.

In der Regel endet mit Beendigung des Arbeitsverhältnisses auch der Versicherungsschutz der Krankentaggeldversicherung. Art. 71 KVG ermöglicht dem Arbeitnehmer den Übertritt in die Einzeltaggeldversicherung, ohne dass der Versicherer die Aufnahme verweigern oder einen neuen Vorbehalt anbringen kann. Der Arbeitgeber (und der KVG-Versicherer) ist verpflichtet, den Arbeitnehmer über die Möglichkeit und die Formalitäten des Übertritts in die sogenannte Einzelversicherung zu informieren. Die meisten Versicherungen halten entsprechende Merk- und Informationsblätter bereit.

3.6 Praxistipps

Bei Vereinbarung einer Krankentaggeldlösung (oder einer anderen vom Gesetz abweichenden Lösung) ist vor allem auf eine schriftliche, klare und vollständige Regelung zu achten.

- Bei gesetzlicher Lösung: Festlegen, welche Skala zur Anwendung kommt, und diese dem Arbeitnehmer zur Kenntnis bringen resp. vertraglich festhalten, um spätere Streitigkeiten zu vermeiden.
- Bei vom Gesetz abweichender Regelung: Schriftformerfordernis beachten und sorgfältige Redaktion der abweichenden Lösung.
- Vor vertraglicher Vereinbarung mit Krankentaggeldversicherung abklären, ob der Arbeitnehmer überhaupt versichert werden kann (häufig erst ab einer gewissen Vertragsdauer, einem gewissen Pensum oder bis zu einem bestimmten Alter).
- Bei einer Krankentaggeldversicherungslösung sollten folgende Punkte vertraglich mindestens festgehalten werden: Eckdaten des Versicherungsschutzes (Deckung, Leistungsdauer, Rahmenfrist), Dauer und Anspruch während der Wartefrist, Prämientragung.
- Soll die Krankentaggeldlösung an die Stelle der gesetzlichen Lösung treten oder diese ergänzen? Entsprechende klare vertragliche Regelung.

4. Sachlicher und zeitlicher Kündigungsschutz (Missbräuchlichkeit und Sperrfristen)

4.1 Die Grundlagen

Die Kündigungsfreiheit im privatrechtlichen Arbeitsverhältnis wird durch den sachlichen (Missbräuchlichkeit) und den zeitlichen (Sperrfristen) Kündigungsschutz eingeschränkt.

Grundsätzlich profitieren sowohl der Arbeitgeber als auch der Arbeitnehmer von einem Kündigungsschutz. In der Praxis ist allerdings nur der Kündigungsschutz des Arbeitnehmers relevant. Dieser besteht sowohl in sachlicher (Art. 336 OR) als auch in zeitlicher Hinsicht (Art. 336c OR).

Der sachliche Kündigungsschutz schützt den Arbeitnehmer vor missbräuchlicher, gegen den Grundsatz von Treu und Glauben verstossende Kündigung. Missbräuchliche Kündigungen sind gültig, aber anfechtbar. Die erfolgreiche Anfechtung führt ausser in Ausnahmefällen nach Gleichstellungsgesetz nur zu einem Entschädigungsanspruch, nicht zur Fortdauer des Arbeitsverhältnisses.

Der zeitliche Kündigungsschutz schützt den Arbeitnehmer während einer bestimmten Zeit (Sperrfrist) vor Kündigung durch den Arbeitgeber oder unterbricht nach gültig erfolgter Kündigung die Kündigungsfrist. Während einer Sperrfrist ausgesprochene Kündigungen sind nichtig, d.h., sie sind rechtlich nicht erfolgt, und das Arbeitsverhältnis dauert an. Der zeitliche Kündigungsschutz des Arbeitnehmers gilt nicht während der Probezeit und nicht bei Arbeitnehmerkündigungen (Art. 336c OR).

4.2 Die Falle

Die Aufzählung von Missbräuchlichkeitsgründen in Art. 336 OR ist nicht abschliessend. Vielmehr kann jede Kündigung, die gegen den Grundsatz von Treu und Glauben verstösst, missbräuchlich sein. Eine allfällige Missbräuchlichkeit muss immer im Einzelfall beurteilt werden. Dabei spielt nicht nur der Kündigungsgrund eine Rolle, sondern auch die Umstände der Kündigung und allenfalls die Situation des Arbeitnehmers und des Arbeitgebers eine Rolle.

Beim zeitlichen Kündigungsschutz führen vor allem Unkenntnis über den Unterbruch der Kündigungsfrist und die Verlängerung des Arbeitsverhältnisses (inkl. der Entschädigungsfrage) sowie die Kumulation verschiedener Sperrfristen zu praktischen Schwierigkeiten.

4.3 Sachlicher Kündigungsschutz (Missbräuchlichkeit)

Im privatrechtlichen Arbeitsverhältnis bedarf die Kündigung keines besonderen Grundes. Es gibt allerdings unzulässige – weil missbräuchliche – Gründe. Das Obligationenrecht zählt in nicht abschliessender Weise mögliche Missbrauchstatbestände auf (Art. 336 OR). Kündigungen können missbräuchlich sein, wenn sie ausgesprochen werden aufgrund einer persönlichen Eigenschaft, wegen Ausübung eines verfassungsmässigen Rechts, um die Entstehung von Ansprüchen aus dem Arbeitsverhältnis zu vereiteln, bei Rachekündigungen, weil die gekündigte Partei im Militär- oder Schutzdienst ist oder eine nicht freiwillig übernommene gesetzliche Frist erfüllt. Der Arbeitgeber darf zudem nicht kündigen, weil der Arbeitnehmer einer Gewerkschaft angehört, während der Arbeitnehmer gewählter Arbeitnehmervertreter ist, sowie bei Massenentlassungen ohne Konsultation der Arbeitnehmer.

Die Missbräuchlichkeit führt nicht zur Ungültigkeit der Kündigung, sondern räumt der gekündigten Partei (in der Praxis meist dem Arbeitnehmer) einen Entschädigungsanspruch von maximal sechs Monatslöhnen ein. Dazu muss sie bis zum Ende der ordentlichen Kündigungsfrist bei der kündigenden Partei schriftlich Einsprache gegen die Kündigung erheben und innert 180 Tagen nach Beendigung des Arbeitsverhältnisses Klage einreichen.

Die gekündigte Partei muss die Missbräuchlichkeit der Kündigung beweisen. Liegt die Missbräuchlichkeit in einer Diskriminierung nach Gleichstellungsgesetz, kann die gekündigte Partei die Wiederherstellung des Arbeitsverhältnisses verlangen, sofern sie die Kündigung vor Ablauf der Kündigungsfrist bei Gericht anficht.

Die Beurteilung, ob eine Kündigung missbräuchlich ist oder nicht, erfolgt immer aufgrund des konkreten Einzelfalls. Neben dem Kündigungsgrund spielen immer auch das Verhalten der Parteien und die Umstände der Kündigung eine Rolle.

4.4 Zeitlicher Kündigungsschutz (Sperrfristen)

Der Arbeitgeber darf den Arbeitsvertrag nicht kündigen, während sich der Arbeitnehmer in einer sogenannten Sperrfrist befindet («Kündigung zur Unzeit»). Sperrfristen werden ausgelöst durch schweizerischen Militär-, Zivil- oder Schutzdienst, Krankheit oder Unfall, Schwangerschaft und Niederkunft sowie bewilligte Teilnahme an behördlich angeordneten ausländischen Hilfsaktionen.

Die Sperrfrist wegen schweizerischen Militär-, Schutz- oder Zivildiensts dauert so lange wie der entsprechende Dienst. Ist die Dienstdauer länger als elf Tage, greift der zeitliche Kündigungsschutz zusätzlich vier Wochen vor und nach dem Dienst. Die Sperrfrist wegen Unfalls oder Krankheit dauert so lange wie die effektive Arbeitsunfähigkeit, maximal jedoch 30 (im ersten Dienstjahr), 90 (vom zweiten bis fünften Dienstjahr) oder 180 (ab dem sechsten Dienstjahr) Kalendertage. Die Sperrfrist wegen Schwangerschaft dauert während der gesamten Schwangerschaft bis 16 Wochen nach der Niederkunft.

Eine während einer Sperrfrist ausgesprochene Kündigung ist nichtig, d. h. ohne jede Rechtswirkung. Sie muss – wird daran festgehalten – nach Ablauf der Sperrfrist erneut ausgesprochen werden. Wurde die Kündigung vor Beginn einer Sperrfrist ausgesprochen, ist sie gültig. Eine Sperrfrist während der Kündigungsfrist führt jedoch zum Unterbruch derselben und damit zur Verlängerung der Kündigungsfrist und des Arbeitsverhältnisses. In der Regel (bei Kündigungen aufs Monatsende) endet das Arbeitsverhältnis auf das Monatsende, das dem Ende der verlängerten Kündigungsfrist folgt.

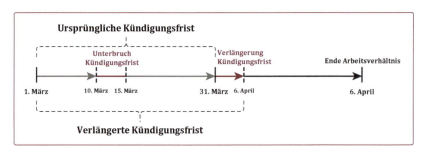

4.4.1 Nichtigkeit der Kündigung

Die Arbeitgeberkündigung, die während der Sperrfrist ausgesprochen wird, ist nichtig. Der Arbeitnehmer muss die Nichtigkeit nicht geltend machen, und Gerichte müssen sie von Amts wegen prüfen. Massgebend für den Zeitpunkt ist der Empfang der Kündigung als empfangsbedürftige Willenserklärung. Mit anderen Worten: Es darf zum Zeitpunkt des Erhalts der Kündigung kein Sperrfristgrund vorliegen.

Grundsätzlich spielt es keine Rolle, ob der Arbeitgeber oder auch der Arbeitnehmer um die Sperrfrist und den sie auslösenden Grund wussten oder nicht. So ist z. B. die schwangere Arbeitnehmerin vom ersten Tag der Schwangerschaft an geschützt, selbst wenn sie selber noch nichts von ihrer Schwangerschaft weiss. Schwierigkeiten bieten in der Praxis regelmässig nachträglich ausgestellte Arztzeugnisse, die rückwirkend für den Empfangszeitpunkt der Kündigung eine Arbeitsunfähigkeit attestieren. Grundsätzlich muss der Arbeitnehmer beweisen, dass er zum Zeitpunkt des Empfangs der Kündigung krank war. Nachträglich oder lange nachträglich rückwirkend ausgestellten Arztzeugnissen kommt in der Regel weniger Beweiskraft zu als zeitnahen.

4.4.2 Unterbruch der Kündigungsfrist und Kumulation von Sperrfristen

Tritt während der Kündigungsfrist eine Sperrfrist ein, wird die Kündigungsfrist während dieser Zeit unterbrochen und entsprechend verlängert. Wird die Kündigung jeweils auf das Monatsende ausgesprochen, dann erstreckt sich das Arbeitsverhältnis auf das dem Ende der verlängerten Kündigungsfrist folgende Monatsende. Sind Kündigungen auf jeden Zeitpunkt hin möglich, endet das Arbeitsverhältnis mit dem Ende der verlängerten Kündigungsfrist.

Als Kündigungsfrist gilt die entsprechende gesetzliche oder vertragliche Frist vom Kündigungstermin aus zurückgerechnet (retrospektive Betrachtung). Nur Sperrfristen, die während der (allenfalls verlängerten) Kündigungsfrist laufen, sind für den Unterbruch der Kündigungsfrist massgebend. Zwischen Kündigung und Beginn der Kündigungsfrist oder nach Ablauf der verlängerten Kündigungsfrist eintretende Sperrfristen sind nicht relevant. Der Arbeitgeber ist grundsätzlich nicht verpflichtet, den Arbeitnehmer auf den Unterbruch der Kündigungsfrist aufmerksam zu machen.

Jedes neue Ereignis löst eine neue, separate Sperrfrist aus. Es können also neben- oder nacheinander mehrere Sperrfristen für verschiedene Krankheiten, Unfälle, Schwangerschaften oder Dienste laufen. Damit die Kündigungsfrist läuft, darf keine einzige Sperrfrist laufen.

Das Funktionieren des Fristenunterbruchs und der Verlängerung des Arbeitsverhältnisses lässt sich am besten an einigen einfachen Beispielen erklären:

Beispiel 1: Sperrfrist vor Beginn der Kündigungsfrist

Sachverhalt: Der Arbeitgeber kündigt dem Arbeitnehmer am 10. Juni (Empfang der Kündigung) unter Einhaltung einer Kündigungsfrist von zwei Monaten auf ein Monatsende per 31. August. Der Arbeitnehmer erkrankt vom 15. bis am 25. Juni.

Lösung: Die Sperrfrist dauert vom 15. bis am 25. Juni. Sie fällt also weder auf den Zeitpunkt des Empfangs der Kündigung (Nichtigkeitsproblematik) noch in die Kündigungsfrist, die vom 1. Juli bis am 31. August (62 Kalendertage) dauert. Die Krankheit führt zu keinem Unterbruch der Kündigungsfrist, das Arbeitsverhältnis endet am 31. August.

Beispiel 2: Sperrfrist während der Kündigungsfrist

Sachverhalt: Der Arbeitgeber kündigt dem Arbeitnehmer am 10. Juni (Empfang der Kündigung) unter Einhaltung einer Kündigungsfrist von zwei Monaten auf ein Monatsende per 31. August. Der Arbeitnehmer erkrankt vom 15. bis am 25. Juli.

Lösung: Die Sperrfrist dauert vom 15. bis am 25. Juli. Sie fällt damit in die Kündigungsfrist, die vom 1. Juli bis am 31. August (62 Kalendertage) dauert. Die Krankheit führt zu einem Unterbruch der Kündigungsfrist vom 15. bis am 25. Juli. Während dieser Zeit läuft also die 62-tägige Kündigungsfrist nicht. Die Kündigungsfrist verlängert sich bis am 11. September, das Arbeitsverhältnis endet am 30. September.

Beispiel 3: Kumulation von Sperrfristen I

Sachverhalt: Der Arbeitgeber kündigt dem Arbeitnehmer am 10. Juni (Empfang der Kündigung) unter Einhaltung einer Kündigungsfrist von zwei Monaten auf ein Monatsende per 31. August. Der Arbeitnehmer erkrankt vom 15. bis am 25. Juli und ist wegen eines Nichtberufsunfalls vom 5. bis am 8. September arbeitsunfähig.

Lösung: Die Sperrfristen dauern vom 15. bis am 25. Juli und vom 5. bis am 8. September. Die erste Sperrfrist fällt damit in die ordentliche Kündigungsfrist, die vom 1. Juli bis am 31. August (62 Kalendertage) dauert, die zweite in die verlängerte Kündigungsfrist, die vom 1. September bis am 11. September dauert. Die Krankheit und der Unfall führen zu einem Unterbruch der (verlängerten) Kündigungsfrist vom 15. bis am 25. Juli und vom 5. bis am 8. September. Die Kündigungsfrist verlängert sich bis am 15. September, das Arbeitsverhältnis endet am 30. September.

Beispiel 4: Kumulation von Sperrfristen II

Sachverhalt: Der Arbeitgeber kündigt dem Arbeitnehmer am 10. Juni (Empfang der Kündigung) unter Einhaltung einer Kündigungsfrist von zwei Monaten auf ein Monatsende per 31. August. Der Arbeitnehmer im ersten Dienstjahr erkrankt vom 15. bis am 25. Juli und ist wegen eines Nichtbetriebsunfalls vom 20. Juli bis am 26. August arbeitsunfähig.

Lösung: Die Sperrfristen dauern vom 15. bis am 25. Juli und vom 20. Juli bis am 18. August (Sperrfrist im ersten Dienstjahr maximal 30 Kalendertage). Die 62-tägige Kündigungsfrist verlängert sich bis am 5. Oktober, das Arbeitsverhältnis endet am 31. Oktober. (Die Kündigungsfrist läuft vom 1. bis am 14. Juli = 14 Tage, sie wird ab dem 15. Juli unterbrochen. Ab dem 20. Juli tritt die zweite Sperrfrist ein, die vom 20. bis am 25. Juli parallel zur ersten, dann bis am 18. August selber läuft. Nach Ablauf der zweiten Sperrfrist läuft ab dem 19. August die restliche Kündigungsfrist von 48 Kalendertagen weiter, und zwar bis am 5. Oktober.)

4.4.3 Lohn und Lohnfortzahlung bei verlängertem Arbeitsverhältnis

Sobald er wieder arbeitsfähig ist, muss der Arbeitnehmer dem Arbeitgeber seine Arbeit anbieten (ausser er sei von der Arbeit absolut und unbefristet freigestellt), sofern er während der Verlängerung einen Lohnanspruch geltend machen will. Einen Lohnanspruch hat er von dem Zeitpunkt an, zu dem er seine Arbeit anbietet. Der Arbeitgeber kann einseitig auf die angebotene Arbeitsleistung verzichten, schuldet aber diesfalls den Lohn bis zum Ende des Arbeitsverhältnisses. Hingegen kann er den Arbeitnehmer nicht verpflichten, gegen seinen Willen in der Vertragsverlängerung zu arbeiten.

Die Arbeitslosenversicherungen prüfen standardmässig, ob bei einer Arbeitgeberkündigung während der Kündigung eine Sperrfrist eingetreten ist. Diesfalls verweigern sie die Bezahlung einer Versicherungsleistung, da sich der Arbeitnehmer zuerst an den Arbeitgeber wenden und seine Arbeit bis zum Ende des Arbeitsverhältnisses anbieten muss.

Die Lohnfortzahlung im Krankheits-/Unfallfall ist unabhängig vom Unterbruch resp. der Verlängerung der Kündigungsfrist geregelt. Bei längeren und vor allem mehreren Unterbrüchen der Kündigungsfrist und andauernder Arbeitsunfähigkeit kann es daher sein, dass das Arbeitsverhältnis zwar noch andauert, der Arbeitnehmer jedoch keinen Anspruch auf Lohnfortzahlung mehr hat.

4.5 Praxistipps

Der Arbeitgeber kommt nicht darum herum, ein «Gefühl» für missbrauchsrisikobehaftete Kündigungen zu entwickeln, da es keine abschliessende Liste gibt und jeder Einzelfall aufgrund der konkreten Situation beurteilt wird. Beim zeitlichen Kündigungsschutz gilt es, die sperrfristauslösenden Tatbestände zu kennen und das Funktionieren des Kündigungsschutzes, insbesondere die Berechnung des Unterbruchs der Kündigungsfrist, zu verstehen.

- Die Liste der missbräuchlichen Kündigungsgründe von Art. 336 OR ist nicht abschliessend. Sowohl die Gründe als auch die Umstände, die zu einer Kündigung führen, dürfen nicht gegen Treu und Glauben verstossen.

- Korrekte Berechnung der Sperrfristen resp. des Unterbruchs der Kündigungsfrist. Insbesondere wichtig sind die Unterscheidung zwischen Ende der verlängerten Kündigungsfrist und Ende des verlängerten Arbeitsverhältnisses und die Berücksichtigung verschiedener Sperrfristen sowie das Beachten des Kündigungsverbots des Arbeitgebers während einer Sperrfrist.

- Bei Kündigungsterminen «auf jeden Zeitpunkt hin» (statt auf einen Endtermin wie Wochen- oder Monatsende) endet das Arbeitsverhältnis mit dem Ende der verlängerten Kündigungsfrist.

- Bei einer absoluten Freistellung des Arbeitnehmers «bis zum Ende der Kündigungsfrist» muss dieser im Falle eines Unterbruchs und einer daraus folgenden Verlängerung des Arbeitsverhältnisses seine Arbeit nicht anbieten, um Anspruch auf Lohn zu haben. Es empfiehlt sich daher unter Umständen, die Freistellung zu terminieren («bis am 31. August freigestellt»).

- Während der Probezeit greift der zeitliche Kündigungsschutz nicht, der sachliche hingegen schon.

5. Aufhebungsvereinbarungen

5.1 Die Grundlagen

Verträge können jederzeit durch Übereinkunft ganz oder teilweise formlos aufgehoben werden, auch wenn zur Eingehung der Verbindlichkeit eine Form erforderlich oder von den Vertragsparteien gewählt war (Art. 115 OR).

Dabei ist zu beachten, dass der Arbeitnehmer während der Dauer des Arbeitsverhältnisses und während eines Monats nach dessen Beendigung grundsätzlich nicht auf Forderungen verzichten kann, die sich aus zwingenden Vorschriften des Gesetzes (oder eines Gesamtarbeitsvertrags) ergeben (Art. 341 Abs. 1 OR). Im Zusammenhang mit Aufhebungsvereinbarungen sind dabei namentlich die Lohnfortzahlungs- und Kündigungsschutzvorschriften zu verstehen. Bei entsprechendem Interessenausgleich (siehe Kapitel 5.4 Verzichtsverbot des Arbeitnehmers und Interessenausgleich) sind Aufhebungsvereinbarungen mit einem entsprechenden Verzicht dennoch möglich. Nur, wenn die Aufhebungsvereinbarung eine Gesetzesumgehung darstellt, wenden die Gerichte die umgangenen Schutzbestimmungen dennoch an.

5.2 Die Falle

Die Aufhebungsvereinbarung ist eine Alternative zur Kündigung, die es den Parteien ermöglicht, Austrittszeitpunkt, Finanzielles, Kommunikatives und weitere Punkte individuell und einvernehmlich zu regeln. Häufig ist eine Aufhebungsvereinbarung für beide Parteien die bessere Lösung als eine Kündigung, weil sie eine differenzierte Regelung der Beendigung des Arbeitsverhältnisses und der jeweiligen Modalitäten erlaubt. Von einigen Arbeitgebern wird sie jedoch bisweilen als «Trick 77» zur Umgehung des Kündigungsschutzes verstanden. Diese Sichtweise greift zu kurz. Falls die Aufhebungsvereinbarung nämlich eine Gesetzesumgehung darstellt, werden die umgangenen Bestimmungen trotzdem angewandt – eine Aufhebungsvereinbarung könnte je nach den konkreten Umständen richterlich auch in eine Arbeitgeberkündigung (inkl. Kündigungsschutz) umgedeutet werden.

Lehre und Rechtsprechung stellen zwischen Vertragsfreiheit, Verzichtsverbot und Kündigungsschutz Anforderungen an Aufhebungsvereinbarungen, die es namentlich dann zu berücksichtigen gilt, wenn der Arbeitnehmer auf zwingende Rechtspositionen verzichtet. Unproblematisch sind Aufhebungsvereinbarungen in der Regel dann, wenn sie auf freien Wunsch des Arbeitnehmers abgeschlossen werden und überwiegend in seinem Interesse liegen.

5.3 Klarer Wille der Parteien

Für das Zustandekommen der Aufhebungsvereinbarungen gelten die allgemeinen Regeln über das Zustandekommen von Verträgen (Art. 1 ff. OR). Lehre und Rechtsprechung verlangen aber bei Aufhebungsvereinbarungen über Arbeitsverträge, dass die gegenseitige Willensäusserung zur einvernehmlichen Beendigung des Arbeitsvertrags besonders klar und eindeutig sein muss. Der konkludente (stillschweigende) Abschluss einer Aufhebungsvereinbarung wird nur sehr zurückhaltend angenommen.

Trotz möglicher Formlosigkeit sollten Aufhebungsvereinbarungen sowohl aus Beweisgründen als auch aus Gründen der Klarheit daher schriftlich vereinbart sein. Dies gilt besonders dann, wenn der Arbeitnehmer auf zwingende Rechte verzichtet.

5.4 Verzichtsverbot des Arbeitnehmers und Interessenausgleich

Auch eine Aufhebungsvereinbarung während einer laufenden Sperrfrist ist grundsätzlich zulässig. Das Bundesgericht beurteilt die Zulässigkeit von während einer Sperrfrist abgeschlossenen Aufhebungsvereinbarungen daran, ob der Arbeitgeber gleichwertige Konzessionen eingeht. Grundsätzlich sollten sämtliche Interessen der Vertragsparteien ausgeglichen sein. Eine Aufhebungsvereinbarung ist ein gegenseitiges Geben und Nehmen. Es sind daher in jedem Fall sowohl die Interessen des Arbeitgebers als auch die Interessen des Arbeitnehmers in die Waagschale zu werfen. Dabei sind nicht die Einzelinteressen gegeneinander abzuwägen, sondern die Interessenlagen als jeweils Gesamtes.

5.4.1 Im Besonderen: Berücksichtigung von Sperrfristen

Hypothetische Sperrfristen müssen nicht beachtet werden. Läuft beim Abschluss der Aufhebungsvereinbarung keine Sperrfrist, verzichtet der Arbeitnehmer auf kein (bestehendes) zwingendes Recht. Hingegen sollten laufende Sperrfristen bei der Beurteilung der Interessenlage berücksichtigt werden, da der Arbeitnehmer je nach Vereinbarung auf ein bestehendes zwingendes Recht verzichtet. In der Regel wird sich der Arbeitgeber zu einer Ausgleichszahlung verpflichten («Auskauf des Kündigungsschutzes»). Jedoch ist auch hier der gesamten Interessenlage Beachtung zu schenken: Die Ausgleichszahlung wird umso höher und näher am Betrag sein, der ohne Vereinbarung zu bezahlen wäre, als die Beendigung im Interesse des Arbeitgebers liegt.

5.5 Typische Inhalte von Aufhebungsvereinbarungen

Aufhebungsvereinbarungen sind keine Kündigungen und müssen daher vom Prinzip her auch keine Kündigungsfristen, -termine und -schutzbestimmungen berücksichtigen, dennoch ist diesen im Rahmen des Interessensausgleichs Beachtung zu schenken. Die aktuelle Gerichtspraxis zu Aufhebungsvereinbarungen lässt sich wie folgt zusammenfassen:

→ Grundsatz: Arbeitsverträge können jederzeit im gegenseitigen Einverständnis formlos auf einen beliebigen Zeitpunkt hin vorzeitig oder termingerecht beendet werden.

→ Die Aufhebungsvereinbarung darf nicht der Gesetzesumgehung dienen.

→ Der Parteiwille auf Beendigung des Arbeitsverhältnisses muss klar manifestiert sein. Die entsprechende Willensäusserung ist grundsätzlich formlos – also auch stillschweigend – möglich. Verzichtet der Arbeitnehmer auf Rechte, darf seine Zustimmung nicht leichthin angenommen werden.

→ Das Bundesgericht verlangt bei einem Verzicht auf zwingende Rechtspositionen durch den Arbeitnehmer in der Regel gleichwertige Konzessionen des Arbeitgebers.

Neben der grundsätzlichen Übereinkunft über den Zeitpunkt der Beendigung des Arbeitsverhältnisses werden in Aufhebungsvereinbarungen regelmässig weitere Punkte geregelt. Zu den häufigsten und damit typischen Inhalten von Aufhebungsvereinbarungen gehören etwa:

- Beendigungszeitpunkt (kann frei vereinbart werden, die Parteien sind nicht an Kündigungsfristen oder Termine gebunden)
- eventuell Grund für die Aufhebungsvereinbarung (Pensionierung, IV-Fall, Aufgabe der Erwerbstätigkeit etc.)

- Kompensations- oder Entschädigungsabrede für geleistete Überstunden/Überzeit
- Koordination von Freistellung, Ferienbezug (ausnahmsweise Auszahlung), Stellensuche
- Outplacement oder Ähnliches
- Ansprüche auf Lohn, Bonus, Gratifikation, Mitarbeiterbeteiligungsprogramme etc.
- zusätzliche finanzielle Abfindungen
- Rückgabepflichten des Arbeitnehmers
- fortdauernde und nachvertragliche Pflichten des Arbeitnehmers (z. B. Treuepflicht bis zum Ende des Arbeitsverhältnisses, Abwerbe- und Konkurrenzverbote, Geheimhaltungspflichten)
- Kommunikation nach innen und aussen
- Informationspflichten des Arbeitgebers bezüglich Sozialversicherungen (evtl. weitere)
- Arbeitszeugnis oder Arbeitsbestätigung (kann im gesamten Wortlaut Teil der Aufhebungsvereinbarung sein – sinnvollerweise als Anhang)
- Saldoklausel («per Saldo aller Ansprüche aus dem Arbeitsverhältnis auseinandergesetzt» oder ähnliche)

5.6 Praxistipps

Aufhebungsvereinbarungen sind immer unter Berücksichtigung der Interessenlage und im Lichte des Verzichtsverbots von Art. 341 OR zu betrachten. Sie dürfen nicht die Umgehung des Kündigungsschutzes bezwecken.

- Vor der Aufnahme von Verhandlungen sollte klargestellt werden, dass die im Rahmen der Verhandlungen gemachten Angebote unpräjudiziell (ohne Anerkennung einer Rechtspflicht) sind und in einem allfälligen Gerichtsverfahren nicht verwendet werden dürfen.
- Der Gesetzgeber lässt zwar formlose Aufhebungsvereinbarungen zu, aus Beweis- und Transparenzgründen empfiehlt sich jedoch die Schriftform (mit Unterschrift beider Vertragsparteien).
- Aufhebungsvereinbarungen sind keine Kündigungen. Sie sind die gegenseitige Übereinkunft von Arbeitgeber und Arbeitnehmer über die

Beendigung des Arbeitsverhältnisses auf einen bestimmten Zeitpunkt hin. In der Vereinbarung sollte deshalb nicht von «gegenseitiger Kündigung» oder Ähnlichem gesprochen werden. Dies führt zu Unklarheiten und unter Umständen zur Auslegung der Vereinbarung gegen deren Urheber (in der Regel der Arbeitgeber).

- Der Wille zur Auflösung muss klar manifestiert sein. Insbesondere ist Zurückhaltung geboten, aus dem Stillschweigen des Arbeitnehmers, wenn er auf Rechte verzichtet, zu einer Offerte des Arbeitgebers zu einer Auflösungsvereinbarung auf dessen Zustimmung zu schliessen. Auf Aussagen wie «ohne ihren Gegenbericht bis am … gehen wir davon aus, dass Sie der Aufhebungsvereinbarung zustimmen» sollte verzichtet werden.
- Interessenausgleich beachten. Insbesondere bei sofortiger Beendigung des Arbeitsverhältnisses ohne finanzielle Abgeltung des Verzichts auf die Kündigungsfrist und bei einer Aufhebungsvereinbarung während laufender Sperrfrist.
- Aufhebungsvereinbarungen mit einer sofortigen Beendigung des Arbeitsverhältnisses anstelle einer fristlosen Arbeitgeberkündigung halten nur stand, wenn tatsächlich ein wichtiger Grund für eine fristlose Kündigung im Sinne der Rechtsprechung vorgelegen hat.
- Unter Umständen ist es sinnvoll, den Grund für die Aufhebungsvereinbarung und allenfalls die Interessenlage festzuhalten.
- Sofern der Arbeitsvertrag ein nachvertragliches Abwerbe- und/oder Konkurrenzverbot enthält, empfiehlt es sich, in der Aufhebungsvereinbarung etwas über dessen Schicksal (Dahinfallen oder Weitergelten) zu sagen.
- Häufig wird in Aufhebungsvereinbarungen nicht einvernehmlich der Beendigungszeitpunkt festgelegt, sondern es werden weitere Punkte geregelt. Diesfalls empfiehlt sich in der Regel eine Saldoklausel.

6. Fristlose Kündigungen

6.1 Die Grundlagen

Gemäss Art. 337 OR kann jede Partei das Arbeitsverhältnis aus wichtigen Gründen jederzeit auflösen. Die Kündigung ist auf Verlangen schriftlich zu begründen. Als wichtiger Grund gilt jeder Umstand, bei dessen Vorhandensein dem Kündigenden die Fortsetzung des Arbeitsverhältnisses nach Treu und Glauben nicht mehr zugemutet werden kann.

Eine ungerechtfertigte fristlose Arbeitgeberkündigung führt zu Schadenersatzansprüchen des Arbeitnehmers im Umfang dessen, «was er verdient hätte, wenn das Arbeitsverhältnis unter Einhaltung der Kündigungsfrist oder nach Ablauf der bestimmten Vertragszeit beendigt worden wäre» (Art. 337c OR).

6.2 Die Falle

Ungerechtfertigterweise ausgesprochene fristlose Kündigungen können den Arbeitgeber teuer zu stehen kommen. Einmal ausgesprochen, entfaltet die fristlose Kündigung ihre Wirkung und beendet das Arbeitsverhältnis. Sollte ein Gericht später zum Schluss kommen, dass die fristlose Kündigung nicht gerechtfertigt war, muss der Arbeitgeber dem Arbeitnehmer das bezahlen, was er hätte bezahlen müssen, wenn er statt fristlos ordentlich gekündigt hätte (unter Berücksichtigung allfälliger zeitlicher Kündigungsschutzgründen). Zusätzlich kann der Arbeitgeber verurteilt werden, dem Arbeitnehmer eine Pönale von bis zu sechs Monatslöhnen zu bezahlen.

Eine fristlose Kündigung bedarf praktisch zweier Voraussetzungen: einerseits eines wichtigen Grundes und andererseits der Unzumutbarkeit der Fortsetzung des Arbeitsverhältnisses (Art. 337 Abs. 2 OR) resp. der Unzumutbarkeit, die ordentliche Kündigungsfrist abzuwarten. Die Anforderungen an die Wichtigkeit des Kündigungsgrundes sowie an die Unzumutbarkeit der Fortsetzung des Arbeitsverhältnisses sind relativ hoch und damit die Hürde für eine gerechtfertigte fristlose Arbeitgeberkündigung.

Die Zulässigkeit einer fristlosen Kündigung ist immer im Einzelfall anhand der konkreten Umstände zu beurteilen. Was im einen Fall eine fristlose Kündigung rechtfertigt, tut es nicht auch automatisch im anderen.

6.3 Der wichtige Grund

Ein wichtiger Grund für eine fristlose Kündigung des Arbeitsverhältnisses (Art. 337 OR) durch den Arbeitgeber liegt nach Bundesgerichtspraxis nur bei besonders schweren Verfehlungen des Arbeitnehmers vor. Minder wichtige Gründe bedürfen einer vorgängigen Verwarnung und Androhung der fristlosen Kündigung im Wiederholungsfall. Die Verwarnung sollte aus Beweisgründen schriftlich erfolgen. Sie muss erklären, welches Verhalten resp. welche Verfehlung Grund für die Verwarnung (und später allenfalls der fristlosen Kündigung) ist, dass dieses Verhalten ab sofort nicht mehr toleriert wird und dass es im Wiederholungsfall zu einer fristlosen Kündigung führen kann.

Der wichtige Grund muss objektiv ein wichtiger sein, d. h. geeignet, das gegenseitige Vertrauen zu zerstören. Das Bundesgericht verlangt zusätzlich, dass der Grund auch subjektiv wichtig war, d. h., dass die Verfehlung konkret auch zur Zerstörung des Vertrauens geführt hat. Dies wird zu Recht kritisiert.

Ob die Voraussetzung eines wichtigen Grundes gegeben ist, entscheidet sich nicht allgemein oder nach einer Liste, sondern hängt immer von den Umständen des Einzelfalls ab. Dabei sind insbesondere folgende Aspekte zu berücksichtigen: Stellung und Verantwortung des Arbeitnehmers, Natur und Dauer des Arbeitsverhältnisses, Art, Häufung und Schwere der Verfehlungen, vorausgegangene Verwarnungen etc.

Die Tatbestände, die je nach Einzelfall und Intensität, eine fristlose Arbeitgeberkündigung rechtfertigen können, lassen sich in fünf, sich zum Teil überschneidende Gruppen einteilen:
- strafbare Handlungen während der Arbeit: Achtung: Bei Bagatelldelikten liegt gemäss Gerichtspraxis ohne vorgängige Verwarnung oft kein wichtiger Grund vor.
- die persönliche Integrität des Arbeitnehmers schwer herabmindernde Umstände (z. B. grob anstössiges Privatleben): Hier ist eine fristlose Kündigung nur mit grosser Zurückhaltung ins Auge zu fassen und in der Regel eine vorgängige Verwarnung nötig.
- falsche Angaben im Bewerbungsverfahren (Diplome, Kenntnisse, Ausbildungsgänge etc.): Hier könnte der Vertrag auch wegen Willensmängeln angefochten oder allenfalls in der Probezeit kurzfristig aufgelöst werden.
- grobe Pflichtverletzungen und andere schwerwiegende Unkorrektheiten am Arbeitsplatz: Hier bedarf es häufig einer vorgängigen Verwarnung.

- Illoyalität gegenüber dem Arbeitgeber ausserhalb des Arbeitsplatzes (Herabminderung des Arbeitgebers, Verrat von Fabrikations- und Geschäftsgeheimnissen, Verletzung von Geheimhaltungspflichten etc.)

Die Wichtigkeit des Grundes ist jedoch immer im Einzelfall anhand der konkreten Umstände abzuklären. Ist der Grund ein wichtiger im Sinne des Gesetzes und der Rechtsprechung kann auch während einer Sperrfrist oder bei bereits ordentlich gekündigtem Arbeitsverhältnis eine fristlose Kündigung ausgesprochen werden.

Vorsicht ist geboten bei der Begründung einer fristlosen Kündigung, die sich ausschliesslich auf unrechtmässig erlangte Beweismittel (beispielsweise unzulässige Videoüberwachung) stützt. Die Gerichte können unter Umständen die Verwertung des unzulässigerweise erlangten Beweismittels verbieten, wodurch der Beweis, dass die fristlose Kündigung gerechtfertigt war, gefährdet wird oder gar misslingen kann.

6.4 Die Unzumutbarkeit der Fortsetzung des Arbeitsverhältnisses

Die fristlose Kündigung muss Ultima Ratio gegenüber der ordentlichen Kündigung sein. Gemäss Bundesgericht muss sie den «einzigen Ausweg» (BGE 116 II 142 E.5c) darstellen. Es gestattet deren Anwendung «nur mit grosser Zurückhaltung».

Faktisch geht es dabei um die Unzumutbarkeit des Einhaltens der ordentlichen Kündigungsfrist. Bei der Beurteilung der Unzumutbarkeit spielt mitunter eine Rolle, wie lange es dauert, das Arbeitsverhältnis ordentlich aufzulösen (Dauer der ordentlichen Kündigungsfrist), oder wie lange die Befristung noch dauert. Auch die Unzumutbarkeit bestimmt sich anhand des konkreten Einzelfalls und der jeweiligen Umstände. Insbesondere kann das lange Dulden einer Situation durch den Arbeitgeber ein Indiz dafür sein, dass das Abwarten der ordentlichen Kündigungsfrist zumutbar erscheint.

Es ist umstritten, ob fristlose Kündigungen immer per sofort ausgesprochen werden müssen oder ob dem fristlos gekündigten Arbeitnehmer eine sogenannte Sozialfrist gewährt werden kann. Ein Teil der Lehre lässt keine Sozialfrist zu, da der Arbeitgeber damit beweise, dass eine Fortsetzung des Arbeitsverhältnisses zumutbar sei, und überdies spreche der Gesetzeswortlaut dagegen. Das Bundesgericht hat in BGer 4C.174/2003 E. 3.2.1 eine Sozialfrist, die kürzer als die ordentliche Kündigungsfrist war und im Interesse des fristlos gekündigten Arbeitnehmers lag, zugelassen. In BGE 140 I 320 E. 7 und 8 hat es dies für das öffentliche Dienstrecht wiederholt. Dennoch ist hier in der Praxis äusserste Zurückhaltung geboten, wenn man sich als Arbeitgeber nicht den Vorwurf gefallen lassen will, dass die Fortsetzung des Arbeitsverhältnisses ja bereits wegen des augenscheinlichen eigenen Verhaltens zumutbar wäre.

6.5 Praxistipps

Die Schwelle für eine gerechtfertigte fristlose Kündigung ist relativ hoch. Die fristlose Kündigung muss «Ultima Ratio» sein, weil der kündigenden Partei die Einhaltung der ordentlichen Kündigungsfrist nicht zugemutet werden kann. Dabei spielen immer die Umstände im Einzelfall eine nicht zu unterschätzende Rolle.

- Lassen Sie sich bei Unsicherheiten vor Aussprechen einer fristlosen Kündigung rechtlich beraten.
- Fristlose Kündigungen müssen grundsätzlich sofort nach Kenntnis des Kündigungsgrunds ausgesprochen werden. Die Gerichtspraxis lässt faustregelmässig eine Bedenk- und Beratungsfrist von zwei bis drei Arbeitstagen ab Kenntnis des Kündigungsgrundes zu.
- Die fristlose Kündigung ist in der Regel per sofort auszusprechen (keine Sozialfrist), ansonsten riskiert der Arbeitgeber, ein Indiz dafür zu schaffen, dass die Fortsetzung des Arbeitsverhältnisses zumutbar wäre. Falls ausnahmsweise doch eine Sozialfrist gewährt werden soll, muss diese kürzer sein als die ordentliche Kündigungsfrist und im Interesse des Arbeitnehmers liegen. Diesfalls empfiehlt sich der explizite Hinweis in der Kündigung, dass es sich um eine Sozialfrist handle, und eventuell ist der Grund für die Sozialfrist anzuführen.
- Minder wichtige Gründe berechtigen nur zu einer fristlosen Entlassung, wenn vorgängig eine Verwarnung ausgesprochen und für den Wiederholungsfall die fristlose Kündigung angedroht wurde.
- Abklären, ob ein wichtiger Grund vorliegt. Verdachtskündigungen sind gefährlich, wenn sich der Verdacht anschliessend nicht bestätigt.

7. Abwerbe- und Konkurrenzverbote

7.1 Die Grundlagen

Während der Dauer des Arbeitsverhältnisses untersteht jeder Arbeitnehmer von Gesetzes wegen einer Treuepflicht gegenüber dem Arbeitgeber (Art. 321a OR). Diese Treuepflicht beinhaltet u. a. auch ein Abwerbe- und Konkurrenzverbot sowie eine Verschwiegenheitspflicht über geheim zu haltende Tatsachen, namentlich Fabrikations- und Geschäftsgeheimnisse. Die Verschwiegenheitspflicht dauert auch nach Beendigung des Arbeitsverhältnisses weiter, soweit es «zur Wahrung der berechtigten Interessen» des Arbeitgebers erforderlich ist.

Ein nachvertragliches Konkurrenzverbot muss zwingend schriftlich vereinbart werden (Art. 340 OR) und ist nur mit Arbeitnehmern möglich, denen der Arbeitgeber «Einblick in den Kundenkreis oder in Fabrikations- und Geschäftsgeheimnisse» gewährte. Das Konkurrenzverbot muss örtlich, zeitlich und sachlich angemessen beschränkt sein und darf in der Regel nicht länger als drei Jahre dauern (Art. 340a Abs. 1 OR). Die Gerichte können gültige, aber übermässige Konkurrenzverbote einschränken.

7.2 Die Falle

Bisweilen werden Konkurrenzverbote gebraucht, um fähige Arbeitnehmer von einer späteren Konkurrenzierung abzuhalten, ohne dass die gesetzlichen Voraussetzungen für ein Konkurrenzverbot gegeben wären. In diesen Fällen kommt kein gültiges nachvertragliches Konkurrenzverbot zustande. Ein nachvertragliches Konkurrenzverbot kann nicht mit jedem Arbeitnehmer vereinbart werden, sondern von Anfang an nur mit solchen, die durch ihre Funktion Einblick in den Kundenkreis oder in Geschäfts- und Fabrikationsgeheimnisse erhalten. Dabei sind diese Begriffe eng auszulegen.

Selbst gültig vereinbarte nachvertragliche Konkurrenzverbote müssen örtlich, zeitlich und sachlich «angemessen» beschränkt sein. Sie dürfen nicht zu einem faktischen Arbeitsverbot des Arbeitnehmers werden. Sodann können Kundenbeziehungen, bei denen es vor allem auf die persönlichen Eigenschaften und Fähigkeiten des Arbeitnehmers ankommt, nicht oder nur äusserst zurückhaltend mit einem nachvertraglichen Konkurrenzverbot geschützt werden.

Die häufigste Stolperfalle beim nachvertraglichen Konkurrenzverbot ist die unklare und/oder unvollständige Formulierung der entsprechenden Vereinbarung.

7.3 Voraussetzungen für die gültige Vereinbarung eines nachvertraglichen Konkurrenzverbots

Zusammengefasst lassen sich die Voraussetzungen für ein gültig vereinbartes Konkurrenzverbot wie folgt darstellen:

- Handlungsfähigkeit des sich verpflichtenden Arbeitnehmers
- Schriftlichkeit der Vereinbarung (mindestens Unterschrift des Arbeitnehmers)
- Einblick des Arbeitnehmers in den Kundenkreis, Fabrikations- und/ oder Geschäftsgeheimnisse erhalten
- erhebliches Schädigungspotenzial der Verwendung aus diesem Einblick gewonnener Tatsachen
- kein unbilliges Erschweren des wirtschaftlichen Fortkommens des Arbeitnehmers (örtliche, zeitliche und sachliche Beschränkung des Konkurrenzverbots)

Fehlt es an einer oder mehreren Voraussetzungen, ist das Konkurrenzverbot entweder nichtig oder teilnichtig. Es fällt von Gesetzes wegen dahin, wenn der Arbeitgeber nachweislich kein Interesse mehr hat, es aufrechtzuerhalten, wenn sie das Arbeitsverhältnis kündigt, ohne dass der Arbeitnehmer ihr einen Anlass dazu gegeben hätte, oder wenn der Arbeitnehmer aus einem vom Arbeitgeber zu verantwortenden Anlass kündigt (Art. 340c OR).

7.3.1 Handlungsfähigkeit

Handlungsfähig ist, wer volljährig und urteilsfähig ist (Art. 13 ZGB). Der gesetzliche Vertreter des handlungsunfähigen Arbeitnehmers kann für diesen kein Konkurrenzverbot unterzeichnen. In Lehrverträgen sind Konkurrenzverbote unabhängig von der Handlungsfähigkeit der lernenden Person untersagt (Art. 344a Abs. 6 OR).

7.3.2 Schriftlichkeit

Schriftlichkeit bedeutet, dass die sich verpflichtende Person eigenhändig unterschreiben oder qualifiziert elektronisch signieren muss (Art. 13 ff. OR), bei nachvertraglichen Konkurrenzverboten also der Arbeitnehmer. Bei Regelung des Konkurrenzverbots in einem nicht unterzeichneten Personalreglement muss im unterzeichneten Einzelarbeitsvertrag mindestens ein Hinweis auf das Konkurrenzverbot enthalten sein. Es gibt jedoch auch Lehrmeinungen, die die Regelung nur im unterzeichneten Einzelarbeitsvertrag zulassen wollen.

7.3.3 Einblick in Kundenkreis, Fabrikations- und/oder Geschäftsgeheimnisse

Von einem Kundenkreis kann nur bei Kunden gesprochen werden, die regelmässig und über längere Zeit mit dem Arbeitgeber Geschäfte tätigen (Kundenstamm). Dabei ist nicht die blosse Kundenliste, sondern die Geschäftsbeziehung zwischen Arbeitgeber und Kunde Schutzobjekt, d. h. Kundenbedürfnisse, -eigenschaften etc. Einblick in den Kundenkreis hat der Arbeitnehmer nur, wenn er die wesentlichen Voraussetzungen für die Kundenbindung kennt.

Der Begriff des Geschäfts- und Fabrikationsgeheimnisses deckt sich mit demjenigen im Strafrecht (Art. 162 StGB) und im Lauterkeitsrecht (Art. 4 lit. c UWG und Art. 6 UWG). Geheimnis ist dabei alles, was der Arbeitgeber geheim halten will und auch geheim hält. Bei Geschäftsgeheimnissen stehen organisatorische und kalkulatorische, bei Fabrikationsgeheimnissen wissenstechnische Aspekte im Vordergrund. Einen Patent- oder anderweitigen Schutz braucht es nicht. Was der Arbeitgeber selber gegen aussen bekannt gibt, oder Kenntnisse, die bei jedem Unternehmen in der Branche erworben werden können (Berufs- und Branchenkenntnisse), sind nicht geheim.

Berufs- und Branchenkenntnisse sind Kenntnisse, die in jedem Betrieb der Branche erworben werden können, und Teil der persönlichen Berufserfahrung. Sie fallen nicht unter den Begriff des Geschäftsgeheimnisses und lassen sich nicht durch ein Konkurrenzverbot schützen.

Der Arbeitnehmer muss nicht tatsächlich Kenntnis vom Kundenkreis, von Geschäfts- oder Fabrikationsgeheimnissen erhalten. Die Möglichkeit der Kenntnisnahme genügt.

7.3.4 Schädigungspotenzial

Voraussetzung für ein nachvertragliches Konkurrenzverbot ist sodann die Möglichkeit zur erheblichen Schädigung des Arbeitgebers. Eine geringfügige Schädigungsmöglichkeit genügt nicht. Die Praxis dazu ist eher grosszügig. Keine Voraussetzung ist, dass die Schädigung tatsächlich eingetreten ist.

7.3.5 Örtliche, zeitliche und sachliche Beschränkung des Konkurrenzverbots

Das nachvertragliche Konkurrenzverbot muss in örtlicher, zeitlicher und sachlicher Hinsicht beschränkt werden. In keinem Fall darf es diesbezüglich über das hinausgehen, was der Arbeitnehmer beim Arbeitgeber gearbeitet hat.

Konkurrenzverbote dürfen in der Regel maximal drei Jahre dauern (Art. 340a Abs. 1 OR).

7.4 Abwerbeverbote

Die Abwerbung von Kunden kann durch ein nachvertragliches Konkurrenzverbot geschützt werden. Ob der Kundenabwerbungsversuch Erfolg hat oder nicht, spielt keine Rolle. Hingegen kann die Abwerbung von Mitarbeitern nach Bundesgericht nicht durch ein Konkurrenzverbot geschützt werden, weil mit dem Konkurrenzverbot nur die Angebots-, nicht aber die Nachfrageseite (Markt) geschützt werden kann.

7.5 Durchsetzung von Konkurrenzverboten

7.5.1 Konkurrenzierung

Ein gültig vereinbartes nachvertragliches Konkurrenzverbot kann nur durchgesetzt werden, wenn eine verbotene Konkurrenzierung dem ehemaligen Arbeitgeber durch den ehemaligen Arbeitnehmer unmittelbar bevorsteht oder ausgeübt wird. Die hypothetische Möglichkeit reicht nicht aus.

Als Formen der Konkurrenzierung nennt das Gesetz beispielhaft den Betrieb eines Konkurrenzunternehmens, die Beteiligung an oder die Anstellung in einem solchen.

Der Konkurrenzbegriff wird im Arbeitsrecht enger ausgelegt als im Wettbewerbsrecht. Zweck des arbeitsrechtlichen Konkurrenzverbots ist, eine Schädigung des Arbeitgebers durch die Verwendung besonderer erworbener Kenntnisse zu verhindern. Entscheidend ist, ob zwei Anbieter gleichartige Leistungen anbieten, die ähnliche Bedürfnisse eines sich mindestens teilweise überscheidenden Zielpublikums befriedigen. Als Faustregel kann darauf abgestellt werden, ob die beiden Angebote für den durchschnittlichen Kunden substituierbar sind.

Unklar ist, ob ein Arbeitnehmer, der als externer Berater beim Kunden arbeitete und sich dann beim Kunden als interner Berater anstellen lässt, überhaupt eine Konkurrenzierung begeht oder nicht. Diese Konstellation ist gerade in der Beratungsbranche häufig. Der Arbeitnehmer tritt weder selber noch durch den neuen Arbeitgeber als Konkurrent am Markt auf, aber er hat dem ehemaligen Arbeitgeber einen Kunden «abgenommen» und konkurrenziert ihn durch seine Arbeitsleistung.

Besonderes gilt gemäss Lehre und Rechtsprechung für die sogenannten freien Berufe (Ärzte, Zahnärzte, Rechtsanwälte, Architekten, Ingenieure). Konkurrenzverbote für diese Berufsgruppen werden in der Regel als unzulässig erachtet oder stark eingeschränkt, weil es bei ihnen in erster Linie auf das persönliche Element ankommt. Nach aktuellem Stand der Gerichtspraxis fallen Treuhänder und Revisoren nicht in diese Berufsgruppe, da hier das handwerkliche Element im Vordergrund stehe.

7.5.2 Schadenersatz, Konventionalstrafe, Realexekution

Von Gesetzes wegen führt die Verletzung des Konkurrenzverbots nur zu einer Schadenersatzforderung des Arbeitgebers (Art. 340b OR). Der Arbeitgeber ist für diesen Schaden beweispflichtig. Ein Beweis, der in der Praxis oft schwierig zu erbringen ist.

Deshalb empfiehlt sich eine Konventionalstrafenregelung. Betreffend Höhe der Konventionalstrafe lassen sich keine allgemeingültigen Aussagen machen. Als Faustregel kann jedoch von einem halben bis maximal einem ganzen Jahressalär ausgegangen werden. Das Gericht kann übermässige Konventionalstrafen nach freiem Ermessen herabsetzen (Art. 163 OR). Bei der Formulierung ist sodann daran zu denken, dass die einmalige Bezahlung der Konventionalstrafe zur Befreiung des Konkurrenzverbots führt (Art. 340b Abs. 2 OR). Um diese Befreiung zu verhindern, muss die Sanktion so formuliert sein, dass das Konkurrenzverbot auch bei Bezahlung der Konventionalstrafe weitergilt.

Ist es besonders schriftlich verabredet, kann der Arbeitgeber neben der Konventionalstrafe und Schadenersatz die Beseitigung des vertragswidrigen Zustands verlangen, sofern ihre verletzten oder bedrohten Interessen und das Verhalten des Arbeitnehmers dies rechtfertigen (Art. 340b Abs. 3 OR). Ohne entsprechende schriftliche Vereinbarung ist keine Realexekution des Konkurrenzverbots möglich. Die Gerichte sind in der Durchsetzung streng. Eine verbotene Konkurrenzierung allein genügt nicht. Für die Realexekution braucht es in der Praxis ein besonders treuwidriges Verhalten des Arbeitnehmers und die Drohung eines besonders grossen Schadens beim Arbeitgeber.

7.6 Praxistipps

Im Zentrum der Praxistipps stehen die Gültigkeit von Konkurrenzverboten und die sorgfältige Redaktion.

- Während der Dauer des Arbeitsverhältnisses ist das Abwerbe- und Konkurrenzverbot Ausfluss der Treuepflicht des Arbeitnehmers. Unter Umständen lohnt sich, um Klarheit zu schaffen, jedoch eine explizite entsprechende vertragliche Regelung.

- Nachvertragliche Konkurrenzverbote nur mit Arbeitnehmern vereinbaren, mit denen sie gültig vereinbart werden können.

- Konkurrenzverbote zeitlich (in der Regel maximal drei Jahre), örtlich (maximal Tätigkeitsgebiet des Arbeitnehmers) und sachlich (Tätigkeit, Unternehmen) beschränken.

- Konkurrenzierende Tätigkeit nicht abschliessend, sondern generell und exemplarisch aufzählen («verboten ist jede konkurrenzierende Tätigkeit, insbesondere ...»).

- Konventionalstrafenregelung mit Weitergeltung des Konkurrenzverbots bei Bezahlung und Vorbehalt der Geltendmachung weiteren Schadens vereinbaren. («Der Arbeitnehmer schuldet dem Arbeitgeber bei Zuwiderhandlung gegen das Konkurrenzverbot für jeden Übertretungsfall eine Konventionalstrafe in der Höhe von je CHF 65 000.–. Die Bezahlung der Konventionalstrafe befreit den Arbeitnehmer nicht

von der weiteren Einhaltung des Konkurrenzverbots. Der Arbeitgeber ist berechtigt, den Ersatz weiteren Schadens zu verlangen.»)
- Realexekutionsmöglichkeit des Arbeitgebers schriftlich vereinbaren, («Der Arbeitgeber kann jederzeit die Beseitigung des vertragswidrigen Zustands verlangen.»)

8. Verrechnung von Forderungen des Arbeitgebers mit Lohn des Arbeitnehmers

8.1 Die Grundlagen

Der Arbeitgeber darf Gegenforderungen mit der Lohnforderung nur bis zur pfändbaren Quote verrechnen (Art. 323b Abs. 2 OR i.V.m. Art. 93 SchKG). Gegenforderungen für absichtlich zugefügten Schaden dürfen unbeschränkt verrechnet werden.

Die Verrechnung setzt voraus, dass beide Forderungen fällig sind (Art. 120 OR). Die Verrechnungserklärung ist eine empfangsbedürftige Willenserklärung. Der Arbeitgeber muss sie für den Arbeitnehmer klar erkennbar zum Ausdruck bringen (Art. 124 Abs. 1 OR).

8.2 Die Falle

Verrechnungen von Forderungen des Arbeitgebers gegenüber dem Arbeitnehmer sind nur so weit zulässig, als der Lohn pfändbar ist, d.h., das Existenzminimum überschreitet. Die Beschränkung der Verrechnungsmöglichkeit betrifft nicht nur Forderungen aus dem Arbeitsvertrag, sondern jegliche Geldforderungen des Arbeitgebers gegenüber dem Arbeitnehmer (Miete, Kauf, Darlehen etc.).

Die Gerichtspraxis geht bei einem langen Zuwarten der Geltendmachung bekannter Forderungen (namentlich von Schadenersatzansprüchen) von einer Anspruchsverwirkung aus resp. davon, dass der Arbeitnehmer aus dem Zuwarten auf den Verzicht des Arbeitgebers schliessen dürfe.

8.3 Pfändbare Quote

Die pfändbare Quote ist – ausser es laufe bereits eine Lohnpfändung – dem Arbeitgeber (und auch dem Arbeitnehmer) in aller Regel unbekannt. Für die Lohnverpfändung zur Sicherung familienrechtlicher Ansprüche regelt das Gesetz (Art. 325 Abs. 1 OR), dass das Betreibungsamt am Wohnsitz des Arbeitnehmers auf Ersuchen eines Beteiligten den unpfändbaren Betrag (betreibungsrechtliches Existenzminimum) festlegt. Dies muss analog auch für die Verrechnung mit Lohnforderungen gemäss Art. 323b Abs. 2 OR gelten.

In der Praxis werden die Betreibungsämter selten um diese Berechnung ersucht. Der Arbeitgeber ist nicht verpflichtet, das Betreibungsamt anzurufen. Die Arbeitgeber behelfen sich meistens mit einer Schätzung des betreibungsrechtlichen Existenzminimums und verrechnen, sofern vorhanden, den verbleibenden Mehrbetrag. Ist der Arbeitnehmer nicht einverstanden mit der Festsetzung, muss er den Richter anrufen, der das Existenzminimum festlegt.

Vorschuss nach Art. 323 Abs. 4 OR ist unbegrenzt verrechenbar, da er eine Teilerfüllung nach Massgabe der bisher geleisteten Arbeit darstellt («Lohn in Raten»). Ebenso unbegrenzt verrechenbar sind Schadenersatzforderungen aus absichtlich zugefügtem Schaden. Die Beurteilung richtet sich nach Art. 321e OR (Haftung des Arbeitnehmers).

Das Gleiche muss für Minusstunden gelten, die der Arbeitnehmer zu verantworten hat, da er ohne Arbeitsleistung keinen Anspruch auf Lohn hat.

8.4 Geltendmachung spätestens bei der Auszahlung des letzten Lohns

Aufgrund der Gerichtspraxis, wonach der Arbeitnehmer insbesondere bei Schadenersatzansprüchen des Arbeitgebers bei Zuwarten der Geltendmachung davon ausgehen darf, der Arbeitgeber verzichte auf seinen Anspruch, empfiehlt es sich, zumindest Schadenersatzforderungen sofort geltend zu machen oder zumindest – wenn beispielsweise der Umfang noch nicht bekannt ist – explizit vorzubehalten.

Die Forderung muss allerspätestens mit Auszahlung des letzten Lohns geltend gemacht oder vorbehalten werden, ansonsten besteht für den Arbeitgeber das Risiko, seinen Anspruch – trotz noch nicht eingetretener Verjährung – nicht mehr durchsetzen zu können.

Bei Aufhebungsvereinbarungen, insbesondere solchen mit Saldoklauseln, muss das rechtliche Schicksal der Arbeitgeberforderung geregelt werden, ansonsten erlischt der Anspruch. Vorsicht geboten ist auch mit Formulierungen in Arbeitszeugnissen wie «der Arbeitnehmer verlässt uns ohne jegliche Verpflichtung», wenn noch eine Forderung des Arbeitgebers gegenüber dem Arbeitnehmer offen ist. Auch darauf könnte sich für den Arbeitnehmer schliessen lassen, dass der Arbeitgeber auf die Geltendmachung verzichtet.

8.5 Praxistipps

Da der Lohn dem Arbeitnehmer seine Existenz sichern soll, ist eine Verrechnung mit Gegenforderungen des Arbeitgebers nur eingeschränkt zulässig.

- Schadenersatzansprüche so rasch als möglich geltend machen oder vorbehalten.
- Bei Gegenforderungen des Arbeitgebers allenfalls Schuldanerkennung des Arbeitnehmers verlangen oder einen schriftlichen Abzahlungsvertrag etc.
- Verrechnung oder Vorbehalt spätestens mit Auszahlung des letzten Lohns geltend machen resp. anbringen.
- Saldoklauseln in Aufhebungsvereinbarungen ohne Regelung über die Arbeitgeberforderung lassen diese untergehen.
- Vorsicht mit «Freizeichnungen» in Arbeitszeugnissen, wenn noch Arbeitgeberforderungen bestehen. Der Arbeitnehmer könnte darauf auf den Verzicht der Geltendmachung schliessen dürfen.

9. Arbeitszeugnisse

9.1 Die Grundlagen

Der Arbeitnehmer kann vom Arbeitgeber jederzeit ein schriftliches Arbeitszeugnis verlangen (Art. 330a OR). Er hat dabei Anspruch auf ein sogenanntes Vollzeugnis, das sich über die Art und Dauer des Arbeitsverhältnisses sowie über seine Leistungen und sein Verhalten ausspricht. Auf Verlangen des Arbeitnehmers gibt das Zeugnis nur Auskunft über die Art und Dauer des Arbeitsverhältnisses (sog. Arbeitsbestätigung).

Die Ausstellung ist eine Datenbearbeitung im Sinne des Datenschutzgesetzes (DSG). Es gelten also die Wahrheitspflicht, die Verhältnismässigkeit und der Grundsatz von Treu und Glauben. Rechtsprechung und Lehre haben zugunsten des Arbeitnehmers zahlreiche Anforderungen an Arbeitszeugnisse, die über den Gesetzeswortlaut hinausgehen, definiert.

9.2 Die Falle

Betreffend Arbeitszeugnisse bestehen sowohl auf Arbeitgeber- als auch auf Arbeitnehmerseite falsche Vorstellungen. Das Ausstellen eines Arbeitszeugnisses ist eine anspruchsvolle Aufgabe, insbesondere dann, wenn das Arbeitsverhältnis durch unterschiedliche Auffassungen über die Leistung und das Verhalten des Arbeitnehmers getrübt war.

Das Arbeitszeugnis muss grundsätzlich wahr, vollständig und klar sein sowie die datenschutzrechtlichen Bestimmungen (Wahrheit, Verhältnismässigkeit, Grundsatz von Treu und Glauben) einhalten. Der Arbeitnehmer hat keinen Anspruch auf ein gutes Arbeitszeugnis und auch nicht auf bestimmte Formulierungen. Dagegen sind codierte Zeugnisse unzulässig. Gewisse Vorfälle und Tatsachen sind gemäss Rechtsprechung nicht zu erwähnen oder nur dann, wenn der Arbeitnehmer dies wünscht, es sei denn, ohne Erwähnung entstünde ein falscher Eindruck. Art und Grund der Beendigung des Arbeitsverhältnisses sind regelmässig nur auf Wunsch des Arbeitnehmers zu nennen.

9.3 Anspruch des Arbeitnehmers

Der Arbeitnehmer hat Anspruch auf ein wahres, vollständiges und klares Arbeitszeugnis, das formell und materiell dem Verkehrsüblichen entspricht und dessen Inhalt und Formulierung der Arbeitgeber bestimmt. Der Arbeitnehmer hat keinen Anspruch auf eine bestimmte Formulierung.

Bei der Erstellung von Arbeitszeugnissen geht die Wahrheitspflicht dem Wohlwollen vor. Das Arbeitszeugnis ist sodann immer in seinem Gesamteindruck zu beurteilen.

Obwohl dem Gesetzeswortlaut nicht zu entnehmen, geht die überwiegende Auffassung für Zwischenzeugnisse dahin, dass der Arbeitnehmer ein berechtigtes Interesse für dessen Ausstellung glaubhaft machen kann.

Auf besonderen Wunsch des Arbeitnehmers hat sich das Arbeitszeugnis auf «Angaben über die Art und Dauer des Arbeitsverhältnisses» zu beschränken (sog. Arbeitsbestätigung). Bei Lehrzeugnissen ist die Situation genau umgekehrt: Der Lernende hat nach Abschluss seiner Berufslehre Anspruch auf ein Lehrzeugnis, das sich über den erlernten Beruf und die Dauer der Lehrzeit ausspricht (Art. 346a Abs. 1 OR). Er hat auf Verlangen jedoch auch Anspruch auf ein Vollzeugnis.

9.4 Form und Inhalt von Arbeitszeugnissen

Das Arbeitszeugnis muss schriftlich ausgestellt werden, und seine Herkunft muss deutlich erkennbar sein (Firmenpapier). Es ist zu datieren und rechtsgültig zu unterzeichnen. Das äussere Erscheinungsbild muss den üblichen Anforderungen an Sorgfalt im Geschäftsbereich des Arbeitgebers entsprechen. Aufgrund des arbeitsrechtlichen Persönlichkeitsschutzes müssen Arbeitszeugnisse von mindestens einer hierarchisch und funktionell übergeordneten Person unterschrieben sein. Die Unterzeichnung eines Zeugnisses durch eine gleich- oder gar untergeordnete Person wird von Lehre und Rechtsprechung als persönlichkeitsverletzend erachtet.

Das Arbeitszeugnis ist in jener Landessprache zu verfassen, in der die Arbeitsleistung erbracht wird. Gilt in einer Branche zusätzlich eine spezifische Berufssprache, hat der Arbeitnehmer ausnahmsweise Anspruch auf ein Arbeitszeugnis in beiden Sprachen. Bei Arbeitsleistung im Ausland muss diejenige Sprache gewählt werden, die für den Arbeitnehmer und dessen berufliches Fortkommen am geeignetsten erscheint.

Die korrekte Datierung entspricht demjenigen Datum, an dem das Arbeitszeugnis ausgestellt wird. Eine Vor- und Rückdatierung ist grundsätzlich unzulässig und allenfalls strafrechtlich relevant (Urkundenfälschung). Lehre und Rechtsprechung lassen zugunsten des Arbeitnehmers Abweichungen zu. (Hier empfiehlt sich für den Arbeitgeber zur Absicherung eine entsprechende richterliche Anordnung.)

Der Inhalt eines Arbeitszeugnisses lässt sich wie folgt gliedern:
- Personalien (soweit für die eindeutige Identifikation des Arbeitnehmers notwendig)
- Stellung, Aufgaben und Funktion im Betrieb

- Fachwissen
- Qualifikation der Leistung
- Qualifikation des Verhaltens
- Angaben zum Austritt (zurückhaltend)

Krankheiten resp. Arbeitsverhinderungen dürfen im Zeugnis nur erwähnt werden, wenn sie einen erheblichen Einfluss auf die Arbeitsleistung oder das Verhalten des Arbeitnehmers hatten oder einen sachlichen Grund für die Auflösung des Arbeitsverhältnisses darstellten, oder wenn sie im Verhältnis zur gesamten Vertragsdauer erheblich ins Gewicht fielen, sodass ohne ihre Nichterwähnung ein falscher Gesamteindruck erweckt wird. In BGE 136 III 510 hat das Bundesgericht erwogen, dass in einem Arbeitszeugnis auch negative Tatsachen erwähnt werden dürfen und müssen, wenn sie für die Gesamtbeurteilung erheblich sind. Dies treffe auch auf eine Krankheit zu, die einen erheblichen Einfluss auf Leistung und Verhalten habe oder die Eignung zur Erfüllung der bisherigen Aufgaben (in concreto die eines Gewerkschaftssekretärs) infrage stelle und damit einen sachlichen Kündigungsgrund bilde. Besonderes Gewicht mass das Bundesgericht dabei der Tatsache zu, dass der Gewerkschaftssekretär ein Jahr nach Beendigung des Arbeitsverhältnisses immer noch arbeitsunfähig und eine Genesung nicht absehbar war. In dieser besonderen Konstellation spielte es für das Bundesgericht denn auch keine Rolle, ob tatsächlich aufgrund der Krankheit gekündigt worden war oder nicht.

Umstritten ist, ob Delikte des Arbeitnehmers im Arbeitszeugnis nur erwähnt werden dürfen, wenn sie für die Beurteilung der Leistung und des Verhaltens von Bedeutung waren, oder auch dann, wenn sie Vorfälle ausserhalb der beruflichen Tätigkeit erfassen, aber die Befähigung des Arbeitnehmers beeinflussen könnten. In der Regel darf ausserdienstliches Verhalten nur bei Arbeitnehmern mit «gesteigerter Treuepflicht» in sogenannten Tendenzbetrieben Eingang in das Arbeitszeugnis finden, wenn es sich auf das Arbeitsverhalten ausgewirkt hat.

Es gibt Meinungen, dass das Arbeitszeugnis über die Umstände des Austritts, insbesondere über die Kündigungshintergründe und darüber, wer das Arbeitsverhältnis gekündigt hat, gegen den Willen des Arbeitnehmers nichts enthalten darf, ausser es entstünde ohne entsprechenden Hinweis ein falsches Zeugnis. Der Arbeitnehmer kann jedoch verlangen, dass das Zeugnis über den Grund des Austritts Auskunft gibt.

9.5 Beweislast und Streitwert

Gemäss bundesgerichtlicher Rechtsprechung muss der Arbeitnehmer entsprechend den üblichen Beweislastregeln Tatsachen beweisen, die eine Anpassung des Arbeitszeugnisses rechtfertigen. Allerdings trifft den Arbeitgeber eine sogenannte Bestreitungslast. Er hat diejenigen Tatsachen zu beweisen, die er der (negativen) Beurteilung des Arbeitnehmers zugrunde gelegt hat. Kann der Arbeitgeber solche Tatsachen nicht beweisen, geht das Bundesgericht davon aus, dass der Antrag des Arbeitnehmers begründet sei. Dies bedeutet: Für die im Zeugnis enthaltenen Tatsachen ist grundsätzlich der Arbeitgeber beweispflichtig. Die Beweislast für stattdessen aufzunehmende oder zugrunde liegende Tatsachen trägt hingegen der Arbeitnehmer.

Die kantonale Praxis hat den Streitwert von Arbeitszeugnissen sehr unterschiedlich festgelegt. Das Bundesgericht sagt, der Streitwert von Arbeitszeugnissen dürfe nicht pauschal festgelegt werden. Er habe sich daran zu orientieren, wie sehr dem Arbeitnehmer durch die Zeugnisstreitigkeit das berufliche Fortkommen erschwert wurde. Dabei sei Kriterien wie Beruf, Qualifikation, Funktion, Dauer des Arbeitsverhältnisses, Höhe des Lohns und Situation auf dem Arbeitsmarkt Rechnung zu tragen.

9.6 Schadenersatzpflicht für unwahre Zeugnisse

Grundsätzlich haftet der das Arbeitszeugnis ausstellende Arbeitgeber sowohl gegenüber dem Arbeitnehmer als auch gegenüber Dritten für einen wahrheitswidrigen Inhalt und den daraus entstehenden Schaden. Die Geltendmachung erfolgt nach den üblichen Grundsätzen des vertraglichen (Arbeitnehmer) oder ausservertraglichen (Dritte) Haftpflichtrechts: Voraussetzung für eine Haftung sind Schaden, Widerrechtlichkeit, Verschulden und der adäquate Kausalzusammenhang.

Haftpflichtprozesse im Zusammenhang mit Arbeitszeugnissen sind, wohl nicht zuletzt aufgrund der Beweisschwierigkeiten beim Nachweis des Schadens, selten. Dennoch sollten Arbeitszeugnisse auch unter dem haftungsrechtlichen Aspekt sorgfältig redigiert werden.

9.7 Praxistipps

In der Schweiz kommt dem Arbeitszeugnis im Bewerbungsprozess ein nicht zu unterschätzender Stellenwert zu. Es erstaunt daher wenig, dass Arbeitszeugnisse häufig Gegenstand arbeitsrechtlicher Auseinandersetzungen bilden.

- Personaldossier sorgfältig führen, damit die in einem allfälligen Gerichtsprozess durch den Arbeitnehmer beanstandeten Tatsachen bewiesen werden können.
- (Massive) Rückdatierungen von Arbeitszeugnissen nur auf gerichtliche Anordnung hin vornehmen.
- Keine Geheimcodes oder zweideutigen Formulierungen verwenden.
- Ein relativ kurz auf ein gutes Zwischenzeugnis folgendes schlechtes Schlusszeugnis vermeiden und nicht aus Gefälligkeit ein gutes Zwischenzeugnis erstellen. Der Arbeitgeber muss diesfalls die (neuen) Tatsachen beweisen, die die schlechtere Beurteilung nach relativ kurzer Frist rechtfertigen.
- Begründung der Kündigung und im Arbeitszeugnis (allenfalls) genannte Beendigungsgründe müssen übereinstimmen. Allerdings müssen die genannten Gründe wahr sein. Dazu die Kündigungsbegründungen so kurz und allgemein wie möglich halten. Entspricht die Begründung nicht den Aussagen im Arbeitszeugnis, trägt der Arbeitgeber unter Umständen ein erhöhtes Missbrauchsrisiko.

10. Anwendbarkeit von Gesamt- und Normalarbeitsverträgen

10.1 Die Grundlagen

Durch einen Gesamtarbeitsvertrag (GAV) stellen Arbeitgeberverbände oder einzelne Arbeitgeber gemeinsam mit Arbeitnehmerverbänden (Gewerkschaften) Bestimmungen über den Abschluss, Inhalt und die Beendigung der einzelnen Arbeitsverhältnisse der am GAV beteiligten Parteien auf (Art. 356 Abs. 1 OR). Diese sogenannten normativen Bestimmungen des GAV entfalten zwischen den Arbeitsvertragsparteien direkte Geltung und werden wie Gesetzesrecht angewandt.

Auf Antrag der GAV-Parteien kann der normative Teil des GAV allgemein verbindlich erklärt werden (Art. 1 Bundesgesetz über die Allgemeinverbindlicherklärung von Gesamtarbeitsverträgen). Der GAV-Anwendungsbereich wird damit auf alle Arbeitgeber und Arbeitnehmer der entsprechenden Branche oder des entsprechenden Berufs ausgedehnt, auch wenn sie nicht am GAV beteiligt sind.

Normalarbeitsverträge (NAV) werden von Behörden für einzelne Arten von Arbeitsverhältnissen erlassen (Art. 359 Abs. 1 OR). Entgegen seiner Bezeichnung ist der NAV kein Vertrag, sondern Bundes- oder kantonales Gesetz im materiellen Sinn und gilt für die ihm unterstellten Arbeitsverhältnisse unmittelbar, sofern die Parteien nichts anderes vereinbaren (Art. 360 Abs. 1 OR). In den Bereichen Landwirtschaft und Hausdienst sind die Kantone von Gesetzes wegen (Art. 359 Abs. 2 OR) verpflichtet, kantonale Normalarbeitsverträge zu erlassen.

10.2 Die Falle

Häufig ist Arbeitgebern nicht bewusst, dass für sie ein allgemein verbindlich erklärter GAV oder ein NAV besteht, deren Bestimmungen sie einhalten müssen, unabhängig davon, ob sie dem den GAV abschliessenden Arbeitgeberverband angehören oder nicht.

In der Praxis führen neben der Frage, ob ein Arbeitsverhältnis einem GAV unterstellt ist, auch immer wieder GAV-Konkurrenzen zu Problemen.

10.3 Gesamtarbeitsverträge (GAV)

Der Gesamtarbeitsvertrag (GAV) ist ein Vertrag zwischen Arbeitnehmerverbänden (Gewerkschaften) einerseits und Arbeitgeberverbänden oder einzelnen Arbeitgebern andererseits. Auf Arbeitgeberseite können ein oder mehrere Arbeitgeber oder Arbeitgeberverbände stehen, auf der Arbeitnehmerseite immer nur ein Arbeitnehmerverband (Gewerkschaft) oder mehrere Arbeitnehmerverbände.

Der typische GAV-Inhalt umfasst Bestimmungen über den Abschluss, Inhalt und die Beendigung des Einzelarbeitsvertrags (normative Bestimmungen), Bestimmungen über die Rechte und Pflichten der GAV-Parteien unter sich (schuldrechtliche Bestimmungen) und Bestimmungen über Kontrolle und Durchsetzung des GAV.

Die normativen Bestimmungen eines GAV werden mit seinem Inkrafttreten Teil des Einzelarbeitsvertrags. Sie haben direkte Geltung für alle Arbeitnehmer und Arbeitgeber, die Mitglied eines vertragsschliessenden Verbands sind. Gesamtarbeitsverträge werden denn auch nicht wie Verträge, sondern wie Gesetze ausgelegt. Ist der GAV allgemein verbindlich erklärt, gilt er – unabhängig von einer Verbandsmitgliedschaft – für alle ihm unterstellten Arbeitsverhältnisse.

Typische normative GAV-Bestimmungen sind etwa:

- (Mindest-)Lohn, 13. Monatslohn, Entschädigungen
- Erweiterung der Lohnfortzahlung bei Verhinderung wegen Krankheit, Mutterschaft und Militärdienst
- Ausdehnung der Ferienansprüche
- Arbeitszeitvorschriften
- Ausdehnung des Kündigungsschutzes

Ein GAV wird meistens mit einer bestimmten Laufzeit vereinbart. Während der Laufzeit besteht beidseitig Friedenspflicht.

Gesamtarbeitsverträge können auf Antrag der GAV-Parteien entweder vom Bund oder von den Kantonen als allgemein verbindlich erklärt werden. Auf der Webseite des Staatssekretariats für Wirtschaft sind sämtliche allgemein verbindlich erklärten GAV – sowohl auf Bundes- als auch auf Kantonsebene – aufgelistet. (Link: www.seco.admin.ch/seco/de/home/Arbeit/Personenfreizugigkeit_Arbeitsbeziehungen/Gesamtarbeitsvertraege_Normalarbeitsvertraege.html)

10.3.1 Unterstellte Arbeitsverhältnisse und GAV-Konkurrenz

Jeder GAV legt seinen Anwendungsbereich fest, d. h., für welche Arbeitsverhältnisse er gilt. Oft werden z. B. Familienangehörige des Betriebsinhabers, Lernende, ungelernte Arbeitskräfte, Teilzeitmitarbeiter, befristet Angestellte oder Kader vom persönlichen Anwendungsbereich ausgeschlossen.

Ob ein Betrieb resp. ein Arbeitsverhältnis unter einen allgemein verbindlich erklärten GAV fällt oder nicht, entscheidet ausschliesslich das Gericht, nicht etwa die paritätische Kommission des GAV. Auf ein Arbeitsverhältnis soll aus Gründen der Rechtssicherheit nur ein GAV zur Anwendung kommen. Für die Unterstellung ist die tatsächlich ausgeübte Tätigkeit des Betriebs und nicht die Zweckumschreibung des Handelsregisters massgebend.

Diese Situation führt in der Praxis dazu, dass Rat suchende Arbeitgeber keine verbindliche Anlaufstelle zur Beantwortung der Frage, ob ein GAV gilt oder nicht, finden. Weiter helfen der Wortlaut des GAV und allenfalls bereits dazu ergangene Gerichtsentscheide.

Bei einer GAV-Konkurrenz empfiehlt sich folgende Vorgehensweise bei der Prüfung:

- Abklären, ob aufgrund des räumlichen, zeitlichen, persönlichen und sachlichen Anwendungsbereichs tatsächlich eine Konkurrenz vorliegt.
- Falls vorhanden, Kollisionsregeln des GAV oder der GAV anwenden.
- Ohne GAV-Kollisionsregeln gilt: Der allgemein verbindlich erklärte GAV geht dem nicht allgemein verbindlich erklärten vor. Ohne GAV-Kollisionsregeln und ohne Allgemeinverbindlicherklärung geht der Branchenvertrag dem Berufsvertrag vor. Bei Konkurrenz von zwei Branchenverträgen ist auf die Tätigkeit abzustellen, die dem Mischbetrieb das Gepräge gibt. Bei Konkurrenz von zwei Berufsverträgen gilt der Grundsatz der GAV-Einheit nur beschränkt. Sind die Berufsgruppen gleichwertig im Betrieb vertreten, können beide zur Anwendung kommen.

10.3.2 Der GAV für den Personalverleih im Besonderen

Der allgemein verbindlich erklärte GAV-Personalverleih übernimmt die Lohn- und Arbeitszeitbestimmungen des Einsatzbetriebs, sofern für diesen ein allgemein verbindlich erklärter GAV gilt, sonst geht der GAV-Personalverleih vor. Für den Leiharbeiter gelten damit der GAV-Lohn und die GAV-Arbeitszeiten des Einsatzbetriebs, sofern für diesen ein allgemein verbindlich erklärter GAV besteht.

Der Leiharbeiter, der vom Personalverleiher in einen Einsatzbetrieb vermittelt wird, für den kein allgemein verbindlich erklärter GAV besteht, gilt der allgemein verbindlich erklärte GAV des Personalverleihers.

Liegt kein Personalverleih vor, sondern ein einfaches Auftragsverhältnis, kommen allgemein verbindlich erklärte GAV am Einsatzort nicht zur Anwendung. So kommt z. B. der allgemein verbindlich erklärte GAV-Gastgewerbe nicht zur Anwendung für bei einem Reinigungsunternehmen angestellte Arbeitnehmer, die in einem Hotel Reinigungsarbeiten ausführen, wenn die Vertragsbeziehung zwischen Reinigungsunternehmen und Hotel nicht ein Personalverleih, sondern ein Auftragsverhältnis ist.

10.4 Normalarbeitsverträge (NAV)

Normalarbeitsverträge (NAV) werden von den Behörden erlassen. Sie sind unmittelbar materielles Gesetz. NAV können Mindestlöhne bestimmen, wenn es in der Branche wiederholt zu missbräuchlicher Lohnunterbietung der orts-, berufs- oder branchenüblichen Löhnen kommt. Diese Mindestlöhne gelten dann für die ganze Branche und können nur zugunsten des Arbeitnehmers abgeändert werden.

Aktuell gibt es auf Bundesebene nur den NAV-Hauswirtschaft, der Mindestlöhne vorschreibt. Solange ein kantonaler NAV-Hauswirtschaft in Kraft ist, gilt der NAV-Hauswirtschaft des Bundes nicht.

Dazu kommen verschiedene NAV auf Kantonsebene. Achtung: Die Seite des SECO führt nur kantonale Normalarbeitsverträge mit Mindestlöhnen auf. Gemäss Art. 359 Abs. 2 OR sind die Kantone verpflichtet, in den Bereichen Landwirtschaft und Hausdienst Normalarbeitsverträge zu erlassen.

Häufig sehen NAV vor, dass ihre Bestimmungen den Arbeitnehmern abgegeben werden müssen. Zudem werden oft Krankentaggeldversicherungslösungen vorgeschrieben, von denen jedoch einzelarbeitsvertraglich abgewichen werden kann.

10.5 Praxistipps

Ein häufiges Problem ist, dass sich der Arbeitgeber der Anwendbarkeit eines GAV oder eines NAV nicht bewusst ist. Hier hilft nur, um die allgemein verbindlich erklärten GAV und die NAV zu wissen und abzuklären, ob der eigene Betrieb resp. einzelne Arbeitsverhältnisse in den Anwendungsbereich fallen.

- Allgemein verbindlich erklärte GAV und NAV entfalten auf die ihnen unterstellten Arbeitsverhältnisse unmittelbare Rechtswirkung. Die normativen Bestimmungen des GAV sind einzuhalten, der NAV, soweit, falls möglich, keine abweichende Regelung getroffen wurde.

- Die Seite des SECO listet zwar die allgemein verbindlich erklärten GAV auf, aber Grundbeschluss und jeweilige Änderungen separat, sodass die aktuelle GAV-Fassung oft nicht als einziges Dokument angesehen werden kann. Hier helfen meist die beteiligten GAV-Parteien weiter, die die jeweils gültigen GAV-Fassungen (oft noch mit erläuternden Kommentaren) zur Verfügung stellen.

- Bei Auslegungsfragen zur Unterstellung resp. Anwendung von GAV sorgfältig prüfen und allenfalls Beratung beanspruchen. Hoffnungsvolles Zuwarten kann unter Umständen teuer werden.

- Abweichende Regelungen bei NAV schriftlich vereinbaren.

- Sieht der NAV vor, dass seine Bestimmungen dem Arbeitnehmer überreicht werden müssen, ein Exemplar abgeben und vertraglich festhalten, dass der Arbeitnehmer den NAV ausgehändigt bekommen hat.

Regel ist Ausnahme

Philipp Dobler, Dr. iur., ist Rechtsanwalt, Urkundsperson und Partner bei Dobler Rechtsanwälte AG und Co-Founder von firm-it solutions GmbH. Mit firm-it lancierte Philipp Dobler zusammen mit den Rechtsanwälten Urban Baumann und Marcel Esslinger die gleichnamige WebApp für automatisierte Eintragungen ins Handelsregister für B2B-Partner, insbesondere für Treuhandgesellschaften.

Mehr Informationen entnehmen Sie den jeweiligen Websites: www.dobler-ra.ch und www.firm-it.ch.

Inhaltsverzeichnis

1.	**Einleitung**	147
1.1	Problemstellung	147
1.2	Vorgehen	147
2.	**Ideal und Wirklichkeit**	148
3.	**Ziele in der schweizerischen Verfassung**	148
3.1	Anarchie ist nicht denkbar	148
3.2	Jeder Mensch will frei sein	149
3.3	Mechanismen in der Verfassung	150
3.4	Der Rechtsstaat im Speziellen	151
3.4.1	Legalitätsprinzip	151
3.4.2	Rechtsgleichheit und Rechtssicherheit	152
3.4.3	Mehrstufiges Verfahren	152
4.	**Kritik**	152
4.1	Falsch verstandener Essenzialismus	152
4.2	Gesetzestexte betrachten wie Theorien	154
4.3	Wider die Kollektivierung der Gesellschaft	156
4.3.1	Zunahme der Regelungstiefe	156
4.3.2	Regeln ohne Ausnahme	158
4.3.3	Vergangen und allgemein	158
4.3.4	Zweck und Verfassung	159
4.4	Sachverhalt und Problemstellung	160
5.	**Ergebnis**	161
6.	**Vertrauen in die Verwaltung erhalten**	162
Literaturverzeichnis		162

1. Einleitung

Je mehr Menschen einer Gesellschaft angehören, umso wichtiger sind die Gesetze, lautet eine weitverbreitete These: Diese Behauptung vergisst, was Freiheit in erster Linie bedeutet: Jedermann will sich entfalten können. Freie Entfaltung ist aber nicht gleichbedeutend mit der Einschränkung der Freiheit anderer. Erst dann, wenn der Bewegungsspielraum anderer tangiert wird, stellt sich die Frage, ob sich ein Eingriff rechtfertigt.

Die Rechtsgüter sind mit Bedacht abzuwägen. Das bedeutet, dass der Rechtsanwender den Einzelfall zu ermitteln und nur dann eine Massnahme anzuordnen hat, wenn er sich sicher ist, dass sie vom Gesetzgeber gewollt ist einerseits und sie die erforderliche Wirkung zeitigt andererseits.

Dieser Ansatz stellt die Arbeit des Rechtsanwenders, d.h. diejenige der Verwaltung und der Judikative, in den Vordergrund.

1.1 Problemstellung

Die gegenwärtige Entwicklung der Rechtsanwendung zeigt in eine Richtung: die Vereinheitlichung der Gesellschaft. (i) Wollen wir dies? (ii) Was sind die Treiber? (iii) Und was würde zu einer Gegenbewegung führen?

1.2 Vorgehen

Zu i): Die Frage, welche Grundlagen unserer Gesellschaft eigen sind, wollen wir über eine kurze Verfassungsanalyse beantworten. Den Schweizer Bürgern ist die Individualität eigen. Es gibt einen Konsens für Unabhängigkeit und Streben nach Glück (Ziff. 2–3).

Zu ii): Die als Rechtsstaat bezeichneten Steuerungselemente stärken die Vereinheitlichung der Gesellschaft. Im Vordergrund stehen dabei die sich ständig verfeinernde Verordnungsgebung und Rechtsprechung sowie die bundesgerichtliche Praxis zum Wortlaut und dessen Auslegung (Ziff. 4).

Zu iii): Der Rechtsanwender hat sich in erster Linie dem Zweck einer bestimmten Norm zu widmen. Dabei hat er eine Problemanalyse vorzunehmen. Diese Analyse ist darüber hinaus selbst bei der Feststellung des Sachverhalts im Einzelfall von höchster Bedeutung (Ziff. 4 und 5).

Der Rechtsanwender vermag den Fokus dann gut auf die Zweckfrage zu legen, wenn er den Bürgern spontan vertraut, d. h. Misstrauen sich erst aufgrund der eingehenden Prüfung des Sachverhalts ausnahmsweise ergibt. Diese Einstellung verstärkt den konstruktiven Umgang untereinander.

2. Ideal und Wirklichkeit

Verfassungen beschreiben einen Idealzustand, den sie gleichzeitig einfordern. Mit anderen Worten enthalten die Verfassungen Bilder der perfekten Gesellschaft und Anleitungen, wie sich die Bürger zu verhalten haben.

An die in der Verfassung aufgestellten Vorgaben kann sich folglich nur eine Gesellschaft annähern, in welcher der Glaube vorherrscht, dass die Verfassungsziele erstrebenswert sind.

Historische Einflüsse und die damals aktuelle Problemstellung führten die Bürger zur Schweizer Verfassung von 1848. Diese Verfassung bildet auch heute die Grundlage unseres Verfassungsverständnisses. Dem normativen Aspekt kommt dabei stets, mithin seit 1848 bis heute, hauptsächliche Bedeutung zu. Zwischen den Verfassungszielen und der Wirklichkeit besteht also immer eine Differenz.

3. Ziele in der schweizerischen Verfassung

3.1 Anarchie ist nicht denkbar

Will man sich mit den Zielen einer Verfassung beschäftigen, kommt man nicht darum herum, vor allem anderen zu entscheiden, ob eine Gesellschaft überhaupt Regeln braucht.

Mit dem Urzustand wird die Zeit vor der Staatenbildung definiert. Der Vergleich zwischen dem chaotischen vor und dem geordneten Zustand nach der Staatenbildung wird allgemein gezogen, wenn es darum geht, die erste Frage zu beantworten. Diese lautet, ob es denn besser sei, in staatlichen Strukturen zu leben als in der Anarchie.

Die Frage wird, was ihre praktische Bedeutung anbelangt, überschätzt. Denn die Schaffung von und das Leben in Machtstrukturen scheint angeboren zu sein. Jedenfalls leben Menschen, seit es sie gibt, in irgendwie organisierten Gruppen. Und immer kamen und kommen ihren Mitgliedern verschiedenste Rollen zu.

Offensichtlich organisieren sich Menschen immer. So betrachtet ist Anarchie im Sinne einer vollkommenen Ausschaltung von verbindlichen Regeln gar nicht möglich. Es kann sich für einen Praktiker also nur das Problem stellen, wie weit die Gesellschaft, in der er lebt, denn organisiert sein muss.

Der Sicherheitsaspekt bildet, so betrachtet, gar nicht die Legitimation für die Errichtung eines Staats. Diese Thematik spielt erst in zweiter Linie eine Rolle (siehe Ziff. 2.2).

3.2 Jeder Mensch will frei sein

Jedermann strebt nach Glück und hat seine eigene Vorstellung davon. Auf die Frage, was Glück ist, gibt es vermutlich gleich viele Antworten wie Menschen.

Ohne persönliche Freiheit kann sich der Einzelne – das folgt aus dem multiplen Glücksbegriff – nicht entfalten. Somit bildet die Freiheit Voraussetzung für ein menschenwürdiges Leben.

Die freie Entfaltungsmöglichkeit ist stets und auf vielfache Weise gefährdet, etwa durch einzelne andere oder durch die Gesamtheit. Eine Gesellschaft, welche die Suche nach Glück ermöglichen will, hat also den Einzelnen vor Zugriffen zu schützen und ihm gleichsam zu ermöglichen, zuzugreifen.

«Was du nicht willst, das man dir tut, das füg auch keinem andern zu», lautet die goldene Regel.

Von dem Zusammenspiel zwischen Glücksstreben und Freiheit sowie dem Widerstreit zwischen freier Entfaltung und Beeinträchtigung des anderen handelt wiederum der Gerechtigkeitsbegriff. Dieser versteht sich als Begrenzung der Freiheit des Einzelnen, um die grösstmögliche Freiheit aller zu gewährleisten.

Vielfach will man den Staat erst mit diesem Eingrenzungsbedürfnis legitimiert sehen (was, wie oben gezeigt, nicht zutrifft [siehe Ziff. 2.1]). Anhand eines einfachen Beispiels erklärt: Ohne Regeln wird das Autofahren proportional zur Anzahl Lenker gefährlicher. Das Gefühl für die Gefahren ungezügelter Freiheit mündet in das Sicherheitsbedürfnis. In diesem Sicherheitsbedürfnis liegt der Grund dafür, dass eine Gesellschaft Regeln schafft.

3.3 Mechanismen in der Verfassung

Genau dies will die schweizerische Verfassung seit 1848 ermöglichen: die Ermöglichung von Freiheit für jeden Einzelnen mittels Durchsetzung von einheitlichen Regeln. Später, Anfang des 20. Jahrhunderts, kam der soziale Gesichtspunkt hinzu. Den Einwohnern der Schweiz soll die Teilhabe an der Gesellschaft durch Gewährung von Rechten und – unter gewissen Umständen – materiellen Mitteln ermöglicht werden. Darin liegt der Geborgenheitsaspekt, der freilich aus dem Sicherheitsbedürfnis entstanden ist bzw. darauf aufbaut. In der Folge wurden weitere Bereiche ausgebaut, welche aus diesem Bedürfnis entstanden. Wir denken im Moment gerade verstärkt an die öffentliche Gesundheit, die im Zuge der Spanischen Grippe in den 1920er-Jahren einen starken Schub erhielt. Und nicht vergessen werden darf der Umweltschutz, der seit den 1980er-Jahren eine immer stärkere Rolle spielt.

Der Staat in der Schweiz soll, das gilt heute bei alledem weiterhin, so geregelt werden, dass die Chance auf einen dauernden Wettbewerb zwischen verschiedenen Positionen im Spannungsfeld zwischen den Freiheiten, deren Einschränkungen und auch der Veränderung des Masses an staatlicher Unterstützung gewährleistet bleibt.

Die dazu in der Verfassung verankerten Instrumente sind die Wahlen bzw. Volksabstimmungen, die Gewaltenteilung, der Föderalismus und der Rechtsstaat.

Im Einzelnen: Mit *Wahlen* sollen die Regierung (Exekutive), das Parlament (Legislative) und teilweise auch die Gerichte (Judikative) kontrolliert werden. Es soll ermöglicht werden, dass schlechte Politiker und (teilweise) ungenügende Richter abgesetzt werden können.

Mittels *Volksabstimmungen* wird den Schweizer Bürgern zudem ein Instrument in die Hände gelegt, um Fehlentwicklungen bei der Gesetzgebung zu korrigieren (Referendum), aber auch, um direkt neue Impulse zu setzen (Initiative).

Föderalismus und *Gewaltentrennung* führen zu einer Aufteilung der Kompetenz und damit der Staatsmacht. Gegenseitige Kontrollen – die Legislative oder die Bürger wählen die Richter und die Justiz beaufsichtigt die Regierung etc. – begrenzen die unlimitierte Ausübung eines einzelnen Bereichs.

3.4 Der Rechtsstaat im Speziellen
3.4.1 Legalitätsprinzip
Sämtliche staatlichen Akteure (Regierung und Behörden) sollen an das Recht gebunden sein, welches von der Legislative geschaffen wird. Damit wird beabsichtigt, die staatliche Willkür zu vermeiden.

Die dem Legalitätsprinzip innewohnende Herausforderung besteht darin, dass das Recht in schriftlicher Form Regeln enthält, die für eine Vielzahl unterschiedlicher Sachverhalte bedeutsam sind oder eben gerade auch nicht. Hinzu kommt, dass die Regeln stets auf zukünftige, d. h. dem Gesetzgeber nicht bekannte Einzelfälle angewendet werden müssen. Darin liegt das Handwerk des Juristen, nämlich in überzeugender Weise zu begründen, welche Regeln am ehesten passen bzw. dass keine gesetzliche Bestimmung wirkt. Weil die Gesetzesvorschriften sich nicht an konkrete Einzelfälle richten können, hat die Jurisprudenz Auslegungsregeln geschaffen, um Objektivierung, Akzeptanz und Rechtssicherheit zu erreichen. Auslegung ist das Ergebnis der Konkretisierung von Normen für den Einzelfall. Der Jurist hat vom Wortlaut auszugehen. Ist dieser klar, d. h. eindeutig und unmissverständlich, darf davon nur abgewichen werden, wenn ein triftiger Grund für die Annahme besteht, der Wortlaut ziele am wahren Sinn der Regelung vorbei.[1]

---

1 BGE 142 I 135 E. 1.1.1 S. 138; BGE 142 III 695 E. 4.1.2 S. 699; BGE 143 I 272 E. 2.2.3 S. 278; BGE 144 III 29 E. 4.4.1 S. 34 f.

3.4.2 Rechtsgleichheit und Rechtssicherheit

Aus der Bindung ans Recht folgt das Gebot, dass die Rechtsnormen auf alle Fälle gleich angewendet werden. Änderungen in der Rechtsprechung sind zudem nur ausnahmsweise und nur dann zulässig, wenn die frühere Praxis als falsch qualifiziert werden muss.

3.4.3 Mehrstufiges Verfahren

Die Europäische Menschenrechtskonvention, welcher die Schweiz 1974 beigetreten ist, enthält u. a. gewisse Verfahrensgarantien. Art. 6 Ziff. 1 EMRK gewährleistet in zwei Fällen die Beurteilung von Rechtsstreitigkeiten durch ein unabhängiges, unparteiisches, auf Gesetz beruhendes Gericht. Vorausgesetzt ist, dass entweder über zivilrechtliche Ansprüche und Verpflichtungen des Privaten zu entscheiden ist oder die Stichhaltigkeit der gegen ihn erhobenen strafrechtlichen Anklage Verfahrensgegenstand bildet.

Praktisch bedeutet dies, dass jedes Verwaltungsverfahren, in das ein Bürger involviert ist, mehrstufig sein muss. Zumindest hat eine Verwaltungsinstanz den Eingriff zu verfügen. Der betroffene Bürger muss die Verfügung durch mindestens ein Gericht überprüfen dürfen.

In der Schweiz können den Einzelnen betreffende Verfügungen staatlicher Behörden regelmässig durch eine Verwaltungsbehörde (etwa der Regierungsrat oder ein Bundesamt) und zwei Gerichtsinstanzen (kantonale Verwaltungsgerichte oder Bundesverwaltungsgericht und das Bundesgericht) kontrolliert werden.

4. Kritik

4.1 Falsch verstandener Essenzialismus

Die Auslegung nach dem Wortlaut, die Anwendung der bisherigen Rechtsprechung und die Vielstufigkeit bilden das Fundament der Rechtsanwendung und sind die wesentlichen Führungsinstrumente der Verwaltung. Alle drei Elemente bilden zusammen eine Einheit, von der eine starke Kraft ausgeht.

Unter dem klaren Wortlaut versteht das Bundesgericht das grammatikalische Verständnis eines Gesetzestexts oder einzelner Begriffe. Um den Wortlaut klarzumachen, setzen Gesetze, vor allem neueren Datums, das

Mittel der Begriffsdefinition ein (beispielsweise Art. 4 Bundesgesetz über die Stromversorgung [StromVG] oder Art. 4 Lebensmittelgesetz [LMG]).

Den klaren Wortlaut gibt es nicht. Die Kritik der Sprache nahm mit dem Verständnis der Vorteile der Mathematik zu. Sprache hat viele logische Schwächen. Es ist nicht bekannt, dass heute jemand behaupten würde, Sprache sei klar. Wer sich damit befasst, gelangt unweigerlich zum Schluss, dass Wörter und Sätze, für sich allein, nichtssagend sind. Die folgenden zwei Beispiele sollen dies verdeutlichen:

i) Der Wiener Philosoph Ludwig Wittgenstein widmete einen grossen Teil seines beruflichen Lebens der Kritik an der Sprache. In seinem Hauptwerk, dem *Tractatus logico-philosophicus,* versuchte er die Unklarheiten der menschlichen Sprache mit einem System auszuschalten, in dem zunächst mit den Termini Tatsache, Sachverhalt, Gegenstand, Form, logischer Raum Erklärungssätze herangezogen werden. Sodann entsteht durch Verbindungen die fehlerfreie Sprache. Die Unklarheit der Sprache bildete nicht nur für Wittgenstein, sondern für ganz viele Wissenschaftler den Kern einer philosophischen Richtung, die als «der Wiener Kreis» bezeichnet wurde.

ii) Selbst die sprachverliebte Richtung des Essenzialismus geht davon aus, dass das Wesen der Begriffe ermittelt werden muss, weil sie nicht klar sind. Sogar der Essenzialismus würde die bundesgerichtliche Auffassung des klaren Wortlauts also verwerfen.

Diskussionen über Worte und ihre wahre Bedeutung sind irreführend und unwesentlich. Aus einer «wahren» Bedeutung von Worten kann nichts abgeleitet werden. Sprache kann nur ein Werkzeug zur Darstellung einer Theorie oder einer Norm sein.[2] Der Gesetzestext bedarf also immer einer inhaltlichen Auslegung. Der Rechtsanwender muss sich stets nach dem Sinn einer Bestimmung fragen, will er herausfinden, was es zu regulieren gilt. Das Bundesgericht geht aber noch weiter. Mit der Rechtsprechung des klaren Wortlauts würgt es sogar die Diskussion um Worte ab und setzt ein allgemeines Verständnis von Sprache voraus, welches die Überprüfung der Bedeutung der Worte in der Regel als obsolet betrachtet.

Gesetzestexte tragen genauso wenig eine Natur in sich wie die Dinge.

---

2 Popper (1979), S. 17 f.

4.2 Gesetzestexte betrachten wie Theorien

Der Fehler des Bundesgerichts, einem Gesetzestext nur auf den Grund zu gehen, wenn die Worte nach seiner Auffassung kein klares Bild geben, hat zur Folge, dass die einem Gesetzestext gewidmete Bedeutung erstarrt. Ferner kommt der höchstrichterlichen Rechtsprechung übermässige Bedeutung zu, weil sie darüber entscheidet, wann ein Wortlaut eines Gesetzes klar ist und wann nicht.

Jedes Wort eines Gesetzestexts ist Teil einer Regel, die immer eine Einschränkung der Freiheit bedeutet. Umgekehrt ist damit immer eine Trennung zwischen dem, was geregelt wird, und dem, was nicht, verbunden. Die Abgrenzung zwischen dem Erlaubten und dem Verbotenen ist im Wortlaut aber nie automatisch enthalten, sondern muss stets ermittelt werden. Nur eine Bestimmung, die nichts regelt, kann vollends klar sein in dem Sinn, dass sie jeder Interessierte gleich versteht.

Schlägt man etwa das Schweizerische Zivilgesetzbuch (ZGB) auf, gelangt man zuerst zu folgendem Artikel: «Jedermann hat in der Ausübung seiner Rechte und in der Erfüllung seiner Pflichten nach Treu und Glauben zu handeln» (Art. 2 ZGB). Schon der Begriff «jedermann» ist unklar. Gilt die Bestimmung auch für juristische Personen? Oder für Personenmehrheiten wie Kollektivgesellschaften oder Erbengemeinschaften? Gilt sie, so kann man darüber hinaus fragen, in jedem Fall?

Der Rechtsanwender muss immer eine Annahme treffen, was gemeint ist. Das ist trivialerweise umso stärker der Fall, je schärfer ein Ausdruck zwischen zulässigem und unzulässigem Verhalten differenziert. Mit jedem verknüpften Wort steigt die Unklarheit. Je grösser die Aussagekraft der Regel, umso stärker auch deren Auslegebedürftigkeit.

Gesetzesanwendung folgt demselben Ablauf wie die Theorie des Verstehens in den Geschichtswissenschaften.[3] So betrachtet entspricht das Verstehen eines Texts dem allgemeinen Problemlösen nach der Methode von Versuch und Irrtum.

---

3   Popper (1973), S. 167 ff.

Es ist also immer zu fragen, wo das Problem bzw. die Problemsituation liegt, das den Gesetzgeber veranlasst hatte, eine Regel aufzustellen. Immer muss es um den historischen Zweck gehen, der zu ermitteln und für den die semantische Wortlautdiskussion gänzlich aufzugeben ist. Die entscheidende Frage lautet: Warum schränkte der Gesetzgeber die Freiheit ein? Und nicht: Ist der Wortlaut klar, oder was bedeuten die Worte?

Und noch etwas ist fatal. Indem das Bundesgericht vom klaren Wortlaut ausgeht, reduziert es ohne Begründung den Umfang der Diskussion. Die Bedeutung eines Gesetzestexts wird dort gar nicht mehr ermittelt, wo es nicht gewollt ist. Mit der Argumentation des klaren Wortlauts ist es einfach, einen Anwalt blosszustellen. Aber ist es nicht so, dass die Mehrheit, geschweige denn derjenige, der das Sagen hat, immer auch richtigliegt? Um beim obigen Beispiel zu bleiben: Es ist leicht, einen Anwalt der Beklagten X AG zu verhöhnen, der behauptet, seine von ihm vertretene AG werde vom Geltungsbereich aus Art. 2 ZGB nicht erfasst. Aber ist es wirklich so? Das sagt der Wortlaut sicher nicht.

Dabei bilden die Begründung und deren Überprüfbarkeit von Einzelentscheiden das wesentliche Element der Justiz, die wiederum eine tragende Säule des Staats und unserer Verfassung ist.

Schliesslich kommt der Respekt vor den Bürgern hinzu, die um eine Entscheidung in einer Streitsituation ersuchen. Die Eigentümer der Aktiengesellschaft wollen ernst genommen werden, wenn sie sagen, dass Art. 2 ZGB für sie, die AG, nicht gilt – dahin gehend, dass ein Anspruch auf eine nachvollziehbare Begründung besteht. Und nachvollziehbar ist eine Begründung eben nur dann, wenn sie sich auf den vom Gesetzgeber beabsichtigten Zweck bezieht. Was wollte er, der Gesetzgeber, bewirken? Dies ist die erste Frage, die es zu beantworten gilt, wenn man sich mit Gesetzen befasst. Die Feststellung des klaren Wortlauts oder die Wortlautauslegung führt dagegen in die falsche Richtung.

4.3 Wider die Kollektivierung der Gesellschaft
4.3.1 Zunahme der Regelungstiefe
Gesetzestexte werden immer länger. Ferner überlässt die Legislative als Gesetzgeberin der Exekutive immer mehr Raum für Ausführungen, die in Verordnungen geregelt werden. Oftmals werden auch Bundes- oder kantonale Ämter beigezogen, welche diese Ausführungsbestimmungen wiederum kommentieren. Kraft der Autorität dieser Ämter kommt diesen Kommentaren de facto dieselbe autoritative Bedeutung zu wie einem Gesetzestext. Beispielhaft sei auf die Wasserrechtsgesetzgebung aus dem Jahr 2011 verwiesen. Das Bundesgesetz über den Schutz der Gewässer (GSchG, SR 814.20) delegiert die Festlegung des Gewässerraums an die Kantone. Der Bundesrat regelt die Einzelheiten (Art. 36 Abs. 1 GSchG). Der Bundesrat schuf gestützt darauf die Gewässerschutzverordnung (GSchV, SR 814.201). In Art. 41c Abs. 1 GSchV legt er fest, dass im Gewässerraum nur standortgebundene, im öffentlichen Interesse liegende Anlagen wie Fuss- und Wanderwege, Flusskraftwerke oder Brücken erstellt werden dürfen. Ausnahme bilden dicht überbaute Gebiete. Dort kann die Behörde für zonenkonforme Anlagen Ausnahmen bewilligen. Dazu erliess das Bundesamt für Umwelt (BAFU) wiederum den «Erläuternden Bericht vom 20. April 2011 zur Parlamentarischen Initiative Schutz und Nutzung der Gewässer (07.492) – Änderung der Gewässerschutz-, Wasserbau-, Energie- und Fischereiverordnung». In diesem erläuternden Bericht wird dargelegt, dass der Bundesrat mit den dicht überbauten Gebieten städtische Quartiere und Dorfzentren meinte (Erläuternder Bericht, a. a. O., S. 13 und 15). In der Folge hat das Bundesamt für Raumentwicklung (ARE und das BAFU) in Zusammenarbeit mit den kantonalen Verwaltungen das Merkblatt «Gewässerraum im Siedlungsgebiet» vom 18. Januar .2013 erarbeitet. Das Merkblatt enthält eine Kriterienliste zur Bestimmung des dicht überbauten Gebiets. Für dicht überbautes Gebiet spreche der Umstand, dass es sich um eine Zentrums- oder Kernzone oder einen Entwicklungsschwerpunkt handle; dagegen spreche das Vorhandensein bedeutender Grünräume oder von Gewässerabschnitten mit ökologischer oder landschaftlicher Bedeutung (im Istzustand oder nach getroffenen Aufwertungsmassnahmen). Zu berücksichtigen seien weiter die Bebaubarkeit und die Parzellenfläche, die bauliche Nutzung in der Umgebung und die Nähe zu öffentlichen Anlagen an Gewässern. Im Einzelfall könnten Gewässerzustand und -grösse eine Rolle spielen (Erläuternder Bericht, a. a. O., S. 4–6). Das Bundesge-

richt verwendet diesen Bericht regelmässig, um Beschwerden von bauwilligen Eigentümern abzuschmettern und die kantonalen Vorentscheide zu stützen, die in Auslegung der Merkblätter keine dicht überbauten Gebiete erkennen können.[4]

Die Erhöhung der Regelungstiefe entspricht dem Versuch, das Ermessen bei Entscheidungen möglichst zu verringern. Damit will man die Gefahr sich widersprechender Urteile und Verfügungen verringern.

Dieses Streben nach Perfektion führt unweigerlich zu einer (gewollten) Kollektivierung. Das Beispiel der Immissionsfragen im Zusammenhang mit dem Autobahnbau in den 1960er-Jahren verdeutlicht diese Entwicklung. Der einzige rechtliche Anknüpfungspunkt für die Beurteilung, wann eine Immission übermässig war, fand sich bis dahin in Art. 684 ZGB.[5] In Auslegung von Art. 684 ZGB betrachtete das höchste Gericht eine Lärmeinwirkung dann als übermässig und liess den Schädiger dann ersatzpflichtig werden, wenn sie für den Grundeigentümer nicht voraussehbar waren, ihn in spezieller Weise trafen und einen schweren Schaden verursachten.[6] Ab ungefähr 1968 kollektivierte das Bundesgericht, weil infolge Autobahnbaus eine immer grössere Anzahl Lärmimmissionsfälle zu entscheiden waren. Der Schaden wurde plötzlich dann als schwer taxiert, wenn die von der eidgenössischen Expertenkommission für Lärmbekämpfung abstrakt festgelegten Grenzwerte überschritten wurden. Die Grenzwerte wurden von den Experten durch die Inbeziehungsetzung des ermittelten Lärmpegels mit der Distanz zwischen Lärmquelle und Lärmopfer ermittelt.[7] Die Einteilung dieser Expertenkommission führte 1986 zur Lärmschutz-Verordnung (LSV, 814.41). Im Art. 40 Abs. 1 LSV und im Anhang 4 LSV werden die Belastungsgrenzwerte definiert. Diese werden mittlerweile universell angewendet. Sie gelten de facto unabhängig von den konkreten Einzelfällen.

---

[4] BGE 1C_473/2015.
[5] Giger (1969), S. 201.
[6] BGE 94 I 286, BGE 95 I 490, BGE 98 Ib 329, BGE 100 Ib 200, BGE 101 Ib 405, BGE 102 Ib 271 und BGE 106 Ib 394.
[7] Giger (1969), S. 204.

4.3.2 Regeln ohne Ausnahme

Gesetze enthalten notgedrungen allgemein formulierte Eingriffe, die auf zukünftige konkrete Lebensereignisse anzuwenden sind. Mit der Kollektivierung geht immer eine Einschränkung der Freiheit für den Einzelnen einher. Dieser Effekt liegt in der Vielstufigkeit und der Rechtsgleichheit begründet. Denn Vielstufigkeit schränkt die unterschiedliche Behandlung von vermeintlich ähnlichen, aber ungleichen Fällen ein. Und im Zusammenhang mit der Rechtsgleichheit wird sich jeder Rechtsanwender fragen müssen, wohin ein bestimmtes Verhalten führt, wenn es jedermann tut. Die Kollektivierung muss unweigerlich zu einer Erhöhung der Verbotskultur führen.

Das Korrektiv zum Gesetz bildet das Instrument der Ausnahme. Die Entwicklung der Rechtsprechung hierzu belegt, dass der Einzelfall eine immer geringere Rolle zu spielen scheint. Der Spruch «keine Regel ohne Ausnahme» verliert immer stärker an Bedeutung, weil die rechtsanwendenden Behörden immer weniger Ausnahmen gewähren. Warum? Während die Regel notwendigerweise eine Kollektivierung mit sich bringt, darf eine Ausnahme eben gerade nicht für eine Vielzahl von Fällen gelten. Denn dann würde der Richter ein Gesetz schaffen, was er ja nicht darf. Exemplarisch heisst es deshalb in EGV-SZ 60/1993: «Das Institut der Ausnahmebewilligung bezweckt, Härten, Unbilligkeiten und Unzulänglichkeiten zu vermeiden. Der Baudispens verlangt eine Ausnahmesituation. Die Rechtfertigung der Ausnahmebewilligung liegt im Einzelfall begründet. Ausnahmebewilligungen dürfen auf keinen Fall generell erteilt werden. Kommt ein als gegeben betrachteter Ausnahmegrund in einer Vielzahl von Fällen vor, so ist allenfalls die anzuwendende Norm als überholt zu betrachten und bedarf der Revision. Sie darf aber keineswegs auf dem Wege des Baudispens korrigiert und somit ausser Kraft gesetzt werden. Mit der Ausnahmebewilligung dürfen nicht vermeintliche oder tatsächliche Fehlleistungen des Gesetzgebers korrigiert werden.»

4.3.3 Vergangen und allgemein

Ob ein Gesetzestext auf einen Fall angewendet wird oder nicht, bedarf stets einer Entscheidung des Rechtsanwenders. Er muss sich die Frage stellen, ob ein Sachverhalt zu einer gesetzlichen Bestimmung, dieser also zugeordnet werden kann. Dabei muss er sich wiederum der Auslegung widmen, sich also fragen, was der Gesetzgeber wollte.

Der Rechtsanwender hat sich darauf zu beschränken, auch wenn das Resultat aus seiner Sicht nicht befriedigt. Unbefriedigend kann die sich aus dem Zweck ergebende Rechtsanwendung wirken, weil einerseits der Gesetzgeber eine allgemeine Regel für die Zukunft aufgestellt hat. Andererseits weiss er zum Zeitpunkt der Schaffung eines Gesetzes nicht, welche Fälle auftreten können, die sich in der Nähe – oder anders formuliert: an den Rändern – eines Gesetzesumfangs befinden. Einfach veranschaulichen lässt sich diese Problemstellung am Beispiel der Patientenverfügung. Die Schweizerische Akademie der medizinischen Wissenschaften SAMW/FMH macht in ihrem Formular u. a. den Vorschlag, dass der Betroffene Folgendes ankreuzen kann: «Für den Fall, dass ich urteilsunfähig bin, möchte ich nicht reanimiert werden, und es sollen keine intensivmedizinischen Massnahmen (insbesondere Beatmung) durchgeführt werden.» Das entspricht der gesetzlichen Bestimmung, die auf einen unbekannten konkreten Fall in der Zukunft angewendet werden soll. Wenn der Betroffene später einen Herzinfarkt erleidet, darf keine Wiederbelebungsmassnahme Platz greifen, wenn er in Ohnmacht fällt (was meistens der Fall sein wird). Man weiss aber heute, dass Herzinfarkte überwunden werden können, wenn rasch reanimiert werden kann. Es gibt Tausende von Patienten, die nach überwundenem Infarkt völlig normal Jahrzehnte weiterleben können. Dasselbe gilt einleuchtend für Corona-Patienten, deren Patientenverfügung aus dem September 2019 datiert und die beatmet werden müssen, um eine Überlebenschance zu erhalten. Wenn sie die zitierte Patientenverfügung unterschrieben haben, deutet einiges darauf hin, dass sie nicht beatmet werden. Weil die Verfügung aber aus einer Zeit stammt, in der es Corona nicht gab, kann es durchaus sein, dass der Verfügende nicht sterben will, ohne eine Chance auf künstliche Beatmung zu erhalten.

4.3.4 Zweck und Verfassung

Die Anwendung von Regeln ist nur dort legitim, wo sie vom Gesetzgeber aufgestellt wurden, in der Schweiz – wie erwähnt – vom Parlament, d. h. im formellen Sinn (zu den Anforderungen an den legitimen Gesetzgeber siehe «Recht auf demokratischen Ungehorsam»).[8]

Eine Regel wiederum bleibt so lange leeren Inhalts, bis sie der Rechtsanwender mit dem Zweck und Ziel verknüpft, aufgrund dessen die Regel

---

8   Dobler (1995), S. 2 ff.

entstanden ist. Ihre Anwendung entspricht damit stets einer Kombination. Nur wenn der Anwender bejahen kann, dass sein Resultat, sprich seine Verfügung oder sein Urteil, dem Ziel des Gesetzgebers eindeutig dient, darf es Gültigkeit erlangen.

Dabei ist die Einschränkung «eindeutig» bedeutsam wie folgt: Weil die Schweizer Verfassung auf der Freiheit und der Möglichkeit jedes Einzelnen, nach Glück zu streben, aufbaut, sind zudem im Zweifel die aus den Regeln abgeleiteten Eingriffe (Rechtsfolgen) zu unterlassen.

Diese auf das Ziel ausgerichtete Auslegung wird dazu führen, dass wieder auf das Gesetz selber abgestellt und die ausfernde Detaillierung von Regeln aufgegeben wird. Der Rechtsanwender erlangt die Kompetenz, aber auch die Verantwortung für seinen Entscheid zurück. Der Eindruck einer gewissen Überängstlichkeit von Behörden wird zum Erlahmen kommen.

4.4 Sachverhalt und Problemstellung

Um zu eruieren, ob eine Regel Anwendung finden soll oder nicht, muss der konkrete Sachverhalt ermittelt werden. Dabei interessiert die Abfolge der Ereignisse weiterhin. Entscheidende zusätzliche Bedeutung kommt allerdings der Analyse der Problemstellung zu, die dem Sachverhalt zugrunde lag.

Der Richter hat nicht bloss zu erkennen, was jemand getan hat. Er muss vor allem feststellen, welche Problemsituation vorlag. Es können dabei verschiedene Ebenen wichtig sein, unter denen es zu unterscheiden und die es zu beleuchten gilt.

Die Ermittlung der Problemsituation ist jedenfalls als eine notwendige Voraussetzung dafür zu verstehen. Die Frage, weshalb die Frau den Bundesrat erpresst hat, kann nur beantwortet werden, wenn man versteht, worin das Problem bestand. Und dabei ist es ratsam, die psychischen Themen in den Hintergrund zu stellen. Denn Diskussionen um psychische Motive sind notgedrungen subjektiv. Zwar kann das Persönliche nicht negiert werden. Aber es ist unmöglich, einerseits die subjektive Komponente freizulegen. Andererseits ist die objektiv feststellbare Problemsituation beinahe immer von viel grösserer, ja regelmässig von entscheidender Bedeutung, um eine Handlung oder Unterlassung zu verstehen. Demnach ist der Rechtsanwender aufgefordert, stets eine Situationsanalyse vorzunehmen, wenn er eine Verfügung erlässt oder einen Entscheid trifft. Er hat sich dabei zu fragen, wie eine relevante Situation war und wie der Betroffene sie sah. Im Rahmen der kontradiktorischen Behauptungsphase bzw. des rechtlichen Gehörs und in der Beweisphase (Befragungen, Augenschein und Analyse der Akten) besteht exakt der erforderliche Raum, um diesem jedenfalls entscheidenden Element bei der Falllösung auf den Grund zu gehen.

5. Ergebnis

Die Volksrechte (Wahlen und Abstimmungen), die Gewaltenteilung und der Föderalismus sind wichtig, um den Einfluss Einzelner zu verringern einerseits. Andererseits können diese Einteilungen und Gefässe den Glauben der betroffenen Bevölkerung stärken, dass ein Eingriff in die Freiheit nicht auf der absolutistischen Idee eines Einzelnen beruht. Im Legalitätsprinzip wird dieser Ansatz von Machtbeschränkung fortgeführt. Die Verwaltung soll sich an die Gesetze halten müssen.

Ganz wichtig ist dabei, wie die Exekutive und die ihr unterstellte Verwaltung zu Verfügungen und Entscheiden gelangt. Hier gibt es Anpassungsbedarf.

Der klare Wortlaut existiert nicht, und von der grammatikalischen Auslegung ist abzurücken.

Der Detaillierungsgrad von Bestimmungen mit Normcharakter ist zu reduzieren.

An die Stelle des Wortlauts und extensiver Gesetzes- und Verordnungstexte ist der Fokus auf die Frage zu richten, worin der Zweck einer Norm besteht. Vor allem geht es darum, zu ermitteln, welche Absicht der Gesetzgeber mit der Normierung verfolgte und wie die Problemsituation zum Zeitpunkt der Gesetzgebung lautete.

Die Situationsanalyse ist auch bei der Beurteilung des Sachverhalts vorzunehmen und muss vor die Frage nach der Motivation gestellt werden. Begründungen sollen sich nur im Notfall auf subjektive Argumente abstützen.

6. Vertrauen in die Verwaltung erhalten

Der erfolgreiche Verkäufer mag seine Kunden.

Dasselbe Prinzip darf auch dem Verwaltungshandeln zugrunde gelegt werden. Anders formuliert dürfen sich die Behörden grundsätzlich als Leistungs- und nur ausnahmsweise als Eingriffsverwaltung betrachten.

Die zweckgerichtete Regelauslegung, die das Vorhandensein einer Norm zudem als Ausnahmefall betrachtet, untermauert den Grundsatz, wonach der Staat für den Bürger da ist und nicht umgekehrt.

Mit der Analyse der einer Handlung bzw. Unterlassung zugrunde liegenden Problemsituation verbessert der Rechtsanwender seine Verfügungen und Entscheide. Darüber hinaus vermeidet er den Eindruck, dem betroffenen Bürger etwas zu unterstellen. Denn ernst genommen fühlt sich, wer den Versuch des anderen spürt, sein Problem objektiv verstehen zu wollen.

Literaturverzeichnis

Dobler, Philipp (1995): Recht auf demokratischen Ungehorsam, Freiburg.

Giger, Hans (1969): Grundsätzliche Überlegungen zum Immissionsschutz, in: SJZ 65/1969.

Popper, Karl (1973): Objektive Erkenntnis – ein evolutionärer Entwurf, Hamburg.

Popper, Karl (1979): Ausgangspunkte: meine intellektuelle Entwicklung, Hamburg.

Die Abschreibung des Anlagevermögens: eine Bestandesaufnahme

Prof. Dr. Marco Passardi ist Professor am Institut für Finanzdienstleistungen Zug (IFZ) der Hochschule Luzern sowie Lehrbeauftragter der Universitäten Zürich und Neuchâtel. Er ist zudem Mitglied der Core Faculty von EXPERTsuisse. Seine Themenschwerpunkte umfassen die Buchführung und Rechnungslegung nach nationalen und internationalen Standards (OR, Swiss GAAP FER, IFRS).

Prof. Dr. Markus Gisler ist seit 2019 Co-Leiter des Instituts für Finanzdienstleistungen Zug (IFZ) der Hochschule Luzern. Seine Lehr-, Forschungs- und Beratungsschwerpunkte sind Financial Accounting und Controlling. Markus Gisler studierte und promovierte an der Hochschule St. Gallen (HSG) und verfügt über ein Diplom als eidg. dipl. Wirtschaftsprüfer. Er arbeitete 16 Jahre als Group Controller und Finanzchef für die DKSH-Gruppe, davon acht Jahre in Japan, auf den Philippinen und in Hongkong. Vor sieben Jahren wechselte er ans IFZ der Hochschule Luzern – Wirtschaft. Seit 2015 ist Markus Gisler Präsident des CFO Forums Schweiz.

Inhaltsverzeichnis

1.	**Einleitung**	165
1.1	Überblick	165
1.2	Angaben zum Untersuchungsgegenstand	166
2.	**Ermittlung von Abschreibungen und Wertberichtigungen**	167
2.1	Vorgehen bei der Folgebewertung	167
2.2	Nutzungsdauer	168
2.3	Änderung der Abschreibungspraxis	171
2.4	Impairment	172
2.4.1	Formelle Grundlagen	172
2.4.2	Praktische Beispiele	173
3.	**Zusammenfassung und Schlussfolgerungen**	176
Literaturverzeichnis		177

1. Einleitung[1]

Während die Rechnungslegung nach Schweizer Obligationenrecht die Abschreibungspraxis primär aufgrund der steuerlich massgeblichen Vorschriften vornimmt, verlangen Rechnungslegungsstandards wie die IFRS (International Financial Reporting Standards) seit 1973 eine «betriebswirtschaftlichen Grundsätzen» folgende Bemessung der Abschreibungen. Der vorliegende Beitrag skizziert auf Basis einer Vollerhebung der kotierten IFRS-Anwender (Jahresabschlüsse 2019 und 2018) die Abschreibungspraxis des nicht finanziellen Anlagevermögens. Ergänzend werden dazu Erläuterungen zur Rechnungslegungspraxis gemäss Obligationenrecht gemacht.

1.1 Überblick

Gemäss IFRS sind Sachanlagen (IAS 16) und immaterielle Vermögenswerte (IAS 38) zu den Anschaffungs- und Herstellungskosten zu bilanzieren. Die rechnerische Ermittlung dieser Beträge ist detailliert erläutert. Im Gegensatz dazu verlangt Art. 960a Abs. 1 OR, dass die Ersterfassung «höchstens zu den Anschaffungs- und Herstellungskosten» erfolgt (ohne die beiden Wertkonzeptionen materiell näher zu erläutern).

Die IFRS-Standards sehen für die Folgebewertung im Kern ein (erstes) Wahlrecht zwischen dem Anschaffungskosten- oder dem Neubewertungsmodell vor.[2] Für die periodenkonforme Allokation der so bilanzierten Investitionen müssen Abschreibungen nach einem die wirtschaftliche Realität abbildenden Verfahren vorgenommen werden. Dies geschieht regelmässig durch die Ausübung eines (zweiten) Wahlrechts, indem mittels der linearen, degressiven oder leistungsproportionalen Methode der relevante Betrag der jährlichen Wertminderung berechnet und im Anlagespiegel als Veränderung der kumulierten Abschreibungen offengelegt wird. Die damit ermittelten fortgeführten Anschaffungskosten können durch ausserplanmässige Abschreibungen (zusätzliche Wertberichtigungen) bei Bedarf individuell angepasst werden, dies immer unter Berücksichtigung der Grundsätze einer betriebswirtschaftlichen Betrachtungsweise. Gemäss Schweizer Obligationenrecht existiert – mit Ausnahme

---

[1] Der vorliegende Beitrag ist eine redigierte und erweiterte Fassung von Passardi, Marco/Gisler, Markus (2020): Abschreibungspraxis für Sachanlagen und immaterielle Anlagen, veröffentlicht in: EXPERTfocus, 2020/9, S. 588–592.
[2] Vgl. für Sachanlagen IAS 16.30/16.31–42, für immaterielle Vermögenswerte IAS 38.74/38.75–87.

der für Sachanlagen und immaterielle Werte wenig relevanten Bestimmung des Art. 960b OR – kein solches Wahlrecht: Gestattet sind gemäss Art. 960a Abs. 2 und Abs. 3 OR einzig die «nach kaufmännischen Grundsätzen» fortgeführten Anschaffungskosten. Allerdings relativiert Art. 960a Abs. 4 OR diese massgeblich, da auch zusätzliche Abschreibungen und Wertberichtigungen für zulässig erachtet werden.[3]

Der vorliegende Beitrag[4] analysiert und illustriert in den Abschnitten 2.1 und 2.2, wie die an der SIX kotierten IFRS-Anwender von diesen Wahlrechten in der Praxis Gebrauch machen. Ebenso haben die Autoren ermittelt, ob die bei der Anwendung notwendigen Annahmen im Betrachtungszeitraum angepasst wurden (Abschnitt 2.3). Zu allfälligen zusätzlichen Wertberichtigungen (z. B. in Form eines Impairments gemäss IAS 36) werden grundsätzliche Überlegungen formuliert (Abschnitt 2.4) sowie ausgewählte aktuelle Fallbeispiele aus der Praxis der Halbjahresabschlüsse 2020 skizziert. Die Erkenntnisse werden im Abschnitt 3 zusammengefasst.

1.2 Angaben zum Untersuchungsgegenstand

Zum Zeitpunkt der Datenerhebung wandten von insgesamt 255 kotierten Emittenten von Beteiligungsrechten 131 IFRS als Rechnungslegungsstandard an. Als Datenbasis dienen die beiden zuletzt öffentlich verfügbaren Jahresabschlüsse, welche die Geschäftsjahre 2018 und 2019 abbilden. Bei Unternehmen, die Änderungen der Abschreibungspraxis vorgenommen haben, wurden für die statistische Analyse die aktuellsten Angaben (d. h. diejenigen des Geschäftsjahrs 2019) verwendet: Das bedeutet, dass nur Wechsel im Quervergleich 2018–2019 untersucht wurden, nicht aber solche von 2017 zu 2018 hin.

Unternehmen, welche erst seit 2019 an der SIX gehandelt werden und für 2018 noch keinen eigenständigen Abschluss nach IFRS veröffentlicht haben, wurden in der Analyse nicht berücksichtigt. Im Weiteren wurden Unternehmen, die über keine oder nur unwesentliche Sachanlagen resp.

---

3 Auch das von der Eidgenössischen Steuerverwaltung (ESTV) veröffentlichte Merkblatt zur Bemessung von Abschreibungen basiert nicht auf kaufmännischen Grundsätzen, sondern folgt dem Grundsatz einer (teilweise) politisch austarierten Limitierung des Art. 960a Abs. 4 OR, vgl. https://www.estv.admin.ch/estv/de/home/direkte-bundessteuer/direkte-bundessteuer/fachinformationen/merkblaetter.html, Abrufdatum 1.12.2020.

4 Die Erhebung der Daten erfolgte anlässlich der an der Hochschule Luzern verfassten Bachelorarbeit von Markwalder, Samuel (2020): Abschreibungsmethoden nach IFRS (einsehbar auf Anfrage bei der Hochschule Luzern).

immaterielle Vermögenswerte verfügen, aus der Analyse ausgeschlossen. Um Doppelzählungen zu vermeiden, wurden Unternehmen, welche mit zwei verschiedenen Arten von Titeln an der Börse gelistet sind, nur einmal in der Analyse berücksichtigt. Schlussendlich resultierte ein Sample von 103 Unternehmen.

Im Einzelnen lässt sich das untersuchte Sample wie folgt herleiten.

Emittenten mit Anwendung IFRS	131
2018 noch nicht kotierte Emittenten	−5
Emittenten ohne wesentliche Sachanlagen/immaterielle Anlagen	−19
Emittenten mit zwei verschiedenen Arten von Titeln	−4
Untersuchte Anzahl Emittenten mit Anwendung IFRS	103

2. Ermittlung von Abschreibungen und Wertberichtigungen

2.1 Vorgehen bei der Folgebewertung

Das Neubewertungsmodell hat sich bei den börsenkotierten Schweizer IFRS-Anwendern nicht durchgesetzt. Von den 103 in die Untersuchung einbezogenen Unternehmen stützte sich in den Jahren 2018 und 2019 kein einziges auf diese von IAS 16 und 38 offerierte Möglichkeit zur Folgebewertung von Sachanlagen und immateriellen Vermögenswerten. Ein Jahr früher gab es noch einen Ausreisser aus der Einförmigkeit. Die Swissquote Group hat bis zum Jahr 2017 das Neubewertungsmodell angewendet, aber einzig für die Sachanlagekategorie «Land and Buildings».[5]

Per 1. Januar 2018 hat aber die Swissquote Group das Neubewertungsmodell bei «Land and Buildings» aufgegeben und zum Anschaffungs- und Herstellkostenmodell gewechselt. Der Wechsel wurde zum einen damit begründet, dass das Anschaffungs- und Herstellkostenmodell in der Branche am weitesten verbreitet und somit die Norm bei den Konkurrenten des Unternehmens sei. Zum anderen gab das Unternehmen

---

5 Anzumerken bleibt, dass Art. 670 OR auch eine bestimmte Form der «Neubewertung» für «Land and Buildings» erlaubt: Zur Beseitigung eines Kapitalverlusts dürfen Grundstücke und Beteiligungen, deren Bilanzwert geringer als der «wirkliche Wert» ist, aufgewertet werden. Diese Spezialnorm ist jedoch im Kontext der bilanziellen Sanierung relevant und dient nicht, wie der IAS 16, als mögliche Alternative zur Abbildung der wirtschaftlichen Realität.

an, dass die Ermittlung des Fair Values häufig von Schätzungen und vom Ermessen abhängig sei, was die theoretische Überlegenheit des Neubewertungsmodells relativiere. Die Swissquote Group hat den Wechsel des Bewertungsmodells übereinstimmend mit IAS 8 über die Neubewertungsreserven (Teil der übrigen Reserven) verbucht und ausgewiesen sowie die latenten Steuerverbindlichkeiten angepasst.

Branchenexperten und Anwender sind wenig überrascht, dass das Neubewertungsmodell von IAS 16 und 38 von börsenkotierten Schweizer IFRS-Anwendern nicht genutzt wird. Aus ihrer Sicht ist das Modell im Vergleich zum Anschaffungs- und Herstellkostenmodell relativ aufwendig und teuer, und das bei kaum feststellbarem Zusatznutzen.

Die geringe Relevanz des Neubewertungsmodells zeigt sich nicht nur in der Schweiz, sondern auch in Deutschland. Gemäss einer 2016 veröffentlichten Studie[6] hat von den 146 untersuchten börsenkotierten Unternehmen in Deutschland lediglich ein Unternehmen das Neubewertungsmodell verwendet, und nur für eine einzige Anlagekategorie («Grund und Boden»). Auch dieses Unternehmen hat sich zwischenzeitlich vollständig vom Neubewertungsmodell verabschiedet. Beim Entscheid gegen das Neubewertungsmodell dürfte auch eine Rolle spielen, dass das Neubewertungsmodell nicht bloss zu Auf- und Abwertungen führt, sondern nach wie vor (periodische) Abschreibungen nötig macht (mit einer möglichen Ausnahme für unbebautes Land): Gerade Wertaufholungen werden so in ihrer Abbildung komplex, da eine systematische Fortführung der historischen Anschaffungskosten notwendig bleibt.

2.2 Nutzungsdauer

Um die mutmasslich für die Festlegung der Abschreibungsbeträge relevante Nutzungsdauer verlässlich zu bestimmen, sind für Aktiven im Sinne von IAS 16 im Wesentlichen folgende Überlegungen zu berücksichtigen:[7]

---

6 Vgl. Eisenschmidt, K./Schwenkler, F. (2016): Zur Nutzung von expliziten Wahlrechten nach IFRS. Eine empirische Analyse für die Unternehmen des HDAX und SDAX, in: Kapitalmarktorientierte Rechnungslegung (KoR), (2), S. 53–59.

7 Vgl. Zülch, H./Hendler, M. (2018): International Financial Reporting Standards (IFRS 2018/2019), S. 99–100. Zu ergänzen ist, dass die Schätzung der Nutzungsdauer unabhängig davon zu erfolgen hat, ob das Neubewertungs- oder Anschaffungskostenmodell verwendet wird: Anders als z. B. bei Anwendung der Marktbewertung für nicht betrieblich genutzte Sachanlagen gemäss Swiss GAAP FER 18/14 entfallen bei Anwendung der IFRS die Abschreibungen bei der Wahl des Neubewertungsmodells nicht.

- mutmasslicher physischer Verschleiss
- Produktions- oder Leistungsvolumen
- technischer Stand resp. möglicher Zeitpunkt einer Überalterung
- rechtliche Nutzungsbeschränkungen

Ergänzend dazu führt IAS 38 im Wesentlichen aus, dass auch der Produktelebenszyklus, die Stabilität der Branche sowie mögliche Handlungen von Konkurrenten in Betracht gezogen werden müssen, wenn die Nutzungsdauer bestimmt werden soll. Zu beachten ist im Weiteren, dass der ermittelte Zeitraum sich auf die Nutzung des Vermögenswerts im jeweiligen Unternehmen bezieht und nicht auf eine «allgemeine» Nutzungsdauer des Vermögenswerts selbst. Werden beispielhaft Fahrzeuge jeweils für eine Nutzungsdauer von drei Jahren erworben, verbunden mit der Absicht, die Fahrzeuge nach dieser Frist zu einem geschätzten Restwert wieder zu verkaufen, so sind die drei Jahre die massgebliche Nutzungsdauer, obwohl die effektive Nutzungsmöglichkeit der Fahrzeuge länger ist.[8]

Wie aus der aufgrund dieser Überlegungen resultierenden Schätzungsproblematik zu erwarten war (vgl. Abschnitt 2.3), gibt die überwiegende Mehrzahl der untersuchten Unternehmen (72%) die Länge der Nutzungsdauer der betrachteten Aktiven mehrheitlich nicht mit einer «exakten» Zahl an, sondern mittels Bandbreiten («Von-bis»-Angaben). Die Offenlegung erfolgt separat für bestimmte Kategorien von Vermögenswerten.

23% der Unternehmen fixieren eine exakte Nutzungsdauer; eine kleine Minderheit (5%) verwendet eine maximale Nutzungsdauer. Festzustellen ist auch, dass viele Unternehmen verschiedene Ausweisformen parallel miteinander verwenden. In dieser Auswertung wurde deshalb die häufigste Ausweisart pro Unternehmen aufgenommen.

Die Anwendung von Bandbreiten bringt für die Anwender den Vorteil, dass eine Anpassung der Schätzung in sehr vielen Fällen nicht zu einer umfangreichen (und entsprechend auch nicht unbedingt populären) Anwendung von IAS 8 führt. Aus Sicht des/der externen Betrachters/Betrachterin nachteilig ist selbstredend ein gewisser «Spielraum» bei der Offenlegung: Die verwendeten Bandbreiten sind, wie nachfolgend aufge-

---

[8] Vgl. Lüdenbach, N./Hoffmann, W. (2019); Freiberg, J.: Haufe IFRS-Kommentar, S. 246.

zeigt wird, zuweilen durchaus ziemlich breit, womit Anpassungen die ausgewiesenen Ergebnisse beeinflussen können, ohne dass darauf speziell hingewiesen wird.

Da nicht alle 103 Anwender über sämtliche Anlagekategorien (vgl. Abbildung) verfügen, variiert die Grösse der Stichprobe von Anlagekategorie zu Anlagekategorie. Angaben zu Kategorien wie übrige Sachanlagen oder übrige immaterielle Vermögenswerte wurden nicht in die Analyse miteinbezogen. Ferner wurden Bezeichnungen, die aufgrund der Umschreibung zueinander gehören, beispielsweise Computer-Equipment und IT-Equipment, als gleichwertig angesehen und in einer Kategorie zusammengefasst. Ebenfalls wurden Bezeichnungen, welche zwei Kategorien beinhalten, z. B. Lizenzen, Patente und Software sowohl der Kategorie Lizenzen und Patente als auch der Kategorie Software zugewiesen. Der Umgang mit den die Offenlegung dominierenden Bandbreiten wurde so gelöst, dass das arithmetische Mittel der Bandbreite berechnet wurde. Angaben mit maximaler Nutzungsdauer wurden nicht berücksichtigt. Das Vorgehen führt naturgemäss zu Vereinfachungen resp. zur Aggregation von Daten, die eine gewisse Unschärfe mit sich bringen kann. Trotzdem darf die Zusammenstellung als informativ betrachtet werden.

Im Einzelnen konnten für die betrachteten Kategorien von Aktiven die in nachfolgender Abbildung aufgeführten Werte ermittelt werden.

Kategorie	Stichprobengrösse	Arithmetisches Mittel	Median
Betriebseinrichtungen	52	8 Jahre	7 Jahre
Büromobiliar	59	7 Jahre	6 Jahre
Fahrzeuge	46	6 Jahre	5 Jahre
Gebäude	67	34 Jahre	32 Jahre
IT	58	4 Jahre	4 Jahre
Kundenbeziehungen	40	11 Jahre	11 Jahre
Lizenzen & Patente	29	8 Jahre	8 Jahre
Maschinen	50	10 Jahre	10 Jahre
Software	62	4 Jahre	4 Jahr
Marken	23	11 Jahre	11 Jahre

Tab.: Übersicht Abschreibungszeitraum

Insgesamt zeigt die Auswertung, dass arithmetisches Mittel und Median nahe beieinanderliegen; dies weist in vielen Fällen darauf hin, dass die Werte innerhalb einer relativ engen Bandbreite liegen und wenige «Ausreisser» vorhanden sind. Die grösste Differenz ergibt sich bei den Gebäuden. Mit einer Spannweite von 43,5 Jahren, welche von 22,5 Jahren im Minimum bis zu 66 Jahren im Maximum reicht, kann dies nachvollzogen werden.

Von den insgesamt 103 untersuchten Unternehmen wenden alle die lineare Abschreibungsmethode für immaterielle Vermögenswerte an. Bei den Sachanlagen ist dies mit 99 Unternehmen immer noch bei einer überwiegenden Mehrheit der Fall. Zwei Unternehmen geben an, sowohl die lineare als auch die degressive Methode für Sachanlagen zu verwenden. Zwei andere Unternehmen verwenden die lineare sowie die leistungsabhängige Methode; bei einem Unternehmen lässt sich das rechnerische Verfahren aufgrund der vorhandenen Angaben nicht schlüssig bestimmen. Interessanterweise hat die Analyse aufgezeigt, dass nur sehr spärliche Informationen über Restwerte offengelegt werden.

2.3 Änderung der Abschreibungspraxis

Die Festlegung der Nutzungsdauer ist eine anspruchsvolle Schätzung; hängt sie doch sowohl von der Beschaffenheit des Aktivums als auch der Intensität der Nutzung ab. Ebenso kann die Art und Weise des Unterhalts darauf einen wesentlichen Einfluss nehmen. Es erstaunt deshalb kaum, dass frühere Schätzungen im Zeitverlauf (prospektiv) angepasst werden müssen. IAS 8.32 (d) betont im Übrigen explizit die Notwendigkeit einer Schätzung der Nutzungsdauer für «abschreibungsfähige Vermögenswerte».[9]

Von den 103 analysierten Unternehmen haben insgesamt lediglich acht Änderungen an der Nutzungsdauer vorgenommen. Sechs der acht Unternehmen haben dazu keine oder nur sehr knappe Begründungen im Anhang aufgeführt. Auch waren die Anpassungen dort nur geringfügig und betrafen oft nur eine Kategorie. Dieser Umstand dürfte der Grund dafür

---

[9] Sobald es sich um Vermögenswerte mit «unbestimmbarer Nutzungsdauer» handelt (vgl. IAS 36.10 [a]), entfällt eine entsprechende Pflicht zur Schätzung; dafür muss eine jährliche Prüfung der Werthaltigkeit erfolgen. Das bekannteste Beispiel eines entsprechenden Postens ist der positive Goodwill aus einem Unternehmenserwerb, vgl. IAS 36.10 (b) sowie Abschnitt 2.4.

sein, dass die Änderung der Nutzungsdauer keinen wesentlichen Einfluss auf die Ergebnissituation hatte und daher nicht erläutert wurde.[10]

Auffällig scheint aufgrund der Analyse vor allem die Situation von Schmolz und Bickenbach: Für die Mehrzahl der aufgeführten Kategorien des Unternehmens wurde der Nutzungszeitraum verlängert. Das Unternehmen selber begründet – als einziges der acht betroffenen Unternehmen – sein Vorgehen sehr gut und zeigt den Effekt auf die Zahlen detailliert auf: «In 2018 wurden die Nutzungsdauern der Anlagen auf der Basis von Vergangenheitswerten neu geschätzt. Der positive Effekt auf die Erfolgsrechnung beläuft sich im Geschäftsjahr auf EUR 21.4 Mio.»[11]

Anzumerken bleibt, dass solche Änderungen auch bei einer Rechnungslegung nach Obligationenrecht zulässig sind. Retrospektive Anpassungen sind dort jedoch ausgeschlossen, auch wenn es sich um einen Wechsel der Abschreibungsmethode handeln würde: Sämtliche Korrekturen sind im Jahr des Wechsels erfolgswirksam als periodenfremde Positionen zu zeigen.

2.4 Impairment

2.4.1 Formelle Grundlagen

Immaterielle Vermögenswerte mit unbestimmbarer Nutzungsdauer (nicht zu verwechseln mit «unbegrenzter» Nutzungsdauer) müssen gemäss IAS 38.111 auf jeden Bilanzstichtag hin auf allfällige Wertminderungen geprüft werden (Werthaltigkeitstest). Im Kern ist dieser Grundsatz mit den Anforderungen des Art. 960 Abs. 3 OR vergleichbar, wonach beim Vorliegen von «Anzeichen einer Überbewertung von Aktiven» die Werte überprüft und gegebenenfalls anzupassen sind. Bei immateriellen Vermögenswerten mit bestimmbarer Nutzungsdauer und materiellen Vermögenswerten im Allgemeinen muss gemäss IAS 16, 36 und 38 lediglich bei Vorliegen von Hinweisen auf mögliche Wertminderungen («Triggering Events») ein Werthaltigkeitstest durchgeführt werden. Hinweise

---

10 Mit Ausnahme der PIERER Mobility AG blieb bei sämtlichen Unternehmen eine schriftliche Anfrage über die Hintergründe der Anpassung der Nutzungsdauer unbeantwortet. Letztere führte Folgendes aus: «Bei der PIERER Mobility AG führte der Verkauf eines Tochterunternehmens zu einer Änderung der Nutzungsdauer, wobei diejenige der nicht verkauften Vermögenswerte nicht verändert wurde. Die Änderung ergibt sich aufgrund des Konsolidierungskreisabganges der Pankl-Gruppe. Im fortgeführten Geschäftsbereich blieb die Nutzungsdauer analog Vorjahr» (Quelle: PIERER Mobility AG, E-Mail vom 24.4.2020), vgl. Bachelorarbeit gemäss FN 1, S. 36.

11 Vgl. Schmolz + Bickenbach AG (2019): Geschäftsbericht 2018, S. 142.

auf mögliche Impairments können von internen oder externen Indikatoren kommen. Dazu zählen z. B. physische Schäden an Vermögenswerten, wirtschaftliche, technologische, marktbezogene oder rechtliche Veränderungen.

Liegen solche oder andere Hinweise auf mögliche Impairments vor, dann wird der erzielbare Wert («recoverable amount») und damit die allenfalls notwendige Wertminderung mit dem Werthaltigkeitstest ermittelt. Der erzielbare Betrag wird je nach Situation mit dem Fair Value gemäss IFRS 13 (Veräusserungspreis abzüglich Veräusserungskosten) oder dem Nutzungswert (diskontierte Nettocashflows) berechnet. Eine Wertminderung ist in jenen Fällen nötig, in denen der Werthaltigkeitstest ergibt, dass der aktuelle Buchwert über dem erzielbaren Betrag des Vermögenswerts liegt.

Für Wertaufholungen ist die gleiche Methode wie für das Feststellen von Wertminderungen anzuwenden. Zu jedem Berichtsstichtag ist zu überprüfen, ob Anzeichen dafür vorliegen, dass eine Wertaufholung stattgefunden hat. Falls ja, ist der Betrag der Wertaufholung zu bestimmen (IAS 36.110). Die Wertaufholung ist erfolgswirksam über die Erfolgsrechnung zu erfassen (IAS 36.119). Der Buchwert nach der Wertaufholung darf aber den Buchwert nicht übersteigen, der sich (unter Berücksichtigung von Amortisationen oder Abschreibungen) ohne vorherige Wertminderung ergeben hätte (IAS 36.117). Die Wertaufholung von vorher wertbeeinträchtigtem Goodwill ist nicht gestattet (IAS 36.124). Grundsätzlich ist eine Wertaufholung auch unter Anwendung des Obligationenrechts denkbar; diesbezügliche Erträge sind als periodenfremde Beiträge zu erfassen (vgl. u. a. Art. 959b OR).

2.4.2 Praktische Beispiele

Beispielhaft können die nachfolgenden ausgewählten Indikatoren für Wertbeeinträchtigungen bei börsenkotierten Schweizer IFRS-Anwendern aufgeführt werden.

Bei *Aryzta* war in den Jahren 2017 und 2018 ein massiver Absatz- und Umsatzeinbruch der Auslöser von Impairments bei den Sachanlagen, beim Goodwill und bei den übrigen immateriellen Vermögenswerten. Zusätzlich gerechtfertigt wurde die Wertbeeinträchtigung mit nicht mehr voll ausgelasteten Produktionskapazitäten, ohne Aussicht auf Besserung.

Bei *Schmolz + Bickenbach* lösten im Jahr 2018 neue Stahllegierungen und neue bzw. höhere Zölle einen Werthaltigkeitstest aus, in dessen Gefolge Wertminderungen auf Sachanlagen und immateriellen Vermögenswerten festgestellt und verbucht werden mussten.

Strategische Neuausrichtungen der Lieferketten führten bei *Roche* (2016), *Rieter* (2017) und *Nestlé* (2019) zu Wertbeeinträchtigungen, weil die Produktion an andere Orte verlagert und bisherige Produktionsstandorte zurückgefahren, geschlossen oder verkauft wurden.

Der Abbruch von Wirkstoffentwicklungsprozessen, Rückmeldungen von Regulierungsbehörden und die Beendigung der Zusammenarbeit mit Allianzpartnern sind wiederkehrende (2017, 2018 und 2019) Gründe für Wertbeeinträchtigungen des immateriellen Anlagevermögens bei Roche. Die genannten Situationen scheinen charakteristisch für die Pharmabranche. So verwies auch *Novartis* bei den Impairments des immateriellen Anlagevermögens in den Jahren 2018 und 2019 auf diese Gründe, und wie bei Roche ging es um Beträge nahe oder über der Milliardengrenze. Bei Roche führten überdies veränderte Marktannahmen und ein erwartetes verlangsamtes Wachstum zu teilweisen Impairments von Goodwill.

Eine vergleichsweise grosse Wertbeeinträchtigung im ersten Halbjahr 2020 hat die *U-Blox*-Gruppe publik gemacht. Das an der Schweizer Börse kotierte Unternehmen mit IFRS als Rechnungslegungsstandard hat im ungeprüften Halbjahresabschluss 2020 immaterielles Anlagevermögen im Betrag von CHF 74.1 Mio. wertberichtigt.[12] Die Wertminderung entspricht 21,1% des Konzerneigenkapitals per 31. Dezember 2019, rund 42% der durchschnittlichen Bruttomarge von 2019 und 2018 und knapp dreimal dem durchschnittlichen Konzerngewinn von 2019 und 2018. Die massive Wertkorrektur betrifft aktivierte Forschungs- und Entwicklungsaufwendungen im Segment der Positionierungs- und Drahtlossysteme. Die betroffene Cash Generating Unit wurde vollständig auf den erzielbaren Wert von 0 wertberichtigt, ohne weitergehende Angaben zu Berechnungen und weiteren Annahmen. Gemäss dem Anhang zur Jah-

---

12 Alle Angaben stammen aus dem Financial Report 2019, aus dem Half Year Report 2020 und aus der Präsentation des CEO und CFO von U-Blox vom 21. August 2020, *H1 2020 Results u-blox Holding AG*, abgerufen auf https://www.u-blox.com/en/investor-press-releases/u-blox-reports-h1-2020-financial-results (Abrufdatum: 12.12.2020).

resrechnung versteht die Gruppe unter Entwicklungsaktivitäten Pläne und Designs für die Produktion von neuen oder wesentlich verbesserten Produkten und Dienstleistungen.

Entwicklungskosten können bzw. müssen basierend auf IAS 38.57 ff. aktiviert werden. U-Blox präzisiert im Anhang, dass Entwicklungsaufwendungen erst ab dem Zeitpunkt bilanziert werden, zu dem die technische Machbarkeit nachgewiesen ist, und nur im Umfang jener Entwicklungskosten, die nach diesem Zeitpunkt anfallen. Laut den Key Audit Matters zum Jahresabschluss 2019 sind Entwicklungsaufwendungen von CHF 50 Mio. aktiviert und gleichzeitig solche über CHF 58.2 Mio. via die Erfolgsrechnung dem laufenden Konzernergebnis belastet worden. U-Blox überprüft die Werthaltigkeit ihrer Anlagen jährlich oder unterjährig, sobald Hinweise für eine mögliche Wertbeeinträchtigung vorliegen. Die Auslöser für das Impairment im ersten Halbjahr 2020 waren die aktuelle Marktlage vor allem in der Automobilindustrie, Veränderungen bei den Erwartungen in Geschäftsplänen und eine Neuausrichtung von Entwicklungsprojekten. Im Halbjahresbericht wird weiter spezifiziert, dass die Wertbeeinträchtigung nicht ausschliesslich im Zusammenhang mit der Corona-Pandemie stehe.

Es liegt für Aussenstehende nahe, zum Zeitpunkt der Bekanntgabe der Wertminderung im Rahmen der Halbjahresberichterstattung 2020 die Corona-Krise als Auslöser der Wertminderung zu vermuten. Dieser Annahme tritt das Management von U-Blox mit der Aussage teilweise entgegen, dass die Wertbeeinträchtigung nicht ausschliesslich im Zusammenhang mit der Pandemie stehe. Wie andernorts auch dürfte aber die COVID-19-Krise schon länger bekannte Schwächen akzentuiert bzw. das Fass zum Überlaufen gebracht haben. Zudem dürften die Krise und die damit zusammenhängenden Hiobsbotschaften dem Management nicht ungelegen gekommen sein, den grossen Betrag in der allgemeinen und pessimistischen Nachrichtenflut untergehen zu lassen.

Der Entscheid zum Abbruch eines Entwicklungsprojekts ist ein unzweideutiger Indikator, die Werthaltigkeit bisher aktivierter Aufwendungen zu prüfen und allenfalls notwendige Wertminderungen zu buchen. Der Zeitpunkt des Entscheids liegt im Ermessen der Geschäftsführung und allenfalls des Verwaltungsrats, und dadurch auch der Zeitpunkt allfälliger

Wertbeeinträchtigungen. Das Beispiel zeigt die Risiken, die mit einer völlig IFRS-konformen Aktivierung von Entwicklungskosten verbunden sind. Trotz aller Machbarkeitsstudien ist nicht ausgeschlossen, dass neue oder weiterentwickelte Produkte und Dienstleistungen vom Markt nicht aufgenommen werden oder dass sich die ursprünglichen Annahmen ändern. Die Entlastung der Erfolgsrechnung während der Entwicklungszeit entwickelt sich dann zu einer Risikoposition in der Bilanz. Bei einem Misserfolg des Projekts können die aktivierten Entwicklungskosten nicht wie eigentlich vorgesehen als Teil der Herstellkosten zum Zeitpunkt des Verkaufs der Produkte amortisiert und das Matching of Cost and Revenue sichergestellt werden. Sie schweben, wie das in einem Kommentar der *Neuen Zürcher Zeitung* zum Halbjahrsabschluss von U-Blox formuliert wurde, «wie eine dunkle Wolke über U-Blox» bzw. über jedem Unternehmen, das Entwicklungskosten aktiviert.[13]

3. Zusammenfassung und Schlussfolgerungen

Trotz seiner theoretischen Überlegenheit hat sich das Neubewertungsmodell bei den kotierten IFRS-Unternehmen nicht durchgesetzt; das viel einfacher zu praktizierende Anschaffungs- und Herstellkostenmodell erfreut sich einer sehr viel grösseren Beliebtheit. Insofern ist die «Fair Presentation» der IFRS mit der «kaufmännischen Berechnung» der Abschreibungen nach Obligationenrecht vergleichbar; die dort allerdings in der Praxis bedeutsame steuerlich orientierte Abschreibungspraxis kontrastiert regelmässig mit einer betriebswirtschaftlichen Grundsätzen folgenden Rechnungslegung.

Eine ähnliche Überlegung erlaubt die Feststellung, dass die lineare Herleitung der jährlichen Abschreibung dominiert. Laufende Anpassungen in den relevanten Parametern fanden sich nur vereinzelt; zusammenhängen dürfte dies auch damit, dass sehr viele Unternehmen mit «Bandbreiten» arbeiten, die eine genauere Identifikation einer Veränderung der Nutzungsdauer von aussen nicht feststellen lassen. Es dürfte interessant sein zu beobachten, ob die hier beschriebenen Anlässe für ein Impairment im Jahr 2021 durch Buchungen ergänzt werden, die mit der

---

13 Neue Zürcher Zeitung, 22.8.2020, S. 32. Alternativ kann auch das Bild eines über dem Unternehmen resp. dessen Management schwebenden «Damoklesschwerts» verwendet werden, vgl. Neue Zürcher Zeitung, 31.5.2016, abgerufen auf https://www.nzz.ch/wirtschaft/immer-mehr-goodwill-risiko-von-abschreibungen-waechst-unablaessig-ld.85702 (Abrufdatum 7.12.2020).

COVID-19-Epidemie begründet werden. Grundsätzlich kann dieser Trend erwartet werden; wobei die rechnerische Auswirkung des «ewigen Restwerts» eigentlich auch den Schluss nahelegen könnte, dass in vielen Fällen die aktuelle Gesundheitskrise auch ein Stück weit Mittel zum Zweck werden könnte, Wertberichtigungen zu verbuchen, die von früheren strategischen Fehlentscheidungen her stammen.

Literaturverzeichnis

Eidgenössische Steuerverwaltung (ESTV): Merkblatt zur Bemessung von Abschreibungen, https://www.estv.admin.ch/estv/de/home/direkte-bundessteuer/direkte-bundessteuer/fachinformationen/merkblaetter.html, Abrufdatum 1.12.2020.

Eisenschmidt, K./Schwenkler, F. (2016): Zur Nutzung von expliziten Wahlrechten nach IFRS. Eine empirische Analyse für die Unternehmen des HDAX und SDAX, in: Kapitalmarktorientierte Rechnungslegung (KoR), (2).

Lüdenbach, N./Hoffmann, W./Freiberg, J.(2019): Haufe IFRS-Kommentar.

Markwalder, Samuel (2020): Abschreibungsmethoden nach IFRS, Bachelorarbeit (einsehbar auf Anfrage bei der Hochschule Luzern).

Neue Zürcher Zeitung, 22. August 2020, S. 32.

Neue Zürcher Zeitung, 31. Mai 2016, https://www.nzz.ch/wirtschaft/immer-mehr-goodwill-risiko-von-abschreibungen-waechst-unablaessig-ld.85702, Abrufdatum 7.12.2020.

Passardi, Marco/Gisler, Markus (2020): Abschreibungspraxis für Sachanlagen und immaterielle Anlagen, veröffentlicht in: EXPERTfocus, 2020/9, S. 588–592.

Schmolz + Bickenbach AG (2019): Geschäftsbericht 2018.

U-Blox: Financial Report 2019, Half Year Report 2020 und Präsentation des CEO und CFO von U-Blox vom 21. August 2020, H1 2020 Results u-blox Holding AG, https://www.u-blox.com/en/investor-press-releases/u-blox-reports-h1-2020-financial-results (Abrufdatum: 12.12.2020).

Zülch, H./Hendler, M. (2018): International Financial Reporting Standards (IFRS 2018/2019).

Das Gleichstellungsgesetz – Streiflichter auf ein wichtiges Gesetz

Nicolas Facincani, lic. iur., LL.M., geboren 1976, ist Rechtsanwalt und Partner bei der Zürcher Rechtsanwaltskanzlei Voillat Facincani Sutter + Partner. Nicolas Facincani verfügt über breite berufliche Erfahrung in allen Bereichen des Banken-, Gesellschafts- und Handelsrechts. Weiter berät er Klienten bei arbeitsrechtlichen Fragestellungen und vertritt diese regelmässig in entsprechenden gerichtlichen Verfahren. Er ist zudem als Dozent an Weiterbildungsinstituten tätig. Er publiziert regelmässig zu Themen in seinen Fachgebieten, insbesondere dem Gesellschafts- und Arbeitsrecht.

Reto Sutter, Dr. iur., LL.M., geboren 1974, ist Rechtsanwalt und dipl. Steuerexperte. Er ist Partner bei der Zürcher Rechtsanwaltskanzlei Voillat Facincani Sutter + Partner. Reto Sutter verfügt über breite berufliche Erfahrung in allen Bereichen des Steuerrechts und im Handelsrecht. Er berät seine Klienten umfassend in steuer-, vertrags- und strafrechtlichen Belangen, sowohl national als auch grenzüberschreitend. Zudem vertritt er seine Klienten beharrlich vor Gerichten, Schiedsgerichten sowie Verwaltungs- und Strafbehörden. Er unterrichtet an verschiedenen Universitäten, Hochschulen sowie am Unternehmer Forum Schweiz. Er publiziert und referiert regelmässig zu Themen in seinen Fachgebieten.

Inhaltsverzeichnis

1.	**Einleitung**	182
2.	**Grundlagen**	182
2.1	Diskriminierungen	182
2.2	Sexuelle Belästigung am Arbeitsplatz	183
2.3	Rechtsansprüche bei Diskriminierung	184
2.4	Kündigungsschutz	184
3.	**Besondere Problemkreise**	185
3.1	Wiedereinstellung nach einer Rachekündigung	185
3.1.2	Voraussetzungen der Wiedereinstellung	185
3.1.3	Voraussetzungen im Einzelnen	185
3.1.3.1	Beschwerde wegen Diskriminierung	185
3.1.3.2	Kausalität	186
3.1.4	Dauer des Schutzes	186
3.1.5	Klagefrist	186
3.1.6	Rechtsfolgen der Anfechtung	187
3.1.7	Provisorische Wiedereinstellung	187
3.1.7.1	Voraussetzungen der provisorischen Wiedereinstellung	187
3.1.7.2	Wahrscheinlichkeit der Aufhebung der Kündigung	187
3.1.8	Lohnanspruch	188
3.1.9	Geltendmachung einer Entschädigung	188
3.2	Kündigungen in Verletzung von Art. 3 und 4 des Gleichstellungsgesetzes	188
3.3	Keine Anwendung des Gleichstellungsgesetzes für Homosexuelle	190
3.4	Gerichtsverfahren nach dem Gleichstellungsgesetz	191
3.4.1	Vereinfachtes Verfahren	191
3.4.2	Schlichtungsverfahren	191
3.4.3	Besondere Schlichtungsbehörden	191
3.4.4	Gerichtskosten	191
3.4.5	Untersuchungsmaxime	191
3.4.6	Glaubhaftmachung	192
3.4.7	Wiedereinstellung	192
3.5	Das Verbandsklagerecht	192
3.6	Lohngleichheitsanalyse	193
3.6.1	Pflicht zur Lohngleichheitsanalyse	193
3.6.2	Logib	194
3.6.3	Ausnahmen	194
3.6.4	Überprüfung	195

3.6.5	Information	196
3.6.6	Sanktionen	196
4.	**Schutz vor sexueller Belästigung am Arbeitsplatz**	**197**
4.1	Beispiele sexueller Belästigung	197
4.2	Pflichten von Arbeitgebenden – Rechte des Betroffenen	198
4.3	Gerichtliches Vorgehen	199

1. Einleitung

Das Gleichstellungsgesetz (GlG) ist seit 1. Juli 1996 in Kraft und gilt als eines der wichtigsten Instrumente zur Förderung der tatsächlichen Gleichstellung von Frau und Mann.

Es konkretisiert den Gleichstellungsartikel der Bundesverfassung (Art. 8 BV) für das Erwerbsleben, von der Anstellung über die Weiterbildung bis zur Kündigung, vom Lohn bis zur sexuellen Belästigung am Arbeitsplatz.

Es ist nicht nur auf die privatrechtlichen Arbeitsverhältnisse nach dem Obligationenrecht (Art. 319–362 OR), sondern auch auf alle öffentlich-rechtlichen Arbeitsverhältnisse in Bund, Kantonen und Gemeinden anwendbar. Die Arbeitnehmer im öffentlichen und privaten Bereich haben denselben Schutz.

2. Grundlagen

2.1 Diskriminierungen

Das GlG verbietet jegliche Diskriminierung, egal, ob direkt oder indirekt, aufgrund des Geschlechts im Erwerbsleben. Das Verbot erstreckt sich auf das gesamte Arbeitsverhältnis, insbesondere auf die Anstellung, Aufgabenzuteilung, Gestaltung der Arbeitsbedingungen, Entlöhnung, Aus- und Weiterbildung, Beförderung und Entlassung.

Eine – nicht sofort ersichtliche – indirekte Diskriminierung liegt etwa vor, wenn eine Regelung geschlechtsneutral abgefasst ist, in ihren Wirkungen aber das eine Geschlecht erheblich benachteiligt. Wichtig dabei: Frau und Mann werden gleichermassen geschützt. Wird in einem Inserat etwa spezifisch nach einer Assistentin gesucht und ein männlicher Bewerber aufgrund des Geschlechts abgelehnt, so stellt dies in der Regel einen klaren Verstoss gegen das Diskriminierungsverbot dar. Angemessene Massnahmen zur Verwirklichung der tatsächlichen Gleichstellung stellen keine Diskriminierung dar.

Oft sieht man, dass der Lohn unterschiedlich ist – dann kann eine direkte Diskriminierung der Geschlechter gegeben sein, sofern keine sachlichen Gründe (wie z. B. Ausbildung, Erfahrung etc.) den unterschiedlichen

Lohn bewirken. Im Zusammenhang mit dem Lohn wird aber teilweise auch geltend gemacht, es liege eine indirekte Diskriminierung vor, wenn etwa ein Beruf erfahrungsgemäss einen reinen «Frauenberuf» oder einen reinen «Männerberuf» darstellt und gegenüber anderen Berufen bei gleichen Angestellten, die gleichwertige Arbeit verrichten, schlechter entlöhnt wird. So gab es in der Vergangenheit etwa einschlägige Klagen von Kindergärtnerinnen, die geltend machten, sie seien schlechter entlöhnt als Primarlehrer. In der Regel fällt es aber schwer, in solchen Situationen die Vergleichbarkeit der Berufe und somit die Diskriminierung aufzuzeigen, weshalb solche Klagen in der Regel erfolglos sind.

2.2 Sexuelle Belästigung am Arbeitsplatz

Das GlG hält in einem separaten Artikel explizit fest, dass sexuelle Belästigung am Arbeitsplatz eine Diskriminierung darstellt und als solche – aufgrund des GlG – unzulässig ist. Sexuelle Belästigung kann zudem weitere zivil- und strafrechtliche Gebote und Verbote betreffen. Die Arbeitgeberin treffen hier etwa aktive Schutzpflichten in Form von Handlungspflichten. Diese gehen in zwei Richtungen: (1) Schutz vor sexueller Belästigung und, wenn diesen Schutzmassnahmen der Erfolg versagt bleibt, (2) Schutz des Opfers vor weiteren Nachteilen, was ein aktives Einschreiten erfordert. Opfer einer solchen sexuellen Belästigung können sowohl männliche als auch weibliche Angestellte sein (zum arbeitsrechtlichen Schutz vor und zu den Formen sexueller Belästigung siehe Ziff. 4).

Bei einer Diskriminierung durch sexuelle Belästigung kann der betroffenen Person eine Entschädigung zugesprochen werden, wenn die Arbeitgeberin nicht nachweisen kann, dass sie Massnahmen getroffen hat, die zur Verhinderung sexueller Belästigungen als notwendig und angemessen erachtet werden und die ihr billigerweise zugemutet werden können. Es empfiehlt sich daher für die Arbeitgeberinnen, Weisungen zu erlassen (und durchzusetzen), welche die sexuelle Belästigung explizit untersagen und den Betroffenen aufzeigen, an wen sie sich innerhalb des Unternehmens zu wenden haben, sollte sie Opfer einer sexuellen Belästigung werden. Die Entschädigung wird unter Würdigung aller Umstände festgesetzt, nachdem sie auf Grundlage eines schweizerischen Durchschnittslohns errechnet worden ist. Die Obergrenze beträgt sechs solcher Monatslöhne (zu den Ansprüchen siehe auch Ziff. 2.3).

2.3 Rechtsansprüche bei Diskriminierung

Das Gesetz enthält eine vielfältige Palette von Rechtsansprüchen, die eine von Diskriminierung betroffene Person, je nach Art der Diskriminierung, gegenüber der Arbeitgeberin durchsetzen kann.

Wer von einer Diskriminierung betroffen ist, kann beantragen,

- dass eine drohende Diskriminierung verboten oder unterlassen wird.
- dass eine bestehende Diskriminierung beseitigt wird.
- dass eine Diskriminierung festgestellt wird, wenn diese nicht mehr beseitigt werden kann, sich aber weiterhin störend auswirkt.
- dass die Zahlung des geschuldeten Lohns angeordnet wird, wobei auch eine Nachzahlung für den noch nicht verjährten Lohn (fünf Jahre) geltend gemacht werden kann, sofern in diskriminierender Weise ein zu tiefer Lohn bezahlt wird.

Besteht die Diskriminierung in der Ablehnung der Anstellung (Nichtanstellung) oder in der Kündigung eines obligationenrechtlichen Arbeitsvertrags, hat die betroffene Person Anspruch auf eine in Würdigung aller Umstände festzusetzende Entschädigung. Liegt die Diskriminierung in der Ablehnung der Anstellung, ist die Entschädigung für alle Betroffenen gemeinsam auf maximal drei entgangene Monatslöhne beschränkt. Im Falle der diskriminierenden Kündigung beträgt die Maximalentschädigung sechs (tatsächliche) Monatslöhne, bei sexueller Belästigung sechs durchschnittliche Monatslöhne (die Grundlage für die Berechnung ist der schweizerische Durchschnittslohn).

2.4 Kündigungsschutz

Normalerweise sind im Arbeitsrecht auch missbräuchliche Kündigungen gültig, berechtigen aber zu einer Entschädigung. Das GlG sieht hier eine Ausnahme vor: Eine Kündigung des Arbeitsverhältnisses durch die Arbeitgeberin ist gemäss GlG anfechtbar, wenn sie ohne begründeten Anlass auf eine innerbetriebliche Beschwerde über eine Diskriminierung oder auf die Anrufung der Schlichtungsstelle oder des Gerichts durch den Arbeitnehmer oder die Arbeitnehmerin erfolgt – zum Vorgehen bei einer solchen Rachekündigung siehe hierzu unten Ziff. 3.1.

3. Besondere Problemkreise

Nachfolgend sollen im Sinne einer selektiven Auswahl verschiedene Problemkreise des Gleichstellungsgesetzes diskutiert werden.

3.1 Wiedereinstellung nach einer Rachekündigung

Während das Obligationenrecht für Fälle von missbräuchlicher Kündigung und das Gleichstellungsgesetz für diskriminierende Kündigungen die Geltendmachung einer Entschädigung vorsieht, gibt es im Gleichstellungsgesetz zusätzlich die Möglichkeit, bei Vorliegen einer diskriminierenden Rachekündigung die Wiedereinstellung zu verlangen und gerichtlich durchzusetzen.

3.1.2 Voraussetzungen der Wiedereinstellung

Die Kündigung des Arbeitsverhältnisses durch die Arbeitgeberin oder den Arbeitgeber ist anfechtbar, wenn sie ohne begründeten Anlass auf eine innerbetriebliche Beschwerde über eine Diskriminierung oder auf die Anrufung der Schlichtungsstelle oder des Gerichts durch die Arbeitnehmerin oder den Arbeitnehmer folgt (Art. 10 Abs. 1 GlG). Der Kündigungsschutz gilt für die Dauer eines innerbetrieblichen Beschwerdeverfahrens, eines Schlichtungs- oder eines Gerichtsverfahrens sowie sechs Monate darüber hinaus (Art. 10 Abs. 2 GlG). Die Kündigung muss vor Ende der Kündigungsfrist beim Gericht angefochten werden (Art. 10 Abs. 3 1. Satz GlG).

3.1.3 Voraussetzungen im Einzelnen

Nachfolgend sollen die Voraussetzungen im Einzelnen erläutert werden (aktuelle Fälle sind auf «www.gleichstellungsgesetz.ch» zu finden):

3.1.3.1 Beschwerde wegen Diskriminierung

Es muss eine Beschwerde wegen einer Diskriminierung gemäss Gleichstellungsgesetz vorliegen. Infrage kommen Diskriminierungen gemäss Art. 3 GlG (Diskriminierung) und Art. 4 GlG (sexuelle Belästigung). Möglich ist eine innerbetriebliche Beschwerde oder aber die Anrufung einer Schlichtungsstelle oder eines Gerichts wegen der Diskriminierung. Wird lediglich eine Beschwerde aufgrund eines Tatbestands, welcher eine missbräuchliche Kündigung darstellen würde, eingereicht, so kommt die Wiedereinstellung nicht infrage, und es ist nur eine Entschädigung möglich. Wird die Beschwerde in rechtsmissbräuchlicher Absicht eingereicht, ist eine Wiedereinstellung nicht möglich (wobei nach Art. 3 ZGB der gute Glaube vermutet wird).

3.1.3.2 Kausalität

Eine Wiedereinstellung ist nur möglich, wenn die Kündigung wegen der Beschwerde bzw. des Anrufens der Schlichtungsbehörde oder des Gerichts ausgesprochen worden ist. Soweit aber die Arbeitgeberin begründeten Anlass zur Kündigung hatte, kommt eine Wiedereinstellung nicht infrage. Der begründete Anlass zur Kündigung ist dabei nicht auf Umstände beschränkt, die in der Person des Gekündigten liegen. Wird z. B., nachdem eine Beschwerde wegen sexueller Belästigung einging, aufgrund der wirtschaftlichen Lage gekündigt, entfällt der Schutz der Wiedereinstellung, weil die Kündigung nicht in der Beschwerde begründet ist.

3.1.4   Dauer des Schutzes

Der Kündigungsschutz beginnt in dem Moment, in dem sich der Arbeitnehmer bzw. die Arbeitnehmerin bei der innerbetrieblichen Stelle bzw. beim Vorgesetzten meldet. Ein konkretes oder gar formalisiertes Begehren ist nicht notwendig. Sofern das Gericht bzw. die Schlichtungsstelle angerufen wird, beginnt der Schutz mit der Rechtshängigkeit des Verfahrens (in der Regel mit Postaufgabe des Begehrens).

Der Schutz endet sechs Monate nach dem innerbetrieblichen oder Schlichtungs- bzw. Gerichtsverfahren, wobei hier das Ende mit Eintritt der Rechtskraft gleichgestellt wird.

Wird die Kündigung nach Ablauf der Schutzfrist ausgesprochen, kann in den meisten Fällen allenfalls eine Entschädigung nach Art. 336 Abs. 1 lit. d OR i. V. m. Art. 336a OR geltend gemacht werden.

3.1.5   Klagefrist

Die erfolgreiche Klage auf Wiedereinstellung setzt voraus, dass diese vor Ende der Kündigungsfrist beim Gericht eingereicht wird. Die Kündigung muss angefochten werden, d. h., sie ist nicht per se nichtig. Wird die Kündigung fristlos oder mit einer kürzeren als der vertraglichen bzw. gesetzlichen Frist ausgesprochen, kann die Kündigung innerhalb derjenigen

Frist angefochten werden, welche ordentlicherweise für die Beendigung für den Arbeitsvertrag gelten würde.

3.1.6 Rechtsfolgen der Anfechtung

Ist die Anfechtung erfolgreich, ist der Arbeitnehmer bzw. die Arbeitnehmerin so zu stellen, wie wenn nicht gekündigt worden wäre. Das heisst, dass für die ganze Zeit rückwirkend der Lohn geschuldet ist – es gelten die Regeln des Annahmeverzugs nach Art. 324 OR.

3.1.7 Provisorische Wiedereinstellung

Das Gesetz sieht die Möglichkeit vor, dass das Gericht unter bestimmten Umständen für die Dauer des Verfahrens die Wiedereinstellung anordnet. Zweck dieser Regelung ist, dass der Kündigungsschutz durch die potenziell lange Dauer des Verfahrens nicht illusorisch ist, wenn ein Arbeitnehmer oder eine Arbeitnehmerin während Jahren «in Schwebe» ist.

Erfolgt eine provisorische Wiedereinstellung, ist der Arbeitnehmer bzw. die Arbeitnehmerin so zu stellen, wie wenn keine Kündigung erfolgt wäre. Während einer provisorischen Wiedereinstellung kann das Arbeitsverhältnis gekündigt werden. Bei einer Kündigung endet das Arbeitsverhältnis unabhängig vom Ausgang des Anfechtungsprozesses.

Auf jeden Fall endet die provisorische Wiedereinstellung bei einem negativen Ausgang des Anfechtungsprozesses.

3.1.7.1 Voraussetzungen der provisorischen Wiedereinstellung

Die provisorische Wiedereinstellung setzt voraus, dass das Gericht die provisorische Wiedereinstellung anordnet. Der Antrag kann in Form einer vorsorglichen Massnahme ergehen und muss ebenfalls vor Ende der Kündigungsfrist erfolgen.

3.1.7.2 Wahrscheinlichkeit der Aufhebung der Kündigung

Die provisorische Wiedereinstellung erfolgt, wenn es wahrscheinlich erscheint, dass die Voraussetzungen der Aufhebung der Kündigung erfüllt sind. Es braucht also eine positive Prognose für den Hauptprozess.

3.1.8 Lohnanspruch

Die provisorische Wiedereinstellung hat zur Folge, dass der Arbeitnehmer bzw. die Arbeitnehmerin wieder über den Lohnanspruch verfügt. Weigert sich eine Arbeitgeberin, die entsprechenden Arbeitnehmer zu beschäftigen, so liegt ein Fall von Art. 324 OR (Annahmeverzug) vor, und der Lohn bleibt geschuldet, ohne dass der Arbeitnehmer bzw. die Arbeitnehmerin zur Nachleistung verpflichtet ist. Einsparungen und anderweitiger Erwerb sind anzurechnen.

3.1.9 Geltendmachung einer Entschädigung

Das Gesetz sieht vor, dass einem Arbeitnehmer bzw. einer Arbeitnehmerin nach der Einleitung des Anfechtungsprozesses die Möglichkeit zusteht, auf die Wiedereinstellung zu verzichten und eine Entschädigung gemäss Art. 336a OR geltend zu machen. Eine ausdrückliche Einsprache muss nicht erhoben werden – Art. 336b OR kommt somit nicht zur Anwendung.

Das Recht zur Änderung des Rechtsbegehrens bzw. auf die Wiedereinstellung zu verzichten, kann in jedem Verfahrensstadium, auch im Rechtsmittelverfahren geltend gemacht werden.

3.2 Kündigungen in Verletzung von Art. 3 und 4 des Gleichstellungsgesetzes

Vom Tatbestand der vorgenannten Rachekündigung sind Kündigungen zu unterscheiden, die in Verletzung von Art. 3 GlG und/oder Art. 4 GlG ausgesprochen werden.

Art. 3 GlG bestimmt, dass Arbeitnehmerinnen und Arbeitnehmer aufgrund ihres Geschlechts nicht (direkt noch indirekt) benachteiligt werden dürfen. Namentlich darf nicht aufgrund des Zivilstands, familiärer Situation oder Schwangerschaft eine sachfremde Unterscheidung getroffen werden.

Art. 4 GlG hält ausdrücklich fest, dass jedes belästigende Verhalten sexueller Natur oder ein anderes Verhalten aufgrund der Geschlechtszugehörigkeit, das die Würde von Frauen und Männern am Arbeitsplatz beeinträchtigt, diskriminierend ist. Darunter fallen insbesondere Drohungen, das Versprechen von Vorteilen, das Auferlegen von Zwang und das Ausüben von Druck zum Erlangen eines Entgegenkommens sexueller Art.

Direkt diskriminierend ist damit z. B. die Kündigung einer Arbeitnehmerin aufgrund ihrer Schwangerschaft. Demgegenüber liegt eine – nicht sofort ersichtliche – indirekte Diskriminierung vor, wenn eine Regelung geschlechtsneutral abgefasst ist, in ihren Wirkungen aber das eine Geschlecht erheblich benachteiligt. Ein Beispiel für eine indirekte Diskriminierung kann etwa der Entscheid einer Arbeitgeberin darstellen, im Rahmen einer Massenentlassung primär Teilzeitangestellten zu kündigen, weil es sich dabei vermehrt um Frauen handeln dürfte.

Liegt eine diskriminierende Kündigung i. S. v. Art. 3 oder 4 GlG vor, so wird das Arbeitsverhältnis dennoch beendet. Dem oder der Arbeitnehmenden steht dann gemäss Art. 5 Abs. 2 GlG eine Entschädigung i. S. v. Art. 336a zu (zu den Ansprüchen siehe auch Ziff. 2.4). Art. 9 GlG verweist für das Verfahren auf Art. 336b OR. Es ist eine Einsprache notwendig, und die Klage ist innert 180 Tagen nach Beendigung des Arbeitsverhältnisses zu erheben.

Vorbehalten bleiben allfällige Ansprüche auf Schadenersatz und/oder Genugtuung. Im Falle einer sexuellen Belästigung könnte der Arbeitnehmer oder die Arbeitnehmerin unter Umständen zudem eine Entschädigungszahlung nach Art. 5 Abs. 3 GlG geltend machen, sofern die entsprechenden Voraussetzungen gegeben sind (zu den Ansprüchen siehe auch Ziff. 2.4).

Auch wenn diskriminierende Kündigungen i. S. v. Art. 3 oder 4 GlG lediglich Anwendungsfälle von Art. 336 Abs. 1 lit. a OR darstellen, gilt auch hier, dass Arbeitnehmer und Arbeitnehmerinnen gut daran tun, sich direkt auf die Bestimmungen des GlG und nicht des OR zu berufen. Im Falle der Berufung auf das GlG ist die Diskriminierung nämlich «nur» glaubhaft zu machen, was eine mildere Art des Beweises darstellt als der strikte Beweis (siehe hierzu Ziff. 3.4.6). Sodann ist das Schlichtungsverfahren freiwillig, in der Regel aber zu empfehlen.

3.3 Keine Anwendung des Gleichstellungsgesetzes für Homosexuelle

Lange war die Frage offen, ob das GlG auch auf die Diskriminierung von Homosexuellen gegenüber Heterosexuellen anwendbar ist. Das Bundesgericht hatte sich in einem Entscheid vom 5. April 2019 (BGer 8C_594/2018) mit der Frage der Anwendbarkeit des GlG auf Homosexuelle auseinandergesetzt:

Ein Arbeitnehmer war 2015 befristet als Einheitskommandant in der Armee angestellt. 2016 bewarb er sich erneut für diese wiederum auf Zeit ausgeschriebene Stelle – und bekam eine Absage. Die Begründung: Die Stelle existiere nur noch bis Ende Januar 2016. Der Arbeitnehmer bezweifelte diese Argumentation und führte ins Feld, ihm sei die Anstellung infolge seiner sexuellen Orientierung (Homosexualität) verweigert worden. Es sei daher abzuklären, ob eine Diskriminierung aufgrund des Geschlechts und somit ein Verstoss gegen das GlG vorliege. Letzteres schützt vor Diskriminierung aufgrund des Geschlechts. Die Krux hier: Rein aus dem Gesetzeswortlaut heraus ausgelegt, kommt das GlG in Bezug auf Diskriminierungen von homosexuellen Personen nicht zur Anwendung. Deshalb musste das Bundesgericht diese kontroverse Frage abschliessend beurteilen.

Das Bundesgericht hielt in seinem Entscheid fest, dass eine direkte Diskriminierung gemäss Art. 3 Abs. 1 GlG aufgrund der sexuellen Orientierung ausser Betracht falle. Für eine direkte Diskriminierung fehle es in solchen Fällen an der erforderlichen Geschlechtsspezifität. Diese Betrachtungsweise stehe auch mit dem Zweck des GlG (tatsächliche Gleichstellung von Frau und Mann) sowie dem Wortlaut des Gesetzes (Diskriminierung aufgrund des Geschlechts) im Einklang. Denn eine Diskriminierung gelte nur dann als direkte, wenn sie sich auf die Geschlechtszugehörigkeit oder auf ein Kriterium stütze, das nur von einem der beiden Geschlechter erfüllt werden könne oder sich sachlich nicht rechtfertigen lasse. Erfolge eine Diskriminierung aufgrund der sexuellen Orientierung einer Bewerberin oder eines Bewerbers, stütze sich diese nicht auf die Geschlechtszugehörigkeit oder ein Kriterium, das nur von einem der beiden Geschlechter erfüllt werden kann. Etwas anderes gelte indes, wenn ausschliesslich oder überwiegend Personen eines Geschlechts wegen Homosexualität diskriminiert würden.

3.4 Gerichtsverfahren nach dem Gleichstellungsgesetz

Gerichtsverfahren nach dem Gleichstellungsgesetz unterliegen verschiedenen prozessualen Besonderheiten:

3.4.1 Vereinfachtes Verfahren

Es ist das vereinfachte Verfahren anwendbar. Dieses unterliegt weniger strengen Formvorschriften. Die Klage kann entweder in unbegründeter Form nach Art. 130 ZPO eingereicht oder mündlich bei Gericht zu Protokoll gegeben werden. Auch eine schriftliche Klage ist möglich.

3.4.2 Schlichtungsverfahren

Dem Gerichtsverfahren geht grundsätzlich ein Schlichtungsverfahren voraus. Das Schlichtungsverfahren ist kostenlos. Es wird versucht, eine für beide Seiten akzeptable Lösung zu finden, um ein Gerichtsverfahren zu vermeiden. Bis zu einem Streitwert von CHF 2000.– kann die Schlichtungsbehörde einen Entscheid fällen. Die klagende Partei kann bei Streitigkeiten nach dem Gleichstellungsgesetz einseitig auf das Schlichtungsverfahren verzichten.

3.4.3 Besondere Schlichtungsbehörden

In der Regel sind für Verfahren nach dem Gleichstellungsgesetz nicht die allgemeinen, sondern besondere Schlichtungsbehörden zuständig.

3.4.4 Gerichtskosten

Schlichtungsstellen und Gerichte erheben bei Verfahren betreffend das Gleichstellungsgesetz keine Verfahrenskosten (Gerichts-, Gutachten- und Zeugenkosten). Von der Kostenlosigkeit ausgenommen ist die bös- oder mutwillige Prozessführung. Wer vor Gericht unterliegt, hat die Gegenseite aber zu entschädigen.

3.4.5 Untersuchungsmaxime

Es gilt die sogenannte eingeschränkte Untersuchungsmaxime. Das Gericht hat den Sachverhalt bis zu einem gewissen Grad mit eigenen Mitteln abzuklären. Die Parteien sind aber nicht davon befreit, bei der Feststellung des entscheidwesentlichen Sachverhalts aktiv mitzuwirken.

3.4.6 Glaubhaftmachung

Art. 6 GlG bestimmt, dass bezüglich der Aufgabenzuteilung, Gestaltung der Arbeitsbedingungen, Entlöhnung, Aus- und Weiterbildung, Beförderung und Entlassung eine Diskriminierung vermutet wird, wenn diese von der betroffenen Person glaubhaft gemacht wird. Das bedeutet nicht, dass reine Behauptungen genügen. Auch bei Beweislasterleichterung müssen Tatsachen angeführt werden, die eine Diskriminierung als wahrscheinlich erscheinen lassen. Diese beiden Erleichterungen gelten indes nicht in Bezug auf die Anstellungsdiskriminierung gemäss Art. 3 Abs. 2 GlG sowie auf die Diskriminierung durch sexuelle Belästigung gemäss Art. 4 GlG des Gleichstellungsgesetzes.

3.4.7 Wiedereinstellung

Wiedereinstellung: Während das Obligationenrecht für Fälle von missbräuchlicher Kündigung und das Gleichstellungsgesetz für diskriminierende Kündigungen die Geltendmachung einer Entschädigung vorsehen, gibt es im Gleichstellungsgesetz zusätzlich die Möglichkeit, bei Vorliegen einer Rachekündigung die Wiedereinstellung zu verlangen und gerichtlich durchzusetzen (siehe hierzu die Ausführungen in Ziff. 3.1).

3.5 Das Verbandsklagerecht

Als Spezialität sieht das Gleichstellungsgesetz ein sogenanntes Verbandsklagerecht vor (Art. 7 GlG). Demnach können Organisationen, die nach ihren Statuten die Gleichstellung von Frau und Mann fördern oder die Interessen der Arbeitnehmerinnen und Arbeitnehmer wahren und seit mindestens zwei Jahren bestehen, im eigenen Namen feststellen lassen, dass eine Diskriminierung vorliegt, wenn der Ausgang des Verfahrens sich voraussichtlich auf eine grössere Zahl von Arbeitsverhältnissen auswirken wird. Sie müssen der betroffenen Arbeitgeberin oder dem betroffenen Arbeitgeber Gelegenheit zur Stellungnahme geben, bevor sie eine Schlichtungsstelle anrufen oder eine Klage einreichen. Dieses Verbandsklagerecht hat den Vorteil, dass sich die einzelnen Arbeitnehmer nicht mit langwierigen Gerichtsverfahren auseinandersetzen, müssen. Der Nachteil liegt aber darin, dass mit der Verbandsklage nur eine Feststellung erwirkt werden kann.

3.6 Lohngleichheitsanalyse

Ab dem 1. Juli 2020 werden – zur Förderung der seit Langem angestrebten Lohngleichheit (gleicher Lohn für gleiche Arbeit) – grössere Unternehmen verpflichtet, eine Lohngleichheitsanalyse durchzuführen. Das Gesetz gilt für die Dauer von zwölf Jahren (sog. Sunset-Klausel).

3.6.1 Pflicht zur Lohngleichheitsanalyse

Öffentlich-rechtliche wie privatrechtliche Arbeitgebende, die am Anfang eines Kalenderjahrs 100 oder mehr Arbeitnehmer und Arbeitnehmerinnen beschäftigen, müssen also für dasselbe Jahr eine betriebsinterne Analyse zur Lohngleichheit durchführen (Art. 13a Abs. 1 GlG). Die Zählung geht nach Köpfen und nicht etwa nach Anzahl Vollzeitäquivalenten, wobei Lernende nicht als Arbeitnehmende in diesem Sinne zu verstehen sind. Das Arbeitspensum der Mitarbeiter ist also nicht relevant.

Grundsätzlich gilt jene natürliche oder juristische Person als Arbeitgeberin oder Arbeitgeber, die oder der Anspruch auf die Leistung aus dem Arbeitsverhältnis hat und entsprechend aus dem Arbeitsvertrag verpflichtet ist, also insbesondere den Lohn bezahlt. Im Rahmen des Personalverleihs sind die Verleihfirmen als Arbeitgeberinnen zu betrachten.

Die Lohngleichheitsanalyse muss im Grundsatz alle vier Jahre wiederholt werden. Fällt die Zahl der massgebenden Arbeitnehmenden in diesem Zeitraum unter 100, muss die Analyse erst wieder durchgeführt werden, wenn die Voraussetzungen, also 100 Arbeitnehmende per Anfang Jahr, wieder erfüllt sind. Zeigt die Analyse, dass die Lohngleichheit eingehalten ist (es ist unseres Erachtens von einer Toleranzschwelle von 5% auszugehen [vgl. auch Lambert/Rabaeus/Bircher, in: GesKR 4/2019, S. 621]), werden die Arbeitgebenden von der Pflicht befreit.

Der Bund stellt dafür das Lohngleichheitsinstrument «Logib» kostenlos zur Verfügung. Arbeitgebende sind aber frei, ein anderes Tool zu verwenden. Die Lohngleichheitsanalyse muss jedenfalls nach einer wissenschaftlichen und rechtskonformen Methode durchgeführt werden.

Bei der Frage, ob ein Unternehmen 100 Personen beschäftigt, ist bei einem Konzern – vorbehältlich eines Rechtsmissbrauchs – jeweils auf die einzelnen Tochtergesellschaften und nicht etwa auf den Konzern abzustellen. Jede Tochtergesellschaft, welche 100 Personen beschäftigt, hat eine Analyse durchzuführen, und diese ist im Anhang zur Konzernrechnung zu veröffentlichen, sofern die Muttergesellschaft börsenkotiert ist.

3.6.2 Logib

Logib ist das Standard-Analyse-Tool des Bundes für Lohngleichheitsanalysen. Es ist kostenlos, anonym, sicher und einfach in der Anwendung. Logib basiert auf einer durch unabhängige Dritte bestätigten wissenschaftlichen und rechtskonformen Methode.

Das Kontrollinstrument Logib stützt sich auf die Methode der Regressionsanalyse. Bei Logib werden verschiedene objektive Faktoren berücksichtigt, die Einfluss auf den Lohn haben (können): einerseits personenbezogene Daten (Alter, Geschlecht, Dienstjahre, Ausbildung), andererseits arbeitsplatzbezogene Daten (Funktion, betriebliches Kompetenzniveau, berufliche Stellung). Dabei wird ermittelt, ob sich das Geschlecht auf den Lohn auswirkt, wobei die Leistung der Arbeitnehmenden nicht berücksichtigt wird.

3.6.3 Ausnahmen

Von einer Lohngleichheitsanalyse sind Arbeitgebende befreit, wenn

- sie in einem Verfahren zur Vergabe eines öffentlichen Auftrags einer Kontrolle über die Einhaltung der Lohngleichheit unterliegen;
- sie bei einem Antrag auf Gewährung von Subventionen einer solchen Kontrolle unterliegen oder
- bei ihnen bereits eine solche Kontrolle durchgeführt wurde, die nachgewiesen hat, dass die Firma die Anforderungen erfüllt – sofern die Kontrolle nicht länger als vier Jahre zurückliegt.

Zudem sind Arbeitgeberinnen, bei denen die Lohngleichheit eingehalten ist, von der Lohngleichheitsanalyse befreit. Zeigt also eine bei einer Arbeitsgeberin durchgeführte Lohngleichheitsanalyse, dass die Lohngleichheit im Unternehmen eingehalten ist, wird sie in Zukunft von der Analysepflicht befreit.

3.6.4 Überprüfung

Private Arbeitgebende müssen die von ihnen durchgeführte Lohngleichheitsanalyse von einer unabhängigen Stelle überprüfen lassen. Dafür können sie wählen zwischen

- einem Revisionsunternehmen mit einer Zulassung nach dem Revisionsaufsichtsgesetz,
- einer Organisation, die die Gleichstellung von Frau und Mann gemäss ihren Statuten fördert oder die Interessen der Arbeitnehmerinnen und Arbeitnehmer wahrt und seit mindestens zwei Jahren besteht (in diesem Fall muss der Arbeitgebende mit der relevanten Stelle eine Vereinbarung über das Vorgehen abschliessen), oder
- einer Arbeitnehmendenvertretung gemäss dem Mitwirkungsgesetz.

Arbeitgebende müssen nicht zwingend ihre gesetzliche Revisionsstelle gemäss Handelsregister beiziehen, sondern können ein anderes qualifiziertes Revisionsunternehmen mit der Prüfung beauftragen. Auch hier gilt das Revisionsgeheimnis nach Art. 730b Abs. 2 OR. Zudem darf eine Revisionsgesellschaft, die bei der Erstellung der Lohngleichheitsanalyse mitgewirkt hat, diese nicht prüfen (Zitat des Bundesamts für Justiz: Die Überprüfung der Lohngleichheitsanalyse durch eine Revisorin oder einen Revisor, die oder der vorgängig bei der Lohngleichheitsanalyse beratend mitgewirkt hat [Vorbereitung, Ausführung etc.], stellt einen Verstoss gegen das Selbstüberprüfungsverbot bzw. die aufsichtsrechtlichen Berufspflichten [Art. 4 Abs. 1 und Art. 5 Abs. 1 Bst. a RAG] dar, der zum Entzug der Zulassung führen könnte [vgl. Urteil des Bundesgerichts Nr. 2C_487/2016 vom 23. November 2016 E. 2.2 betreffend Interessenkonflikt und fehlende Objektivität bei der Prüfung eines Gründungsberichts]).

Wird ein Revisionsunternehmen mit der Prüfung der Lohngleichheitsanalyse beauftragt, muss der Arbeitgebende diesem alle Unterlagen übergeben und alle Auskünfte erteilen, die das Beratungsunternehmen für die Erfüllung der Überprüfung benötigt. Das Revisionsunternehmen überprüft (nur), ob die Lohngleichheitsanalyse formell korrekt durchgeführt wurde. Dabei handelt es sich um eine formelle Prozessüberprüfung in standardisierter Form und nicht um eine materielle Prüfung, ob es im Unternehmen ein Problem mit der Lohngleichheit gibt. Innerhalb eines

Jahres nach Durchführung der Analyse muss der Prüfbericht der Unternehmensleitung vorgelegt werden.

Soll die Überprüfung durch eine Arbeitnehmenden- oder Gleichstellungsorganisation durchgeführt werden, sprechen sich die Parteien über das Vorgehen bei der Überprüfung und der Berichterstattung zuhanden der Leitung des Unternehmens ab. Bei öffentlich-rechtlich angestellten Arbeitnehmenden regelt die zuständige öffentliche Hand (Bund oder Kanton) die Durchführung der Überprüfung der Lohngleichheitsanalyse.

3.6.5 Information

Die von der Pflicht zur Lohngleichheitsanalyse betroffenen Arbeitgeberinnen müssen ihre Arbeitnehmenden spätestens ein Jahr nach Abschluss der Überprüfung schriftlich über das Ergebnis der Lohngleichheitsanalyse informieren. Zusätzlich veröffentlichen Gesellschaften, deren Aktien an einer Börse kotiert sind, das Ergebnis der Analyse im Anhang der Jahresrechnung. Arbeitgebende im öffentlich-rechtlichen Sektor müssen die einzelnen Ergebnisse der Lohngleichheitsanalyse und der Überprüfung ebenfalls veröffentlichen.

Die Resultate der Analyse sind aber bei keiner Behörde einzureichen.

3.6.6 Sanktionen

Wird – trotz gegebener Voraussetzungen – keine Lohngleichheitsanalyse durchgeführt, sieht das GlG keine direkte Sanktion vor. Offenbar wird das Risiko eines möglichen Reputationsverlusts als genügend angesehen, damit Grossunternehmen eine Lohngleichheitsanalyse durchführen. Zudem könnte es sein, dass das Fehlen solcher Analysen zu einem Mehr an Gerichtsprozessen, basierend auf dem GlG, gegen einschlägige Arbeitgeberinnen führt.

Fehlt eine Lohngleichheitsanalyse oder zeigt eine Lohngleichheitsanalyse, dass Lohnunterschiede zwischen männlichen und weiblichen Angestellten vorhanden sind, bedeutet das aber nicht automatisch, dass eine Lohngleichheitsklage automatisch von Erfolg beschieden wäre. Stets wird vor Gericht der Einzelfall betrachtet. Insbesondere können Alter, Dienstjahre, Ausbildung und ähnliche Faktoren, aber auch arbeitsplatzbezogene Daten (Funktion, betriebliches Kompetenzniveau, berufliche

Stellung) und Leistung unterschiedliche Entlöhnung (sachgerecht) begründen.

4. Schutz vor sexueller Belästigung am Arbeitsplatz

Verschiedene rechtliche Bestimmungen schützen Arbeitnehmer und Arbeitnehmerinnen vor sexueller Belästigung. So schreibt Art. 328 OR grundsätzlich vor, dass die Arbeitgebende im Rahmen ihrer Fürsorgepflicht sexueller Belästigung vorzubeugen und dafür zu sorgen hat, dass einem Opfer keine weiteren Nachteile entstehen. Das GlG soll zudem insbesondere vor Diskriminierung aufgrund des Geschlechts schützen. Die sexuelle Belästigung wird als Diskriminierung angesehen und gleich definiert. Als sexuelle Belästigung gilt jedes belästigende Verhalten sexueller Natur oder ein anderes Verhalten aufgrund der Geschlechtszugehörigkeit, das die Würde von Frauen und Männern am Arbeitsplatz beeinträchtigt. Dabei kommt es nicht darauf an, ob das Verhalten während der Arbeit oder bei einem Betriebsausflug stattfindet. Bei der Beurteilung kommt es auch nicht auf die Absicht der handelnden Person an, sondern wie das Verhalten bei der betroffenen Person wahrgenommen wird, wobei eine objektivierte Betrachtungsweise angewendet wird. Weitere Schutzvorschriften beinhaltet das Arbeitsgesetz, wobei es hier primär um die Gesundheit der Arbeitnehmenden geht.

4.1 Beispiele sexueller Belästigung

Wie die nachfolgende Auflistung von Beispielen zeigt, gibt es verschiedene Stufen von sexueller Belästigung. Als sexuelle Belästigung gelten etwa:

- anzügliche und zweideutige Bemerkungen über das Äussere
- sexistische Bemerkungen oder Witze über sexuelle Merkmale, sexuelles Verhalten und die sexuelle Orientierung von Frauen und Männern
- Vorzeigen von pornografischem Material
- unerwünschte Einladungen mit eindeutiger Absicht
- unerwünschte Körperkontakte
- sexuelle Übergriffe, Nötigung oder Vergewaltigung

4.2 Pflichten von Arbeitgebenden – Rechte des Betroffenen

Der Schutz vor sexueller Belästigung gehört gemäss Art. 328 OR zur Sorgfaltspflicht von Arbeitgebenden. Dieser umfasst zum einen Massnahmen der Prävention und zum anderen das Eingreifen, wenn ein Fall von sexueller Belästigung vorliegt. Der Arbeitgebende muss insbesondere dafür sorgen, dass Arbeitnehmerinnen und Arbeitnehmer nicht sexuell belästigt werden und dass Opfern von sexuellen Belästigungen keine weiteren Nachteile entstehen. Unterlassung kann Schadenersatz oder auch Genugtuungsansprüche zur Folge haben.

Bei einer Diskriminierung durch sexuelle Belästigung gemäss GlG sieht dieses vor (Art. 5 Abs. 3 GlG), dass die betroffene Person Anspruch auf eine Entschädigung von der Arbeitgeberin (nicht von der belästigenden Person) hat, wenn die Arbeitgeberin nicht beweist, dass sie Massnahmen getroffen hat, die zur Verhinderung sexueller Belästigungen nach der Erfahrung notwendig und angemessen sind und die ihr zugemutet werden können. Diese Bestimmung zwingt die Arbeitgeberin, konkret Massnahmen zur Verhinderung von sexueller Belästigung zu ergreifen.

Damit Arbeitgebende ihren Pflichten zur Verhinderung sexueller Belästigung nachgekommen sind, ist es empfehlenswert, dass sie Merkblätter und Weisungen über nicht tolerierbares Verhalten erlassen. Die Merkblätter betreffend sexuelle Belästigung, welche allen Mitarbeitenden zur Kenntnis zu bringen sind, sollten mindestens die folgenden Punkte beinhalten:

- Erklärung der Unternehmensleitung, dass sie sexuelle Belästigung am Arbeitsplatz nicht duldet
- Definition von sexueller Belästigung
- Unterstützungsangebot für Mitarbeitende, die sich belästigt fühlen
- Hinweis auf Sanktionen, die gegen die belästigende Person ergriffen werden

Hinweise auf sexuelle Belästigungen müssen immer ernst genommen werden. Die Unternehmensleitung oder die von ihr betraute Fachperson müssen bei einem Verdacht oder einer Beschwerde rasch, diskret und fair Abklärungen vornehmen. Sollte die Untersuchung eines Falls notwendig werden, muss die belästigte Person eine Beschwerde hinterlegen. Damit gibt sie ihr Einverständnis, dass ein formelles Verfahren eröffnet wird.

4.3 Gerichtliches Vorgehen

Sofern mit den entsprechenden Stellen keine betriebsinterne Lösung gefunden werden kann, hat jede Person, die durch eine sexuelle Handlung im Sinne des GlG diskriminiert wird, die Möglichkeit, kostenlos die zuständige kantonale Schlichtungsbehörde für Gleichstellungsfragen zu involvieren. Die Schlichtungsbehörde versucht dann, zwischen der Arbeitgeberin und der durch die sexuelle Belästigung diskriminierten Person zu vermitteln.

Kann keine Einigung erzielt werden, kann die belästigte Person das Gericht anrufen. Aufgrund von Art. 5 GlG kann beantragt werden, dass eine Diskriminierung – wie sie die sexuelle Belästigung darstellt – festgestellt und beseitigt bzw. in Zukunft unterlassen wird. Zusätzlich kann die Arbeitgeberin zur Zahlung einer Entschädigung gemäss Art. 5 Abs. 3 GlG sowie von Schadenersatz und Genugtuung verurteilt werden.

Das Gleichstellungsgesetz schafft zudem einen gewissen Kündigungsschutz während der Dauer von innerbetrieblichen Verfahren, Schlichtungs- und Gerichtsverfahren. Der Kündigungsschutz endet sechs Monate nach Beendigung der entsprechenden Verfahren. So ist die Kündigung des Arbeitsverhältnisses anfechtbar, wenn sie ohne begründeten Anlass auf eine innerbetriebliche Beschwerde über eine Diskriminierung oder auf die Anrufung der Schlichtungsstelle oder des Gerichts folgt. Das Gericht kann die provisorische Wiedereinstellung für die Dauer des Verfahrens anordnen, wenn es wahrscheinlich erscheint, dass die Voraussetzungen für die Aufhebung der Kündigung erfüllt sind. Alternativ kann während des Verfahrens auf die Weiterführung des Arbeitsverhältnisses verzichtet und stattdessen eine Entschädigung nach Art. 336a OR durch den Arbeitnehmer oder die Arbeitnehmerin geltend gemacht werden.

Sanierung von Unternehmen

Giorgio Meier-Mazzucato, ist Jurist, Fachmann im Finanz- und Rechnungswesen mit eidg. Fachausweis, eidg. dipl. Treuhandexperte und eidg. dipl. Steuerexperte. Er ist einerseits Gründer und geschäftsführender Partner einer Treuhandgruppe, wo er sich seit vielen Jahren theoretisch und praktisch mit unterschiedlichen Unternehmensbewertungen befasst, und andererseits Dozent für Unternehmensbewertung, Unternehmenssteuerrecht sowie Rechnungslegungs- und Umstrukturierungsrecht bei verschiedenen Bildungsorganisationen. Last, but not least ist er Bezirksrichter am Zivil- und Strafgericht Aarau.

Inhaltsverzeichnis

Vorbemerkung 204

1.	**Begriffe**	204
1.1	Unternehmen und KMU	204
1.2	Sanierung	205
1.3	Krise bzw. finanzielle Notlage	205
2.	**Ursachen, die zur Notwendigkeit einer Sanierung führen**	206
3.	**Begriff der Unterbilanz und der Überschuldung**	207
3.1	Die buchhalterische Unterteilung der Unterbilanz	208
3.2	Die handelsrechtliche Unterteilung der Unterbilanz	211
4.	**Durchführung einer Sanierung**	217
4.1	Sanierung als Problemlösungszyklus	217
4.2	Weitere Voraussetzungen einer erfolgreichen Sanierung	217
5.	**Die Sanierungsarten und -formen bzw. –massnahmen**	218
5.1	Die bilanzielle Sanierung	219
5.2	Die finanzielle Sanierung	226
5.2.1	Spezialformen der finanziellen Sanierung	228
5.2.2	Besserungsschein und Sanierungsgenussschein	228
5.2.3	Überbrückungskredit	230
5.3	Die organisatorische Sanierung	230
5.3.1	Personalmassnahmen	231
5.3.2	Investitionsaufschub	233
5.3.3	Reduktion bzw. Aufgabe Betriebs- und Verwaltungsräumlichkeiten sowie Aufgabe Standorte	233
5.3.4	Weitere Sanierungsmöglichkeiten für KMU anstelle von Konkurs oder Zwangsliquidation	234
5.3.5	Auffanggesellschaft	235
5.3.6	Was ist zu beachten bei Übertragung von Aktiven an neue Gesellschaft?	237
6.	**Die Sanierungsbilanz und das Sanierungskonto**	238
7.	**Überschuldungsprüfung und Sanierungsplan, Vorgehen der Revisionsstelle bei Überschuldung**	239
8.	**Steuerfolgen der Sanierungsmassnahmen**	241
8.1	Steuerfolgen aus Sicht des zu sanierenden Unternehmens	241
8.2	Steuerfolgen aus Sicht der Beteiligten	248
8.3	Sanierungsmassnahmen bei Tochter- und Schwestergesellschaften	252
8.4	Sanierungsfusion mit Tochter- und Schwestergesellschaften	254

9.	**Fragen und Aufgaben**	256
9.1	Die Pauper AG sanieren	256
9.2	Müllerhofer AG – Sanierung	258

Literatur und Materialien ... 261

Vorbemerkung

Dieser Beitrag gibt einen kurzen Überblick über Krisensymptome und -ursachen, richtiges Handeln in der Unternehmenskrise, Sanierungsgrundsätze hinsichtlich verschiedener Aspekte und zeigt einzelne Schritte und Möglichkeiten von Sanierungsmassnahmen.

Er erhebt keineswegs Anspruch auf Vollständigkeit. Für weiterführende Darstellungen sei hiermit auf die entsprechende Literatur verwiesen.

Der Beitrag ist, soweit sinnvoll, geschlechtsneutral formuliert. Um die Lesbarkeit nicht zu erschweren, werden Begriffe wie Übergeber, Übernehmer, Unternehmer usw. mehrheitlich in der männlichen Form geführt. Selbstverständlich und natürlich ist die jeweilige weibliche Form ebenfalls gemeint.

1. Begriffe

1.1 Unternehmen und KMU

Es gibt verschiedene Definitionen für den Begriff Unternehmen. (siehe dazu m.w.H. Giorgio Meier-Mazzucato, Entgeltliche Unternehmensnachfolge von KMU, S. 5 ff.). Für diese Arbeit wird folgende Definition verwendet:

Ein Unternehmen ist ein selbstständiger, in sich geschlossener wirtschaftlicher Organismus, der örtlich nicht konzentriert sein muss und unter Einsatz der Produktionsfaktoren primär zur Fremdbedarfsdeckung und mit der Absicht der Gewinnerzielung wirtschaftliche Werte erzeugt[1] sowie gegebenenfalls nichtbetriebliches Vermögen umfasst und damit zusammenhängende Aufwendungen und Erträge hat.

Analog verhält es sich mit der Begriffsbestimmung der KMU (siehe auch hierzu m.w.H. Giorgio Meier-Mazzucato, S. 12 ff.). Für diese Arbeit macht es Sinn, den Begriff der KMU gemäss der Definition von Art. 2 Bst. e FusG zu verwenden, wonach es sich um KMU[2] handelt, wenn zwei der nachfolgenden Grössen nicht überschritten werden:

---

[1] Ein Unternehmen erzeugt wirtschaftliche Werte, indem es Produkte gewinnt, herstellt und verkauft oder handelt oder Dienstleistungen erbringt.

[2] Anders als in Art. 2 Bst. b i. V. m. Bst. e FusG umfasst der Begriff kleine und mittlere Unternehmen in diesem Beitrag nicht nur Gesellschaften, sondern auch Einzelunternehmen.

- Bilanzsumme von CHF 20 Mio.
- Umsatzerlös von CHF 40 Mio.
- 200 Vollzeitstellen im Jahresdurchschnitt

1.2 Sanierung

> **Sanierung**
> Sanierung kommt aus dem *Lateinischen* und heisst *zu Deutsch: Gesundung oder Heilung*. Sanierung *im Zusammenhang mit Unternehmungen* bedeutet also die *Gesundung oder Heilung* von «kranken» Unternehmungen.

Die Sanierung von Unternehmen kann in einem weiteren und engeren Sinn verstanden werden.

> **Sanierung im weiteren und engeren Sinn**
> - **Sanierung im weiteren Sinn**
>   Darunter werden alle *bilanziellen, finanziellen und organisatorischen Massnahmen* zur *Wiederherstellung* des durch Verluste angegriffenen *Eigenkapitals* einer Unternehmung verstanden.
> - **Sanierung im engeren Sinn**
>   Darunter wird die *Gesamtheit der finanziellen Massnahmen* zur *Wiederherstellung* des *finanziellen Gleichgewichts* eines Unternehmens verstanden.

Unternehmenskrisen werden durch konjunkturelle, strukturelle oder führungsmässige Schwierigkeiten ausgelöst und bewirken folglich eine finanzielle Notlage.

1.3 Krise bzw. finanzielle Notlage

Wie äussert sich für ein Unternehmen eine Krise bzw. eine finanzielle Notlage? Sie äussert sich in der Regel durch:

Ursachen führen zu	Wirkung der Äusserung der Ursachen
Illiquidität	Die zur Verfügung stehenden *liquiden Mittel reichen nicht mehr für* eine *fristgerechte Begleichung* der *Verbindlichkeiten*. In der Finanz- und Betriebswirtschaft wird die Liquidität als der *«Atem» eines Unternehmens* bezeichnett (siehe dazu Art. 725 nOR).
Mangelnde Rentabilität	Die *Rentabilität* (Reingewinn im Verhältnis zum Kapital) ist *zu gering*. Es wurden *zu kleine Gewinne oder gar Verluste* erzielt. In der Finanz- und Betriebswirtschaft wird die Rentabilität als die *«Nahrung» eines Unternehmens* bezeichnet.

Ursachen führen zu	Wirkung der Äusserung der Ursachen
Kapitalverlust und Überschuldung	Beim Kapitalverlust ist das Eigenkapital zum Teil verloren, indem die Aktiven abzüglich der Verbindlichkeiten die Hälfte der Summe aus Grundkapital, nicht an die Beteiligten zurückzahlbarer Kapitalreserve und Gewinnreserve nicht mehr decken (siehe dazu Art. 725a nOR). Die Überschuldung zeigt sich dadurch, dass die Aktiven das Fremdkapital nicht mehr voll decken. Mit anderen Worten ist das Eigenkapital vollständig verloren (siehe dazu Art. 725b nOR).
Falsche Finanzierung	Das *Fremd- und Eigenkapitalverhältnis entspricht nicht* der *Aktivseite*. Die goldene Bilanzregel und die goldene Finanzierungsregel sind nicht eingehalten.

2. Ursachen, die zur Notwendigkeit einer Sanierung führen

Die Ursachen, die zur Notwendigkeit einer Sanierung führen, sind einerseits gemachte Fehler, die sich das notleidende Unternehmen selber zurechnen muss, und andererseits äussere Umstände, die sich negativ auf die wirtschaftliche und finanzielle Situation des Unternehmens auswirken. Demgemäss wird wie folgt unterschieden:

- interne Ursachen (endogen)
- externe Ursachen (exogen)

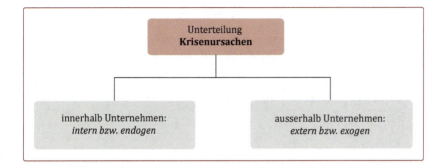

Die Kenntnis der Krisenursachen ist Voraussetzung für die erfolgreiche Sanierung. Eine entsprechende Analyse hat der Sanierung vorauszugehen.

Die nachstehende Tabelle zeigt einige der wichtigsten internen und externen Krisenursachen (siehe für Details die jeweils aktuelle Untersuchung von Jürgen Hauschildt, Sanierungsstrategien, empirisch-qualitative Untersuchung zur Bewältigung schwerer Unternehmenskrisen).

Interne Ursachen	Externe Ursachen
• *Führungsmängel* (Schönwetterkapitäne, Informationsmängel usw.)* • *falsche Markteinschätzung** • *Finanzierungsfehler** • Unter- und Überkapazitäten • falsche Organisation • mangelhaftes Finanz- und Rechnungswesen • fehlende Rationalisierungsmassnahmen • technologischer Stillstand (zu geringes Investitionsvolumen) • einseitiger Absatz • falsche Personalstruktur	• unerwartete grosse Krisen • Währungszerfall • Dumping • unerwarteter Marktzusammenfall • unerwartete Richtungsänderung der Mode, des Trends • Wettbewerbsverzerrungen (z. B. durch Steuern) • neue Erfindungen
* **Häufigste Ursachen** gemäss Hauschildt	

3. Begriff der Unterbilanz und der Überschuldung

Unterbilanz kann als übergreifender Begriff verstanden werden, der sich weiter in eine Unterbilanz im engeren Sinne, d. h. ohne Überschuldung, und eine Unterbilanz mit Überschuldung unterteilen lässt.

> **Unterbilanz**
>
> *Umfassend* (im weiteren Sinne) kann die Unterbilanz umschrieben werden als die *Situation, in der die Aktiven die Passiven nicht mehr decken.*

Die *Unterbilanz* ist dann *ohne Überschuldung,* wenn

- der *Bilanzverlust kleiner* als das *übrige Eigenkapital* ist oder umgekehrt,
- das *Fremdkapital kleiner* als die *Aktiven,* aber das Grundkapital, nicht an die Beteiligten zurückzahlbare Kapitalreserve und Gewinnreserve *nicht mehr voll gedeckt* sind.

Die *Unterbilanz* ist eine *Überschuldung,* wenn

- der *Bilanzverlust grösser* als das *Eigenkapital* ist oder umgekehrt,
- das *Fremdkapital grösser* als die *Aktiven* ist.

Siehe in diesem Zusammenhang als aktienrechtliche Bestimmung zu Unterbilanz bzw. Kapitalverlust und Überschuldung Art. 725 Abs. 1 und 2 OR bzw. Art. 725a und 725b nOR, welche nebst für Aktiengesellschaften auch für GmbHs und Genossenschaften gelten. Zu erwähnen ist, dass Art. 725 OR und Art. 725a ff. nOR auch unter dem neuen Rechnungslegungsrecht (Änderung vom 23. Dezember 2011 und in Kraft gesetzt auf 1. Januar 2013) bestehen bleiben. Siehe zu diesen Bestimmungen selbst und weiteren Ausführungen dazu unten Kapitel 3.2: Die handelsrechtliche Unterteilung der Unterbilanz.

3.1 Die buchhalterische Unterteilung der Unterbilanz

Die Unterteilung der Unterbilanz in

- *offen,*
- *verdeckt,*
- *echt,*
- *unecht*

wird in der Folge anhand von einfachen Bilanzen bestimmt, wobei diese Kriterien einzeln und kombiniert vorkommen können.

Fall 1: Offener, echter Kapitalverlust

Aktiven		Passiven	
	in CHF		in CHF
Umlaufvermögen	100 000.-	Fremdkapital	160 000.-
Anlagevermögen	70 000.-	Grundkapital	40 000.-
		Bilanzverlust	-30 000.-
	170 000.-		170 000.-

Was für eine Unterbilanz zeigt sich hier und weshalb?

Es handelt sich um einen offenen, echten Kapitalverlust. Die Hälfte des Grundkapitals und der gesetzlichen Reserven ist nicht mehr gedeckt – nach Art. 725a Abs. 1 nOR sind es Aktienkapital, nicht an die Aktionäre zurückzahlbare gesetzliche Kapitalreserve und gesetzliche Gewinnreserve. Gemäss Art. 725 Abs. 1 OR bzw. Art. 725a Abs. 1 nOR muss durch den Verwaltungsrat eine Generalversammlung einberufen und es müssen ihr Sanierungsmassnahmen beantragt werden.

Neu gemäss Art. 725a Abs. 2 nOR ist, dass in dem Fall, da die Gesellschaft keine Revisionsstelle hat, die letzte Jahresrechnung vor ihrer Genehmigung durch die Generalversammlung überdies einer eingeschränkten Revision durch einen zugelassenen Revisor unterzogen werden muss, wobei der Verwaltungsrat den zugelassenen Revisor ernennt. Diesbezüglich dürfte sich insofern eine gewisse Schwierigkeit zeigen, indem Revisoren tendenziell zu einer gewissen Vorsicht bei der Annahme eines Mandats neigen, weshalb es unter Umständen nicht ganz einfach sein könnte, einen solchen zu finden und zu mandatieren. Es dürfte im Hinblick auf die zunehmend statuierten Spezial- bzw. Auftragsrevisionen zu überlegen sein, ob eine Aktiengesellschaft ein allfälliges Opting-out wieder aufgeben sollte.

Umgangen werden kann die soeben erwähnte Revisionspflicht, wenn der Verwaltungsrat ein Gesuch um Nachlassstundung einreicht (Art. 725a Abs. 3 nOR).

Fall 2: Verdeckter, echter Kapitalverlust

Aktiven		Passiven	
	in CHF		in CHF
Umlaufvermögen	100 000.-	Fremdkapital	150 000.-
Anlagevermögen	90 000.-	Grundkapital	40 000.-
		Bilanzgewinn	0.-
	190 000.-		190 000.-

Das Anlagevermögen ist um CHF 20 000.– über- und das Fremdkapital um CHF 10 000.– unterbewertet.

Was für eine Unterbilanz zeigt sich hier und weshalb?
Es handelt sich um einen verdeckten, aber echten Kapitalverlust von CHF 30 000.–. Es kommt zur Anwendung von Art. 725 Abs. 1 OR bzw. Art. 725a nOR, da die Hälfte des Grundkapitals und der gesetzlichen Reserven nicht mehr gedeckt ist.

Fall 3: Kein handelsrechtlicher Kapitalverlust

Aktiven		Passiven	
	in CHF		in CHF
Umlaufvermögen	150 000.-	Fremdkapital	150 000.-
Anlagevermögen	110 000.-	Grundkapital	100 000.-
		Reserven	50 000.-
		Bilanzverlust	–40 000.-
	260 000.-		260 000.-

Was für eine Unterbilanz zeigt sich hier und weshalb?
Es handelt sich um keinen Kapitalverlust, und der Bilanzverlust ist kleiner als die Hälfte des Grundkapitals und der gesetzlichen Reserven. Von Gesetzes wegen müssen daher keine Sanierungsmassnahmen vorgenommen werden.

Fall 4: Offener, unechter Kapitalverlust

Aktiven		Passiven	
	in CHF		in CHF
Umlaufvermögen	150 000.-	Fremdkapital	170 000.-
Anlagevermögen	90 000.-	Grundkapital	100 000.-
		Reserven	50 000.-
		Bilanzverlust	-80 000.-
	240 000.-		240 000.-

Das Anlagevermögen ist um CHF 20 000.– unter- und das Fremdkapital um CHF 20 000.– überbewertet.

Was für eine Unterbilanz zeigt sich hier und weshalb?

Es handelt sich um einen offenen, unechten Kapitalverlust. Effektiv besteht ein Bilanzverlust von CHF 40 000.–. Der effektive Bilanzverlust ist jedoch kleiner als die Hälfte des Aktienkapitals und der gesetzlichen Reserven. Von Gesetzes wegen müssen keine Sanierungsmassnahmen vorgenommen werden.

3.2 Die handelsrechtliche Unterteilung der Unterbilanz

Handelsrechtliche Bestimmungen zur Unterbilanz finden sich nur bei den Kapitalgesellschaften und der Genossenschaft. Die Personengesellschaften kennen keine entsprechenden Normen, da bei ihnen die Inhaber bzw. Gesellschafter, mit Ausnahme der Kommanditäre, für Schulden der Personenunternehmen persönlich und unbeschränkt haften (siehe dazu Art. 544 Abs. 3 OR für die einfache Gesellschaft, Art. 569 OR für die Kollektivgesellschaft und Art. 604 und 612 OR für die Kommanditgesellschaft).

In der Folge werden stellvertretend für alle Kapitalgesellschaften und die Genossenschaft die Bestimmungen des Aktienrechts für die Unterbilanz betrachtet. Wesentlich sind demgemäss die Art. 670, 671 Abs. 3, 725 und 725a OR, ab 2013 Art. 960b OR bzw. nach neuem Aktienrecht Art. 725, 725a ff. nOR:

Gemäss Art. 670 OR bzw. Art. 725c nOR besteht die Möglichkeit der Aufwertung bestimmter Bilanzpositionen bei Kapitalverlust.

> **Art. 670 OR bzw. Art. 725c nOR Aufwertung**
> → aufgeführt wird die neue Bestimmung
> ¹ Zur Behebung eines Kapitalverlusts nach Art. 725a oder einer Überschuldung nach Art. 725b dürfen Grundstücke und Beteiligungen, deren wirklicher Wert über die Anschaffungs- oder Herstellungskosten gestiegen ist, bis höchstens zu diesem Wert aufgewertet werden. Der Aufwertungsbetrag ist unter der gesetzlichen Gewinnreserve gesondert als Aufwertungsreserve auszuweisen.
> ² Die Aufwertung ist nur zulässig, wenn die Revisionsstelle oder, wenn eine solche fehlt, ein zugelassener Revisor schriftlich bestätigt, dass die gesetzlichen Bestimmungen eingehalten sind.
> ³ Die Aufwertungsreserve kann nur durch Umwandlung in Aktien- oder Partizipationskapital sowie durch Wertberichtigung oder Veräusserung der aufgewerteten Aktiven aufgelöst werden.

Art. 725 OR bzw. Art. 725a und 725b nOR geben dem Verwaltungsrat Handlungsanweisungen bei Kapitalverlust und Überschuldung.

> **Art. 725 OR bzw. Art. 725a und 725b nOR Anzeigepflichten bei Kapitalverlust und Überschuldung**
> → aufgeführt werden die neuen Bestimmungen, welche erheblich ausführlicher formuliert sind
>
> Art. 725a nOR Kapitalverlust
> ¹ Zeigt die letzte Jahresrechnung, dass die Aktiven abzüglich der Verbindlichkeiten die Hälfte der Summe aus Aktienkapital, nicht an die Aktionäre zurückzahlbarer gesetzlicher Kapitalreserve und gesetzlicher Gewinnreserve nicht mehr decken, so ergreift der Verwaltungsrat Massnahmen zur Beseitigung des Kapitalverlusts. Er trifft, soweit erforderlich, weitere Massnahmen zur Sanierung der Gesellschaft oder beantragt der Generalversammlung solche, soweit sie in deren Zuständigkeit fallen.
> ² Hat die Gesellschaft keine Revisionsstelle, so muss die letzte Jahresrechnung vor ihrer Genehmigung durch die Generalversammlung überdies einer eingeschränkten Revision durch einen zugelassenen Revisor unterzogen werden. Der Verwaltungsrat ernennt den zugelassenen Revisor.
> ³ Die Revisionspflicht nach Abs. 2 entfällt, wenn der Verwaltungsrat ein Gesuch um Nachlassstundung einreicht.
> ⁴ Der Verwaltungsrat und die Revisionsstelle oder der zugelassene Revisor handeln mit der gebotenen Eile.

> **Art. 725b nOR Überschuldung**
> ¹ Besteht begründete Besorgnis, dass die Verbindlichkeiten der Gesellschaft nicht mehr durch die Aktiven gedeckt sind, so erstellt der Verwaltungsrat unverzüglich je einen Zwischenabschluss zu Fortführungswerten und Veräusserungswerten. Auf den Zwischenabschluss zu Veräusserungswerten kann verzichtet werden, wenn die Annahme der Fortführung gegeben ist und der Zwischenabschluss zu Fortführungswerten keine Überschuldung aufweist. Ist die Annahme der Fortführung nicht gegeben, so genügt ein Zwischenabschluss zu Veräusserungswerten.

² Der Verwaltungsrat lässt die Zwischenabschlüsse durch die Revisionsstelle oder, wenn eine solche fehlt, durch einen zugelassenen Revisor prüfen; er ernennt den zugelassenen Revisor.

³ Ist die Gesellschaft gemäss den beiden Zwischenabschlüssen überschuldet, so benachrichtigt der Verwaltungsrat das Gericht. Dieses eröffnet den Konkurs oder verfährt nach Art. 173a SchKG.

⁴ Die Benachrichtigung des Gerichts kann unterbleiben:
- wenn Gesellschaftsgläubiger im Ausmass der Überschuldung im Rang hinter alle anderen Gläubiger zurücktreten und ihre Forderungen stunden, sofern der Rangrücktritt den geschuldeten Betrag und die Zinsforderungen während der Dauer der Überschuldung umfasst; oder
- solange begründete Aussicht besteht, dass die Überschuldung innert angemessener Frist, spätestens aber 90 Tage nach Vorliegen der geprüften Zwischenabschlüsse, behoben werden kann und dass die Forderungen der Gläubiger zusätzlich gefährdet werden.

⁵ Verfügt die Gesellschaft über keine Revisionsstelle, so obliegen dem zugelassenen Revisor die Anzeigepflichten der eingeschränkt prüfenden Revisionsstelle.

⁶ Der Verwaltungsrat und die Revisionsstelle oder der zugelassene Revisor handeln mit der gebotenen Eile.

Im Zusammenhang mit der Überschuldung gemäss Art. 725b Abs. 2 nOR zeigt sich die analoge Problematik wie beim Kapitalverlust (siehe dazu bereits oben die Hinweise zu Fall 1). Weiter verschärft sich die Situation, indem dem ernannten zugelassenen Revisor gemäss Art. 725b Abs. 5 nOR auch gleich die Anzeigepflichten der eingeschränkt prüfenden Revisionsstelle obliegen. Dass eine Mandatierung entsprechend schwierig sein dürfte, ist evident, und es verbleibt meines Erachtens einmal mehr, darauf hinzuweisen, Gesellschaften mit Opting-out dieses aufzugeben und eine Revisionsstelle zu wählen haben.

Der bisherige Art. 725a OR zur Eröffnung oder zum Aufschub des Konkurses entfällt indessen. Der Vollständigkeit halber wird er aber aufgeführt, solange er in Kraft ist.

Art. 725a OR Eröffnung oder Aufschub Konkurs

¹ Der Richter eröffnet auf die Benachrichtigung hin den Konkurs. Er kann ihn auf Antrag des Verwaltungsrates oder eines Gläubigers aufschieben, falls Aussicht auf Sanierung besteht; in diesem Falle trifft er Massnahmen zur Erhaltung des Vermögens.

² Der Richter kann einen Sachwalter bestellen und entweder dem Verwaltungsrat die Verfügungsbefugnis entziehen oder dessen Beschlüsse von der Zustimmung des Sachwalters abhängig machen. Er umschreibt die Aufgaben des Sachwalters.

³ Der Konkursaufschub muss nur veröffentlicht werden, wenn dies zum Schutze Dritter erforderlich ist.

Von erheblicher Bedeutung im Zusammenhang mit Aufwertungen ausserhalb von Art. 670 OR bzw. Art. 725c nOR ist die Möglichkeit gemäss Art. 960b OR, Aktiven mit Börsenkursen oder beobachtbaren Marktpreisen zu diesen Werten am Bilanzstichtag zu erfassen.

> **Art. 960b OR Aktiven mit beobachtbaren Marktpreisen**
>
> ¹ In der Folgebewertung dürfen Aktiven mit Börsenkurs oder einem anderen beobachtbaren Marktpreis in einem aktiven Markt zum Kurs oder Marktpreis am Bilanzstichtag bewertet werden, auch wenn dieser über dem Nennwert oder dem Anschaffungswert liegt. Wer von diesem Recht Gebrauch macht, muss alle Aktiven der entsprechenden Positionen der Bilanz, die einen beobachtbaren Marktpreis aufweisen, zum Kurs oder Marktpreis am Bilanzstichtag bewerten. Im Anhang muss auf diese Bewertung hingewiesen werden. Der Gesamtwert der entsprechenden Aktiven muss für Wertschriften und übrige Aktiven mit beobachtbarem Marktpreis je gesondert offengelegt werden.
>
> ² Werden Aktiven zum Börsenkurs oder zum Marktpreis am Bilanzstichtag bewertet, so darf eine Wertberichtigung zulasten der Erfolgsrechnung gebildet werden, um Schwankungen im Kursverlauf Rechnung zu tragen. Solche Wertberichtigungen sind jedoch nicht zulässig, wenn dadurch sowohl der Anschaffungswert als auch der allenfalls tiefere Kurswert unterschritten würden. Der Betrag der Schwankungsreserven ist insgesamt in der Bilanz oder im Anhang gesondert auszuweisen.

In der Folge werden einige Beispiele von handelsrechtlichen Bilanzen gezeigt, um die vorstehenden Ausführungen zu veranschaulichen.

Fall 1: Offener, echter Kapitalverlust

Aktiven		Passiven	
	in CHF		in CHF
Umlaufvermögen	150 000.–	Fremdkapital	190 000.–
Anlagevermögen	110 000.–	Aktienkapital	100 000.–
		Reserven	50 000.–
		Bilanzverlust	–80 000.–
	260 000.–		260 000.–

Hat diese Unterbilanz gesetzliche Folgen? Wie können die Reserven verwendet werden?

Es handelt sich um einen offenen, echten Kapitalverlust. Der Bilanzverlust ist grösser als die Hälfte des Aktienkapitals und der gesetzlichen Reserven, und es müssten Massnahmen gemäss Art. 725 Abs. 1 OR ergriffen werden (siehe Art. 725a Abs. 1 nOR, wonach die Hälfte der Summe aus Aktienkapital, nicht an die Aktionäre zurückzahlbarer gesetzlicher

Kapitalreserve und gesetzlicher Gewinnreserve die Aktiven abzüglich der Verbindlichkeiten decken müssen). Gemäss Art. 671 Abs. 3 OR darf die allgemeine Reserve, soweit sie die Hälfte des Aktienkapitals nicht übersteigt, zur Deckung von Verlusten oder für Massnahmen verwendet werden, die geeignet sind, in Zeiten schlechten Geschäftsgangs das Unternehmen durchzuhalten, der Arbeitslosigkeit entgegenzuwirken oder ihre Folgen zu mildern. Die analoge Bestimmung nach neuem Aktienrecht ist Art. 672 Abs. 2 nOR, wonach die gesetzliche Gewinnreserve zu äufnen ist, bis sie zusammen mit der gesetzlichen Kapitalreserve die Hälfte des im Handelsregister eingetragenen Aktienkapitals erreicht.

Nach der Verrechnung der Reserven mit dem Bilanzverlust verbleibt ein solcher von CHF 30 000.–, sodass der Kapitalverlust eliminiert ist und keine Sanierungsmassnahmen eingeleitet werden müssen.

Fall 2: Offener, echter Kapitalverlust

Aktiven		Passiven	
	in CHF		in CHF
Umlaufvermögen	90 000.–	Fremdkapital	150 000.–
Anlagevermögen	100 000.–	Aktienkapital	100 000.–
		Reserven	50 000.–
		Bilanzverlust	–110 000.–
	190 000.–		190 000.–

Hat diese Unterbilanz gesetzliche Folgen? Wie können die Reserven verwendet werden?

Es handelt sich um einen offenen, echten Kapitalverlust. Der Bilanzverlust ist grösser als die Hälfte des Aktienkapitals und der gesetzlichen Reserven, und es müssten Massnahmen gemäss Art. 725 Abs. 1 OR ergriffen werden (siehe Art. 725a Abs. 1 nOR, wonach die Hälfte der Summe aus Aktienkapital, nicht an die Aktionäre zurückzahlbarer gesetzlicher Kapitalreserve und gesetzlicher Gewinnreserve die Aktiven abzüglich der Verbindlichkeiten decken müssen). Gemäss Art. 671 Abs. 3 OR darf die allgemeine Reserve, soweit sie die Hälfte des Aktienkapitals nicht übersteigt, zur Deckung von Verlusten oder für Massnahmen verwendet werden, die geeignet sind, in Zeiten schlechten Geschäftsgangs das Unternehmen durchzuhalten, der Arbeitslosigkeit entgegenzuwirken oder ihre

Folgen zu mildern. Die analoge Bestimmung nach neuem Aktienrecht ist Art. 672 Abs. 2 nOR, wonach die gesetzliche Gewinnreserve zu äufnen ist, bis sie zusammen mit der gesetzlichen Kapitalreserve die Hälfte des im Handelsregister eingetragenen Aktienkapitals erreicht. Die gesetzliche Kapitalreserve darf nach Art. 671 Abs. 2 nOR an die Aktionäre zurückbezahlt werden, wenn die gesetzlichen Kapital- und Gewinnreserven, abzüglich des Betrags allfälliger Verluste, die Hälfte des im Handelsregister eingetragenen Aktienkapitals übersteigen.

Auch nach Verrechnung der Reserven mit dem Bilanzverlust verbleibt ein Kapitalverlust gemäss Art. 725 Abs. 1 OR von CHF 60 000.–, und es müssen entsprechende Sanierungsmassnahmen ergriffen werden.

Fall 3: Offene Überschuldung

Aktiven			**Passiven**
	in CHF		in CHF
Umlaufvermögen	90 000.–	Fremdkapital	220 000.–
Anlagevermögen	100 000.–	Aktienkapital	100 000.–
		Reserven	50 000.–
		Bilanzverlust	–180 000.–
	190 000.–		190 000.–

Hat diese Unterbilanz gesetzliche Folgen? Wie können die Reserven verwendet werden?

Es handelt sich um eine Überschuldung. Der Bilanzverlust ist grösser als das Aktienkapital und die gesetzlichen Reserven oder umgekehrt das Fremdkapital grösser als die Aktiven. Gemäss Art. 725 Abs. 2 OR bzw. Art. 725b nOR muss ein Zwischenabschluss zu Fortführungs- und Veräusserungswerten erstellt und diese einem zugelassenen Revisor zur Prüfung vorgelegt werden.

Die Verwendung der allgemeinen Reserve gemäss Art. 671 Abs. 3 OR bzw. Art. 671 Abs. 2 i. V. m. Art. 672 Abs. 3 nOR hat hier keine positiven Auswirkungen, da sie die Überschuldung nicht aufhebt.

Ist die Gesellschaft gemäss den beiden Zwischenabschlüssen überschuldet, so benachrichtigt der Verwaltungsrat gestützt auf Art. 725b Abs. 3 nOR das Gericht. Dieses eröffnet den Konkurs oder verfährt nach Art. 173a SchKG. Vorbehalten bleiben die Möglichkeiten gemäss Art. 725b Abs. 4 nOR.

4. Durchführung einer Sanierung

4.1 Sanierung als Problemlösungszyklus

Eine erfolgreiche Sanierung setzt voraus, dass die Vorgehensweise klar und strukturiert erfolgt. Aufgrund der Vielschichtigkeit und verschiedener Abhängigkeiten empfiehlt es sich, die Sanierung als Problemlösungszyklus zu organisieren. Siehe dazu die folgende Darstellung.

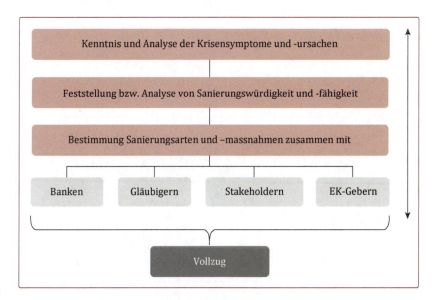

4.2 Weitere Voraussetzungen einer erfolgreichen Sanierung

Nebst Kenntnis der Krisenursachen ist eine grundlegende Voraussetzung für eine erfolgreiche Sanierung, dass *Sanierungswürdigkeit* und *Sanierungsfähigkeit* beim krisengebeutelten Unternehmen gegeben sind. Siehe dazu die folgende Darstellung.

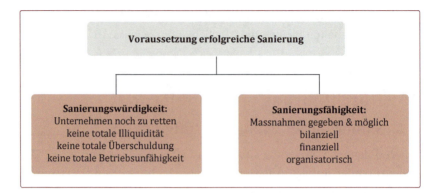

5. Die Sanierungsarten und -formen bzw. -massnahmen

Die Sanierungsmassnahmen im weiteren Sinne lassen sich strukturell unterteilen in Sanierungsarten und Sanierungsformen mit folgenden Inhalten.

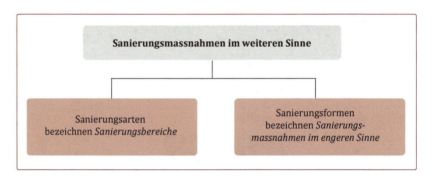

Die Sanierungsmassnahmen im weiteren Sinne können in bilanzielle, finanzielle und organisatorische Sanierung unterteilt und mit Sanierungsformen bzw. -massnahmen kombiniert werden.

Sanierungsarten	Sanierungsformen bzw. -massnahmen
bilanzielle Sanierung	• Kapitalherabsetzung • Aufwertung von Aktiven • Auflösung von stillen Reserven • Rangrücktritt
finanzielle Sanierung	• Veränderung des Eigenkapitals • Veränderung des Fremdkapitals
organisatorische Sanierung	• Personalstruktur • Betriebsorganisation • Finanz- und Rechnungswesen • usw.

Die einzelnen Sanierungsarten und -formen bzw. -massnahmen werden in der Folge im Detail kurz dargestellt und gleichzeitig die entsprechenden Buchungssätze gebildet.

5.1 Die bilanzielle Sanierung

Die bilanzielle Sanierung als eine der drei Sanierungsarten wird vielfach wegen des damit verbundenen geringen Aufwands und ihrer schnellen Wirkung als erste Massnahme ergriffen.

> **Bilanzielle Sanierung**
> Die *Charakteristik* der bilanziellen Sanierung liegt darin, dass *keine finanziellen Vorgänge* notwendig sind.
> Es sind nebst den für die Durchführung teilweise notwendigen organisatorischen Vorkehrungen *lediglich entsprechende Buchungen* zu treffen.

Nachfolgend werden die Formen und Massnahmen der bilanziellen Sanierung stichwortartig aufgeführt.

- **Kapitalherabsetzung (Art. 732–735 OR bzw. Art. 653j–653p nOR)**
    a) Generalversammlungsbeschluss mit Änderung der Statuten (Art. 732 Abs. 1 OR bzw. Art. 653j und 653o nOR)
    b) Revisionsbericht von zugelassenem Revisionsexperten (Art. 732 Abs. 2 OR bzw. Art. 653m OR)

c) Mindestaktienkapital CHF 100 000.– (Art. 732 Abs. 5 OR bzw. Art. 653j Abs. 3 nOR)
d) Nennwert pro Aktie bis auf 1 Rappen möglich (Art. 622 Abs. 4 OR) bzw. Nennwert grösser als null (Art. 622 Abs. 4 nOR)
e) Aufforderung, Befriedigung und Sicherstellung der Gläubiger (Art. 733 OR) nicht notwendig, wenn Kapitalherabsetzung kleiner als die Unterbilanz. Wird das Aktienkapital gemäss Art. 653p nOR zur teilweisen oder vollständigen Beseitigung einer durch Verluste entstandenen Unterbilanz herabgesetzt, und bestätigt ein zugelassener Revisionsexperte zuhanden der Generalversammlung, dass der Betrag der Kapitalherabsetzung den Betrag dieser Unterbilanz nicht übersteigt, so finden die Bestimmungen der ordentlichen Kapitalherabsetzung zur Sicherstellung von Forderungen, zum Zwischenabschluss, zur Prüfungsbestätigung und zu den Feststellungen des Verwaltungsrats keine Anwendung.

Beispielbuchungen (in CHF):

2800	Grundkapital	an	2970	Bilanzverlust	80 000.-
2800	Grundkapital	an	2950	Reserven	20 000.-

Zu erwähnen ist, dass die Buchungen allgemein über Sanierungskonto vorgenommen werden und hier aus Platzgründen direkt erfolgen (siehe zum Sanierungskonto unten Kapitel 6: Die Sanierungsbilanz und das Sanierungskonto).

- **Aufwertung bestimmter Aktiven (Art. 670 OR bzw. Art. 725c nOR)**

  Die bestehende Bestimmung zur besagten Aufwertung gemäss Art. 670 OR spricht lediglich von einem Kapitalverlust. Die analoge Anordnung gemäss Art. 725c nOR erfasst jedoch einen Kapitalverlust nach Art. 725a nOR als auch eine Überschuldung laut Art. 725b nOR. Da der Kapitalverlust die kleinere Beschädigung des Eigenkapitals ist als die Überschuldung, ist auch bereits unter dem aktuellen Recht eine Überschuldung sinngemäss miteingeschlossen.

  Folgende Kriterien sind zu beachten:
  a) Kapitalverlust (Art. 725 Abs. 1 OR, Art. 725a nOR) bzw. Überschuldung (Art. 725 Abs. 2 OR, Art. 725b nOR)

b) Aufwertung von Grundstücken oder Beteiligungen (Art. 670 Abs. 1 OR, Art. 725c Abs. 1 nOR)
c) Bildung der Aufwertungsreserve (Art. 671b OR, Art. 725c Abs. 1 nOR)
d) Revisionsbericht der Revisionsstelle bzw. eines zugelassenen Revisors (Art. 670 Abs. 2 OR, Art. 725 Abs. 2 nOR)
e) Auflösung Aufwertungsreserve durch Umwandlung in Aktien- oder Partizipationskapital bzw. durch Wertberichtigung oder Veräusserung der aufgewerteten Aktiven (Art. 725c Abs. 3 nOR)

Das neue Aktienrecht äussert sich hinsichtlich der Prüfung der Aufwertung durch einen zugelassenen Revisor zur Situation, da eine Aktiengesellschaft das Opting-out vorgenommen hat, mithin über keine Revisionsstelle mehr verfügt. In diesem Fall bestimmt das neue Aktienrecht in Art. 725c Abs. 3 nOR, dass ein zugelassener Revisor die Prüfung und Bestätigung vornimmt. Die betroffene Aktiengesellschaft ohne Revisionsstelle muss folglich, falls sie eine Aufwertung vornehmen möchte, zuerst einen zugelassenen Revisor finden und beauftragen. Gerade für den Fall einer Überschuldung könnte dies eine Schwierigkeit darstellen.

Aufwertung Beteiligungen und Liegenschaften → Art. 670 OR bzw. Art. 725c nOR

– Bewertungsgrundsätze nach Rechnungslegungsrecht → Art. 960 Abs. 1 OR

   Aktiven und Verbindlichkeiten werden in der Regel einzeln bewertet, sofern sie wesentlich sind und aufgrund ihrer Gleichartigkeit für Bewertung nicht üblicherweise als Gruppe zusammengefasst werden.

   Siehe dazu HWP 2014, S. 60 ff., insbesondere hinsichtlich Zwangsreserven und beispielsweise für Beteiligungen, HWP 2014, S. 175 ff.

– Gruppenbewertung Beteiligungen → HWP 2014, S. 177

   Vom Grundsatz Einzelbewertung kann nur in sachlich begründeten Einzelfällen abgewichen werden. So kann es vertretbar sein, verschiedene Beteiligungen, die bereits unternehmensintern in Führung und Beurteilung als wirtschaftliche Einheit betrachtet werden, als Bewertungseinheit zusammenzufassen.

   Beispiel: Es kann gerechtfertigt sein, die Abwertung einer Beteiligung an einer ertragsschwachen Vertriebsgesellschaft mit dem

Hinweis zu unterlassen, dass sich die ungenügenden Erträge aus betrieblichen Gründen ergeben und die beliefernde Produktionsgesellschaft entsprechende Gewinne erzielt.

Grundsätze der Bewertung von Beteiligungen

− Siehe nebst der Fachmitteilung Unternehmensbewertung 2018 auch Kommentar von Hüttche/Meier-Mazzucato, Kommentierung der Fachmitteilung Unternehmensbewertung, 1. Auflage 2018, S. 28:

[...] Auch hier kann auf die obigen Konkretisierungen – Marktpreis, gutachterlich approximierter Marktwert oder Vergleichswert – zurückgegriffen werden. Eine gutachterliche Lösung muss auf einer «stand alone»-Basis erfolgen. Entsprechend ist nur auf die tatsächlich übertragbare Ertragskraft und unechte Synergien – also von jedem Erwerber realisierbare Kombinationseffekte – abzustellen. Die Ausstattung der Anteile und die Beteiligungshöhe sind zu berücksichtigen.

− Ergo sind die folgenden relevanten Aspekte zu beachten:
  • wirklicher Wert = innerer Wert = gutachterlich objektivierter Wert (siehe auch Kommentar Hüttche/Meier-Mazzucato, S. 23).
  • Stand-alone = Frage der Übertragbarkeit der Ertragskraft (siehe dazu Fachmitteilung Unternehmensbewertung 2018, Kap. 3.3.2.4). Dabei zeigen sich folgende Berechnungsvarianten und -modelle (siehe dazu Kommentar von Hüttche/Meier-Mazzucato, Kommentierung der Fachmitteilung Unternehmensbewertung, 1. Aufl., 2018, S. 86):

  • nur unechte Synergien
  • Ausstattung Anteile und Beteiligungshöhe → Paketzu- bzw. -abschläge (siehe dazu Meier-Mazzucato/Montandon, Wert- bzw. Preisperspektiven und Paketzu- und -abschläge bei der Unternehmensbewertung und bei Unternehmenstransaktionen, TREX 5 2011)

- Bei KMU kommt dem Einfluss des Eigentümers besondere Bedeutung zu und damit auch der Frage der Übertragbarkeit der Ertragskraft des Unternehmens, nachdem diese bei KMU häufig personenbezogen ist. Sie kann demnach
  - voll → DCF-Standardmodell,
  - nur teilweise → Elimination wegfallender Faktoren,
  - nur temporär → Abschmelzen Übergewinne bzw. temporäre Übergewinnkapitalisierung,
  - oder nicht → Substanzwert mit Make or Buy

  übertragbar sein.

  Um die beschränkte Übertragbarkeit der Ertragskraft zu ermitteln bzw. zu berechnen, können beispielsweise die beiden folgenden Modelle eingesetzt werden:
  - Abschmelzen der Übergewinne → siehe dazu Fachmitteilung Unternehmensbewertung 2018, Ziff. 77 ff., und Hüttche/Meier-Mazzucato, S. 85 ff.
  - Economic-Value-Added-Methode (EVA) mit temporärer Übergewinnkapitalisierung

Beispielbuchungen für Bildung der Aufwertungsreserve (in CHF):

1600	Grundstücke	an	2940	Aufwertungsreserve	50 000.-
1480	Beteiligungen	an	2940	Aufwertungsreserve	50 000.-

Beispielbuchungen für Auflösung der Aufwertungsreserve (in CHF):

2940	Aufwertungsreserve	an	1600	Grundstücke	50 000.-
2940	Aufwertungsreserve	an	1480	Beteiligungen	50 000.-
		oder			
2940	Aufwertungsreserve	an	2800	Grundkapital	100 000.-

- **Aufwertung Aktiven mit beobachtbaren Marktpreisen (Art. 960b OR)**

  In der Folgebewertung dürfen Aktiven mit Börsenkurs oder einem anderen beobachtbaren Marktpreis in einem aktiven Markt zum Kurs oder Marktpreis am Bilanzstichtag bewertet werden, auch wenn dieser über dem Nennwert oder dem Anschaffungswert liegt. Wer von diesem Recht Gebrauch macht, muss alle Aktiven der entsprechenden Positionen der Bilanz, die einen beobachtbaren Marktpreis aufweisen, zum Kurs oder Marktpreis am Bilanzstichtag bewerten. Im Anhang muss auf diese Bewertung hingewiesen werden. Es handelt sich beispielsweise um:

a) Vorräte

b) Wertschriften in den Finanzanlagen

≠ Grundstücke und Beteiligungen grundsätzlich nicht, da sie nicht als Aktiven mit beobachtbaren Marktpreisen gelten. Dies wäre lediglich dann zu bejahen, wenn sie sich in einem intakten Markt mit vergleichbaren Objekten befinden, beispielsweise von kotierten Beteiligungen.

In Übereinstimmung mit Art. 670 OR müssen für Aufwertungen, welche nicht Grundstücke oder Beteiligungen betreffen, keine Aufwertungsreserven gebildet werden. Die Verbuchung solcher Positionen kann mithin direkt erfolgen.

- **Auflösung von stillen Reserven**

    a) auf Aktiven bis zum Anschaffungs- oder Herstellungskostenwert, gegebenenfalls auch bis zum Marktpreis, falls Aktiven mit beobachtbaren Marktpreisen (Art. 960a Abs. 1 und 2 und 960b OR)

    b) auf Fremdkapital, insbesondere Rückstellungen (Art. 960a Abs. 4 und Art. 960e Abs. 4 OR)

Siehe zu den stillen Reserven die beiden nachfolgenden Übersichten:

Übersicht 1: Bewertungsdifferenzen zwischen Rechnungslegungs- und Bilanzsteuerrecht

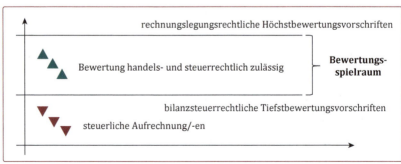

Übersicht 2: Arten und Entstehungsgrund bzw. Ursache stiller Reserven

Wertansatz	Art der Reserven	Grundlage
Tatsächlicher Wert	Zwangsreserven	Kostenwertprinzip, Art. 960a Abs. 1 und 2 OR
Gesetzlicher Höchstwert	Ermessensreserven	Vorsichtsprinzip, Art. 958c Abs. 1 Ziff. 5 OR
Vorsichtig festgelegter Wert	Willkürreserven³	Art. 960a Abs. 4 und 960e Abs. 3 und 4 OR
Finanzieller Buchwert		

Beispielbuchungen (in CHF):

1500	Sachanlagen	an	8510	A. o. Ertrag	50 000.–
1480	Vorräte	an	4000	Waren-, Materialaufwand	50 000.–
2600	Rückstellungen	an	6***	Verschiedene ER-Konten	50 000.–

- **Rangrücktritt (Art. 725 Abs. 2 OR bzw. Art. 725b Abs. 4 Ziff. 1 nOR)**
  a) Gesellschaftsgläubiger treten im Umfang der Überschuldung hinter alle anderen Gesellschaftsgläubiger zurück und stunden ihre Forderungen, sofern der Rangrücktritt den geschuldeten Betrag und die Zinsforderungen während der Dauer der Überschuldung umfasst,
  b) Zu beachten ist, dass die Überschuldung bestehen bleibt und nur der Gang zum Richter vermieden wird.

Beispielbuchungen (in CHF):

| 2400 | Fremdkapital | an | 2490 | Fremdkapital mit Rangrücktritt | 50 000.– |

---

3 HWP 2014, Band Buchführung und Rechnungslegung, S. 38: Die Bildung von Willkürreserven lässt sich mit dem Vorsichtsprinzip nicht rechtfertigen, da diese definitionsgemäss über den Ermessensspielraum hinaus vorgenommen werden. Eine in diesem Sinn zu extensive Auslegung des Vorsichtsprinzips steht grundsätzlich im Konflikt mit dem übergeordneten Ziel der Rechnungslegung, eine zuverlässige Beurteilung der wirtschaftlichen Lage zu gewährleisten. Dieser Konflikt wird vom Gesetzgeber durch die Möglichkeit zur Bildung zusätzlicher stiller Reserven in Kauf genommen.

Das Fremdkapital mit Rangrücktritt ist nicht zwingend in der Bilanz separat auszuweisen. Ohne Ausweis in der Bilanz ist der Rangrücktritt im Anhang offenzulegen.

Siehe dazu auch die Praxis des Bundesgerichts in BGer 4A.277/2010 vom 2. September 2010 (dem Beschwerdeführer kann nicht gefolgt werden, wenn er vorträgt, durch einen Rangrücktritt werde die Substanz für den Insolvenzfall erhöht und dadurch der von den Gläubigern erlittene Schaden reduziert bzw. beseitigt; der Rangrücktritt hat keinen Einfluss auf die Aktiven; er kann gegebenenfalls Ausfälle anderer Gläubiger verhindern oder verringern, da der Rangrücktritt unter anderem die Erklärung des Rangrücktrittsgläubigers enthält, im Falle eines Konkurses im Rang hinter alle übrigen Gläubiger bis zu deren vollen Befriedigung zurückzutreten; die Rangrücktrittserklärung beinhaltet jedoch keinen Forderungsverzicht; der Beschwerdeführer verkennt mit seinen Vorbringen insbesondere, dass im zu beurteilenden Fall nicht der Schaden einzelner Gläubiger zur Diskussion steht, sondern der Reflexschaden der Gläubigergesamtheit, der deckungsgleich ist mit dem aus der Pflichtverletzung der Organe resultierenden Schaden der Gesellschaft [BGE 132 III 342 E. 2.3.3 S. 348; 117 II 432 E. 1b/gg S. 440; Urteil 4C.363/2006 vom 13. März 2007 E. 4.3]; da mit dem Rangrücktritt die betreffenden Schulden der Gesellschaft nicht wegfielen, blieb dieser ohne Einfluss auf das Gesellschaftsvermögen), 4A.391/2009 vom 12. Februar 2010, 4A.188/2008 vom 9. September 2008, 4A.478/2008 vom 16. Dezember 2008 und 4C.58/2007 vom 25. Mai 2007.

Deshalb hat EXPERTsuisse die Rangrücktrittsvereinbarung neu formuliert und die Gesellschaftsgläubiger verzichten bei Konkurseröffnung (Art. 175 und 192 SchKG) und für den Fall der Bestätigung eines Nachlassvertrags mit Vermögensabtretung (Art. 317 SchKG) auf die rangrücktrittsbelasteten Forderungen im Umfang der Unterdeckung. Bestehende Rangrücktritte sind folglich zu überprüfen und allenfalls anzupassen.

5.2 Die finanzielle Sanierung

Die finanzielle Sanierung beschränkt sich nicht auf Buchungsvorgänge, sondern behebt oder lindert zumindest einige der schwerwiegendsten Probleme einer Unternehmenskrise, nämlich einer Illiquidität, durch Verbesserung der finanziellen Strukturen, verbunden in der Regel mit der Zuführung neuer flüssiger Mittel.

- **Veränderung des Eigenkapitals**
  a) Vorbemerkung: Lediglich die Herabsetzung des Aktienkapitals ist für sich alleine noch keine finanzielle Sanierung, sondern eine bilanzielle. Steht die Herabsetzung in Verbindung mit einer gleichzeitigen Heraufsetzung des Aktienkapitals, kann der gesamte Vorgang als finanzielle Sanierung eingestuft werden. Siehe zur Herabsetzung des Aktienkapitals Art. 732 ff. OR bzw. Art. 653j ff. nOR.
  b) Freiwillige Zuzahlung der Aktionäre, sogenannte À-fonds-perdu-Zahlungen. Hinsichtlich Zuweisung solcher Einlagen und Zuschüsse in die gesetzliche Kapitalreserve siehe Art. 671 Abs. 1 Ziff. 1 nOR.
  c) Aktienkapitalerhöhungen mit Ausgabe von Vorzugsaktien (Art. 654 ff. OR bzw. Art. 650 Abs. 2 Ziff. 2 nOR), eventuell auch von Genussscheinen (Art. 657 OR).

Beispielbuchungen Grundkapitalerhöhung (in CHF):

1020	Flüssige Mittel	an	2800	Grundkapital	100 000.-
1020	Flüssige Mittel	an	2900	Kapitalreserve – Agio	20 000.-

Beispielbuchungen À-fonds-perdu-Zahlung (in CHF):

1020	Flüssige Mittel	an	2900	Kapitalreserve	100 000.-
1020	Flüssige Mittel	an	2970	Bilanzverlust	100 000.-
		oder			
1020	Flüssige Mittel	an	2900	Kapitalreserve	200 000.-

Gestützt auf Art. 20 Abs. 3 DBG, Art. 7 Abs. 1bis StHG und die entsprechenden kantonalen Bestimmungen, z. B. § 29 Abs. 3 StG AG und § 20 Abs. 3 StG ZH in Verbindung mit den gesellschaftsrechtlichen Normen, namentlich Art. 959a Abs. 2 Ziff. 3. OR, sind Kapitalreserven offen auszuweisen, damit diese zu einem späteren Zeitpunkt steuerfrei zurückbezahlt werden können. Entsprechend wird ein Bilanzverlust nicht verrechnet, sondern weiter ausgewiesen.

Buchungen À-fonds-perdu-Zahlung Dritte (in CHF):

1020	Flüssige Mittel	an	8510	A. o. Ertrag	100 000.-
1020	Flüssige Mittel	an	2900	Kapitalreserve, Bilanzverlust	100 000.-

- **Veränderung des Fremdkapitals**
  a) Umwandlung von kurz- und langfristigem Fremdkapital in Eigenkapital
  b) Forderungsverzicht (Nachlassverträge Prozent- und Liquidationsvergleich, aussergerichtlich)
  c) Umwandlung von kurz- in langfristiges Fremdkapital (keine eigentliche Sanierungswirkung)
  d) Erhalt von Aktionärsdarlehen (keine eigentliche Sanierungswirkung)

Beispielbuchungen Umwandlung FK in EK (in CHF):

2400	Kurz- oder langfristiges Fremdkapital	an	1020	Flüssige Mittel	100 000.-
1020	Flüssige Mittel	an	2800	Grundkapital, Reserven	100 000.-

Beispielbuchungen Forderungsverzicht (in CHF):

2480	Aktionärsdarlehen	an	8510	A. o. Ertrag	100 000.-
		oder			
2480	Aktionärsdarlehen	an	2900	Kapitalreserve	100 000.-
2400	Fremdkapital Dritte	an	8510	A. o. Ertrag	100 000.-

Beispielbuchungen kFK und lFK und Erhalt (in CHF):

2000	Kurzfristiges Fremdkapital	an	2400	Langfristiges Fremdkapital	100 000.-
1020	Flüssige Mittel	an	2480	Aktionärsdarlehen	100 000.-

5.2.1 Spezialformen der finanziellen Sanierung

Unter diesem Titel werden im Sinn einer Auswahl Besserungsschein, Sanierungsgenussschein und Überbrückungskredit näher dargestellt.

5.2.2 Besserungsschein und Sanierungsgenussschein

Einleitend zu Besserungsschein und Sanierungsgenussschein sei erwähnt, dass es sich bei beiden primär je um einen Forderungsverzicht handelt, der mit den jeweiligen Bedingungen verknüpft nachfolgend zu entsprechenden Wirkungen führt.

- **Besserungsschein**

  Beim Besserungsschein ist der Forderungsverzicht verbunden mit einer Zahlungsverpflichtung des sanierungsbedürftigen Kapitalunternehmens an den Gläubiger für den Fall, dass es dem Kapitalunternehmen wieder besser geht. Es handelt sich beim Besserungsschein mithin um einen bedingten Forderungsverzicht.

  Steuerlich bildet das Aufleben und eine allfällige Verzinsung der ursprünglichen Verbindlichkeit des Kapitalunternehmens gegenüber den Inhabern der Besserungsscheine geschäftsmässig begründeter Aufwand bei diesem, sofern der vorausgehende Forderungsverzicht als echter Sanierungsertrag behandelt worden ist. Darüber hinausgehende Leistungen des Kapitalunternehmens an die Inhaber der Besserungsscheine stellen bei diesem jedoch keinen geschäftsmässig begründeten Aufwand dar.

  Bildet die ursprüngliche Forderung Privatvermögen einer natürlichen Person, stellt ein Forderungsverzicht gegen den Erhalt von Besserungsscheinen einkommenssteuerrechtlich einen nicht abzugsfähigen privaten Kapitalverlust dar. Analog ist die Rückzahlung der ursprünglichen Schuld des Kapitalunternehmens an die Inhaber von Besserungsscheinen steuerfrei, sofern der Forderungsverzicht als echter Sanierungsertrag behandelt worden ist. Allfällige Zinsen aus dem ursprünglichen Guthaben gegenüber dem Kapitalunternehmen stellen dagegen einen steuerbaren Vermögensertrag nach Art. 20 Abs. 1 Bst. a DBG und darüber hinausgehende Leistungen einen steuerbaren Vermögensertrag gemäss Art. 20 Abs. 1 Bst. c DBG dar.

  Der Besserungsschein braucht keine statutarische Grundlage, weil er kein Beteiligungspapier ist (siehe dazu Art. 657 Abs. 1 OR für den Genussschein). Umstritten ist, ob für die Einführung von Besserungsscheinen ein Generalversammlungsbeschluss erforderlich ist.

> **Besserungsschein (certificat de prétention)**
> Besserungsscheine werden beim bedingten Forderungsverzicht ausgestellt und stellen folglich eine bedingte Zahlungsverpflichtung des Kapitalunternehmens dar, die zu erfüllen ist, sobald die vereinbarten Bedingungen eintreten.
> Der bedingte Forderungsverzicht wird zum Sanierungszeitpunkt verbucht, und die Besserungsscheine sind im Anhang aufzuführen: möglichst zuverlässige Beurteilung der wirtschaftlichen Lage.

- **Sanierungsgenussschein**

  Beim Sanierungsgenussschein handelt es sich um ein Beteiligungsrecht ohne Nennwert mit bestimmten Vermögensrechten, jedoch ohne Mitgliedschaftsrechte, welches den Gläubiger für den Forderungsverzicht entschädigt soll (siehe dazu Art. 627 Ziff. 9, 652a Abs. 1 Ziff. 4 und insbesondere 657 OR als aktienrechtliche Grundlage).

  Die Emissionsabgabe wird von der Eidgenössischen Steuerverwaltung im Fall eines Forderungsverzichts mit Ausgabe von Genussscheinen erlassen, da bei einer Gesundung der Unternehmung keine Forderung neu auflebt. Genussscheine werden in Bezug auf die Verrechnungssteuer gleich wie Besserungsscheine behandelt.

> **Sanierungsgenussschein**
> Genussscheine sind Beteiligungspapiere ohne Nennwert und verschaffen keine Mitgliedschafts-, sondern nur Vermögensrechte. Sanierungsgenussscheine erfordern als gesellschaftsrechtliche Beteiligungspapiere eine statutarische Grundlage und folglich eine Statutenänderung mit Generalversammlungsbeschluss.
>
> Sanierungsgenussscheine werden im Rahmen von Sanierungen an Gläubiger abgegeben und gewähren für den Fall der Wiedererstarkung gewisse Vermögensrechte.

5.2.3 Überbrückungskredit

Beim Überbrückungskredit handelt es sich um einen kurzfristigen Kredit zur vorübergehenden Verbesserung der Liquidität eines Unternehmens, beispielsweise zur Überbrückung von Engpässen.

5.3 Die organisatorische Sanierung

Die organisatorische Sanierung beschränkt sich wie die finanzielle Sanierung nicht auf Buchungsvorgänge, sondern behebt oder verbessert organisatorische Mängel bezogen auf die Aufbau- und/oder Ablauforganisation. Sie bildet die fundamentalste Sanierungsart (siehe dazu oben Kapitel Sanierungsarten und -formen bzw. -massnahmen).

> **Organisatorische Sanierung**
> Mit der organisatorischen Sanierung verbunden sind organisatorische Massnahmen bzw. Restrukturierungen.

Die organisatorische Sanierung bedient sich gerne des Benchmarkings und steht beispielsweise in Verbindung mit:

a) neuen oder der Erweiterung von bestehenden Geschäftsfeldern
b) Personalmassnahmen
c) Investitionsaufschub
d) Reduktion bzw. Aufgabe Betriebs- und Verwaltungsräumlichkeiten sowie Aufgabe Standorte
e) Rationalisierungen Produktion, Vertrieb, Materialwirtschaft

5.3.1 Personalmassnahmen

Innerhalb der Personalmassnahmen sind verschiedene Möglichkeiten gegeben. Die folgende Tabelle zeigt eine Auswahl.

Personalmassnahmen

Personalmassnahmen haben sowohl organisatorische als auch finanzielle Wirkungen. Sie umfassen beispielsweise
- Kündigungen
- Teilzeitarbeit und flexible Arbeitszeit
- Kurzarbeit
- Boni anstatt in Geld, in Aktien oder Ferien
- Sabbaticals
- Möglich sind auch zusätzlich unbezahlte Ferien der gesamten Belegschaft (Vereinbarung) anstelle von Entlassungen.

In der Folge werden einzelne dieser Massnahmen kurz dargestellt.

- **Einzelkündigungen**

    Grundlage bilden Art. 334 ff. OR. Bei Entlassungen sind kurze Kündigungsfristen von Vorteil. Siehe zu den Kündigungsfristen grundsätzlich Art. 335c OR. Zu beachten ist bei Sanierungen insbesondere Art. 335a Abs. 2 OR, wonach durch Abrede, Normalarbeitsvertrag oder Gesamtarbeitsvertrag für den Arbeitnehmer kürzere Kündigungsfristen vereinbart werden dürfen, wenn der Arbeitgeber das Arbeitsverhältnis aus wirtschaftlichen Gründen gekündigt oder eine entsprechende Absicht kundgetan hat.

    Zum Vorliegen wirtschaftlicher Gründe: Es ist keine Existenznot des Unternehmens erforderlich, sondern es genügt, wenn sich aus betrieblichen Gründen, beispielsweise Reorganisation, Rationalisierung, Sparmassnahmen, ein Personalabbau aufdrängt.

- **Massenentlassung**

  Grundlage bilden Art. 335d ff. OR. Siehe indessen die weiterführenden Informationen via Internet. Grundsätzlich liegt eine Massenentlassung vor, wenn innert 30 Tagen mindestens zehn Arbeitnehmer/-innen entlassen werden, wobei die konkrete Anzahl nach Betriebsgrössen abgestuft ist, nämlich:
  - mindestens 10 AN in Betrieben, die in der Regel mehr als 20 und weniger als 100 AN beschäftigen
  - mindestens 10% der AN in Betrieben, die in der Regel mindestens 100 und weniger als 300 AN beschäftigen
  - mindestens 30 AN in Betrieben, die in der Regel mindestens 300 AN beschäftigen

  Allgemein im Zusammenhang mit Kündigungen, aber auch bei Massenentlassungen ist der Kündigungsschutz gemäss Art. 336 ff. OR zu beachten und dabei insbesondere die missbräuchliche Kündigung und die Kündigung zur Unzeit.

- **Boni anstatt in Geld in Aktien oder Ferien**

  Boni stellen Lohn dar (siehe Art. 322a OR). Lohn ist in der Regel in Geld zu bezahlen, wobei die Bezahlung beispielsweise auch in Form von Mitarbeiteraktien bzw. Ferien möglich ist.

  Voraussetzung der Bezahlung der Boni in Form von MA ist eine entsprechende Vereinbarung mit den Arbeitnehmenden. Diese Vereinbarung muss nicht schon im Grundarbeitsvertrag, sondern kann auch später im Rahmen der Sanierung getroffen werden. Gleiches gilt für Ferien. Siehe dazu Art. 329d OR, wobei es bei der Bezahlung der Boni mittels Ferien nicht um weniger, sondern um mehr Ferien geht und deshalb eine solche Vereinbarung mit den Arbeitnehmenden zulässig ist.

  MA sind hier Lohnaufwand und werden entsprechend verbucht. Voraussetzung ist mithin ein MA-Pool, beispielsweise in der Form eigener Aktien. Andernfalls werden die MA von den bestehenden Aktionären erworben. Ferien sind hier kein Lohnaufwand, weshalb keine Buchung erforderlich ist. Ausnahme bildet die Situation, da die Ferien per Bilanzstichtag noch nicht bezogen sind; in diesem Fall wäre eine entsprechende Ferienrückstellung zu bilden.

  Boni in Form von MA oder Ferien sind folglich je unterschiedlich liquiditätswirksam bzw. -sparend und erfolgs- bzw. renditebelastend.

5.3.2 Investitionsaufschub

Investitionen eines Unternehmens können auf verschiedenen Verträgen basieren, z. B. Kaufvertrag (Art. 184 ff. OR), Werkvertrag (Art. 363 ff. OR), Auftrag (Art. 394 ff. OR) oder gemischt.

Verpflichtungen aus eingegangenen Verträgen sind grundsätzlich einzuhalten, auch in Bezug auf die gegenseitigen Leistungszeitpunkte. Dies ergibt sich aus dem Vertragsrecht, dem Grundsatz: pacta sunt servanda – Verträge sind einzuhalten – und den geschlossenen Verträgen selbst.

Beinhaltet ein «Investitions»-Vertrag keine Klausel über einen Zeitaufschub der Leistung des Beauftragten, kann ein Investitionsaufschub nicht einseitig erklärt werden. In diesem Fall bedarf es einer entsprechenden Einigung der Parteien.

5.3.3 Reduktion bzw. Aufgabe Betriebs- und Verwaltungsräumlichkeiten sowie Aufgabe Standorte

- **Betriebs- und Verwaltungsräumlichkeiten**

    Betriebs- und Verwaltungsräumlichkeiten können reduziert bzw. aufgegeben werden, je nach Art ihrer konkreten Nutzungsform, namentlich Eigentum oder Miete. Es sind folgende Rechtsgrundlagen von Bedeutung:

    a) Bei Eigentum sind es Art. 216 ff. OR. Die Räumlichkeiten können vollumfänglich oder teilweise verkauft werden, wobei je nach Situation vorgängig das Grundeigentum parzelliert bzw. umstrukturiert werden muss.

    b) Bei Miete sind es Art. 253 ff. OR. Bei Eigentum können die Räumlichkeiten vollumfänglich oder teilweise vermietet werden. Bei Miete durch das zu sanierende Unternehmen besteht die Möglichkeit der Kündigung, wobei insbesondere Art. 264 OR für die vorzeitige Rückgabe und Art. 266d OR für die Kündigung der Geschäftsräume relevant ist. Denkbar ist auch die Untervermietung.

- **Aufgabe externe Standorte des Unternehmens**

    Es gelten die gleichen Überlegungen wie bei den Betriebs- und Verwaltungsräumlichkeiten, je nach Art ihrer konkreten Nutzungsform, wobei hier noch weitere Verträge involviert sein können wie Arbeits-, Liefer-, Reinigungs-, Leasingverträge usw., die ihrerseits entsprechende Auflösungsregelungen beinhalten.

5.3.4 Weitere Sanierungsmöglichkeiten für KMU anstelle von Konkurs oder Zwangsliquidation

Nach Art. 39 Abs. 1 SchKG wird die Betreibung auf dem Weg des Konkurses, und zwar als «Ordentliche Konkursbetreibung» gemäss Art. 159–76 SchKG oder als «Wechselbetreibung» gemäss Art. 177–189 SchKG, fortgesetzt, wenn der Schuldner in einer der folgenden Eigenschaften im Handelsregister eingetragen ist (nachfolgende Aufzählung nur auszugsweise):

a) Inhaber einer Einzelfirma (Art. 934 und 935 OR)

b) Mitglied einer Kollektivgesellschaft (Art. 554 OR)

c) unbeschränkt haftendes Mitglied einer Kommanditgesellschaft (Art. 596 OR)

d) Kollektivgesellschaft (Art. 552 OR)

e) Kommanditgesellschaft (Art. 594 OR)

f) Aktien- oder Kommanditaktiengesellschaft (Art. 620 und 764 OR)

g) Gesellschaft mit beschränkter Haftung (Art. 772 OR)

h) Genossenschaft (Art. 828 OR)

Um die Konkursbetreibung zu vermeiden, bestehen beispielsweise die folgenden Möglichkeiten:

- **Aufschub des Konkurses**

    Der Konkurs kann gemäss Art. 725a Abs. 1 OR bzw. Art. 725b Abs. 4 Ziff. 1 nOR aufgeschoben werden (siehe dazu bereits oben Kapitel 3.2: Die handelsrechtliche Unterteilung der Unterbilanz). Der Richter eröffnet auf Benachrichtigung hin grundsätzlich den Konkurs. Er kann ihn auf Antrag des Verwaltungsrats oder eines Gläubigers aufschieben, falls Aussicht auf Sanierung besteht; in diesem Falle trifft er Massnahmen zur Erhaltung des Vermögens.

- **Nachlassvertrag**

    Eine weitere Möglichkeit bildet die Vereinbarung eines Nachlassvertrags. Es wird zwischen Nachlassstundung gemäss Art. 293 ff. SchKG, dem Prozentvergleich gemäss Art. 314 ff. SchKG und insbesondere dem Nachlassvertrag mit Vermögensabtretung gemäss Art. 317 ff. SchKG unterschieden (siehe dazu weiter unten die Auffanggesellschaft).

- **Sanierungsfusion**
  Gemäss Art. 6 FusG kann ein zu sanierendes Unternehmen mit einem anderen fusionieren. Ein Kapitalunternehmen, dessen Aktien-, Stamm- oder Genossenschaftskapital und dessen gesetzliche Reserven zur Hälfte nicht mehr gedeckt sind oder das überschuldet ist, kann mit einem anderen Kapitalunternehmen fusionieren, wenn dieses über frei verwendbares Eigenkapital im Umfang der Unterdeckung und gegebenenfalls der Überschuldung verfügt. Diese Voraussetzung entfällt, soweit Gläubiger der an der Fusion beteiligten Kapitalunternehmen im Rang hinter alle anderen Gläubiger zurücktreten.

5.3.5 Auffanggesellschaft

Auffanggesellschaften, auch als Betriebsübernahmegesellschaften bezeichnet, haben zum Ziel, die gesunden Unternehmens- bzw. Betriebsteile vom bisherigen Kapitalunternehmen zu trennen. Die Probleme des alten Kapitalunternehmens können in der Folge unabhängig vom weiteren Tagesgeschäft einer Lösung zugeführt werden, und die gesunden Unternehmensteile bzw. Betriebsteile können weitergeführt werden.

Die Auffanggesellschaft ist ein Rechtsbegriff. So bestimmen z. B. Art. 314 Abs. 1bis und 318 Abs. 1bis SchKG, dass die Nachlassdividende ganz oder teilweise aus Anteils- oder Mitgliedschaftsrechten an der Schuldnerin oder an einer Auffanggesellschaft bestehen kann.

Im günstigen Fall können die Geschäfte nach erfolgter Sanierung wieder durch das alte Kapitalunternehmen übernommen werden. Im ungünstigsten Fall wird das alte Kapitalunternehmen durch Konkurs liquidiert.

Für die Ausgestaltung von Auffanggesellschaften gibt es verschiedene Modelle wie beispielsweise:
- pachtweise oder treuhänderische Führung von Geschäften
- unabhängige Fortführung der Geschäfte durch den Kauf von Unternehmenswerten und Sachanlagevermögen

Bei der Wahl des Modells der Auffanggesellschaft sind unterschiedliche wirtschaftliche und rechtliche Aspekte zu beachten:
- Das SchKG kennt gemäss Art. 285 ff. SchKG die paulianische Anfechtung, welche eine zum Nachteil der Gläubiger erfolgte Vermögensverminderung des sanierungsbedürftigen Kapitalunternehmens rückgängig machen kann.
- Bei Auffanggesellschaften können auch Tatbestände des Strafrechts tangiert werden, namentlich bei betrügerischem Konkurs, leichtsinnigem Konkurs und Vermögensverfall sowie der Bevorzugung von Gläubigern.

Nachfolgend finden sich zwei Beispiele für Auffanggesellschaften unter Berücksichtigung der Emissionsabgabe gemäss UStR II (Beispiele von economiesuisse):
- Ein Produktionsbetrieb im bernischen Seeland mit 15 Angestellten wird wiederholt von Unwettern heimgesucht. Die bereits angespannte wirtschaftliche Situation wird durch die Produktionsausfälle noch verschärft. Die Verluste wachsen der Gesellschaft über den Kopf, und die Eigentümer möchten aufgeben und die Gesellschaft dem Konkursrichter überlassen. Zwei lokale Investoren sehen jedoch Potenzial in der Gesellschaft. Eine Übernahme der Gesellschaft mit all ihren Schulden wäre indessen zu teuer. So gründen die beiden Investoren zusammen mit einigen Gläubigern eine Auffanggesellschaft und legen CHF 7 Mio. ein und erwerben damit alle für die Produktion relevanten Aktiven. Es können alle Arbeitsplätze gerettet werden.
- Nach bisherigem Recht sind die Investoren bzw. die Auffanggesellschaft mit der Emissionsabgabe von CHF 60 000.– belastet worden. Mit der UStR II ist die Einlage von Kapital in die Gesellschaft zur Übernahme des Betriebs einer überschuldeten Gesellschaft seit 1. Januar 2009 von der Emissionsabgabe befreit. Siehe dazu Art. 6 Bst. j und k StG.

Art. 6 Bst. j und k StG. Von der Abgabe sind ausgenommen:
a) Beteiligungsrechte, die zur Übernahme eines Betriebes oder Teilbetriebs eines Kapitalunternehmens begründet oder erhöht werden, sofern gemäss letzter Jahresbilanz die Hälfte des Kapitals und der gesetzlichen Reserven dieser Gesellschaft oder Genossenschaft nicht mehr gedeckt ist

b) die bei offenen Sanierungen vorgenommene Begründung von Beteiligungsrechten oder die Erhöhung von deren Nennwert bis zur Höhe vor der Sanierung sowie Zuschüsse von Gesellschaftern oder Genossenschaftern bei stillen Sanierungen, soweit bestehende Verluste beseitigt werden und die Leistungen der Gesellschafter oder Genossenschafter gesamthaft CHF 10 Mio. nicht übersteigen

Was ist zu beachten bei der Übertragung von Aktiven auf ein neues Kapitalunternehmen?

Die Konkursverwaltung prüft Rechtsgeschäfte, die vor Konkurseröffnung getätigt wurden. Sie sind zulässig, wenn die folgenden Voraussetzungen erfüllt sind:

- Für die Aktiven ist ein angemessener Verkehrswert bezahlt worden,
- Der Erlös ist effektiv bezahlt worden, und es findet keine Verrechnung mit früheren Guthaben des Käufers statt,
- Aus dem Erlös sind keine Gläubiger bevorzugt bezahlt worden.

Wird ein vor der Konkurseröffnung abgeschlossenes Rechtsgeschäft erfolgreich angefochten, fallen die davon betroffenen Gegenstände in die Konkursmasse. Siehe zu den weiteren Rechtsfolgen Art. 291 SchKG.

5.3.6 Was ist zu beachten bei Übertragung von Aktiven an neue Gesellschaft?

Dürfen kurz vor Konkurseröffnung Aktiven an eine Auffanggesellschaft übertragen werden?

Die Konkursverwaltung prüft Rechtsgeschäfte, die vor Konkurseröffnung getätigt wurden. Sie sind zulässig, wenn alle drei folgenden Voraussetzungen erfüllt sind:

a) Für Aktiven wurde angemessener Verkehrswert bezahlt.
b) Der Erlös wurde effektiv bezahlt (keine Verrechnung mit früheren Guthaben des Käufers).
c) Aus dem Erlös wurden nicht Gläubiger bevorzugt bezahlt.

Wird ein vor der Konkurseröffnung abgeschlossenes Rechtsgeschäft erfolgreich angefochten, fallen die davon betroffenen Gegenstände in die Konkursmasse. Siehe zu den weiteren Rechtsfolgen Art. 291 SchKG.

- **vor Konkurseröffnung**

    Es empfiehlt sich, die zu übertragenden Aktiven durch eine unabhängige Fachperson (z. B. durch den Berufsverband) bewerten zu lassen. Der Kaufpreis muss bezahlt oder wenigstens sichergestellt werden. Soll der Erlös noch vor Konkurseröffnung ausbezahlt werden, darf keine Gläubigerbevorzugung erfolgen, d. h., der Betrag ist so zu verteilen wie im Konkursfall: zuerst privilegierte Forderungen.

- **nach Konkurseröffnung**

    Es gilt zu bedenken, dass die Konkursverwaltung in der Regel nicht legitimiert ist, vorhandene Aktiven sofort zu verwerten. Unter gewissen Voraussetzungen kann allenfalls eine vorübergehende Vermietung bzw. Verpachtung (siehe erwähntes Modell oben) an die Auffanggesellschaft erfolgen. Wird dieser Weg angestrebt, empfiehlt es sich, die Angelegenheit bereits vor der Konkurseröffnung mit dem Konkursamt zu besprechen.

6. Die Sanierungsbilanz und das Sanierungskonto

Die Sanierungsbilanz dient der Feststellung der Ausgangslage der Sanierung. Im Weiteren werden in der Regel der Transparenz und Übersichtlichkeit halber Sanierungsmassnahmen über ein Sanierungskonto erfasst.

> **Sanierungsbilanz und -konto**
>
> - **Sanierungsbilanz**
>
>   Vor Durchführung der Sanierung ist es sinnvoll, eine Sanierungsbilanz zu erstellen. Es gibt hierzu zwar keine gesetzliche Notwendigkeit, hingegen stellt sie als Status mit Feststellung der Illiquidität sowie des Vermögens und der Verbindlichkeiten eine klare Grundlage für die Sanierung dar.
>
> - **Sanierungskonto**
>
>   Das Sanierungskonto dient zur Erfassung aller Sanierungsmassnahmen. Werden nur die erfolgswirksamen Buchungen darüber vorgenommen, handelt es sich um ein reines Erfolgskonto und kann auch als Sanierungserfolgsrechnung bezeichnet werden. Werden auch die erfolgsunwirksamen Sanierungsmassnahmen darüber verbucht, so handelt es sich zusätzlich um ein Sanierungsjournal. Die erfolgsneutralen Buchungen werden nur als Durchlaufposten verbucht.

Sanierungskonten

Soll	Sanierungsjournal	Haben	Soll	Sanierungserfolg	Haben

7. Überschuldungsprüfung und Sanierungsplan, Vorgehen der Revisionsstelle bei Überschuldung

Die Überschuldungsprüfung gilt für alle Kapitalgesellschaften, unabhängig davon, ob ordentlich, eingeschränkt geprüft oder gar nicht zu prüfen.

Sie gilt auch mit Bezug auf subsidiäre Handlungs- und Anzeigepflichten der Revisionsstelle in den Fällen eines Kapitalverlusts und einer offensichtlichen Überschuldung.

Bei Unternehmensgruppen wird immer der Einzelabschluss geprüft. Der Konzernrechnung kommt keine Bedeutung zu. Vorsicht ist hinsichtlich Dominoeffekt angebracht, insbesondere bezüglich Prinzipalstrukturen und Konzernen mit zentralisiertem Liquiditätsmanagement, sogenanntes Cash-Pooling.

Nebst Gesetz(en) und Rechtsprechung sind von der Revisionsstelle zu beachten:

- Standard zur eingeschränkten Revision (SER): Ziff. 9 und Anhang H «Verhalten bei Überschuldung» sowie Anhang G «Unternehmensfortführung»
- PS 290 «Pflichten der gesetzlichen Revisionsstelle bei Kapitalverlust und Überschuldung»
- Schweizer Prüfungshinweis (PH) 10 «Berichterstattung zur Prüfung von besonderen Vorgängen», insbesondere Berichtsvorlagen zur Prüfung der Zwischenbilanz zu Fortführungs- und zu Veräusserungswerten (Art. 725 Abs. 2 OR)

Die nachfolgenden Übersichten zeigen das Vorgehen der Revisionsstelle bei Überschuldung.

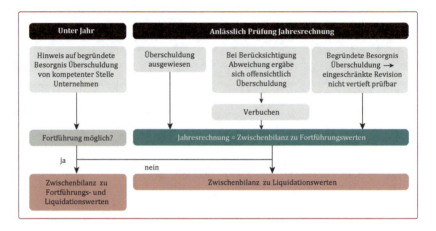

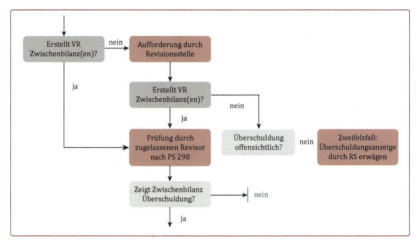

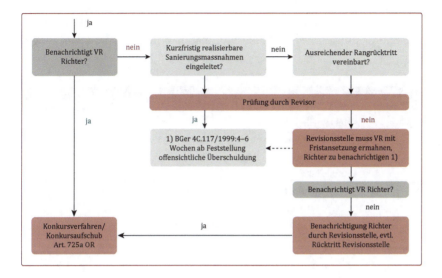

8. Steuerfolgen der Sanierungsmassnahmen

Die Sanierungsmassnahmen beschlagen verschiedene Steuerarten. Hier werden einige wesentliche steuerliche Aspekte aufgezeigt, indessen ohne Anspruch auf Vollständigkeit.

Die steuerliche Betrachtung erfolgt nachstehend aus der Sicht des zu sanierenden Unternehmens und aus jener der daran Beteiligten.

8.1 Steuerfolgen aus Sicht des zu sanierenden Unternehmens

Die steuerlichen Aspekte bei der Sanierung im Rahmen der Abschlussgestaltung des zu sanierenden Unternehmens beziehen sich auf die Frage, ob die Sanierungsmassnahmen steuerlich erfolgswirksam oder erfolgsneutral sind bzw. echte oder unechte oder keine Sanierungsgewinne darstellen.

Voraussetzung für die nachfolgenden Ausführungen ist, dass ein Kapitalunternehmen steuerlich betrachtet sanierungsbedürftig ist, wobei sich die steuerliche Beurteilung an der betriebswirtschaftlichen Sichtweise orientiert. Dies ist folglich dann der Fall, wenn eine echte Unterbilanz vorliegt, d. h., wenn Bilanzverluste bestehen, welche das Kapitalunternehmen weder über offene noch allfällige stille Reserven ausgleichen kann.

Nachstehend werden die vorgängig besprochenen bilanziellen, finanziellen und organisatorischen Sanierungsmassnahmen entsprechend eingeteilt.

Sanierungsgewinne		

Echte	• bilanzielle
	  – Aufwertung von Aktiven
	  – Auflösung von stillen Reserven
	• finanzielle
	  – À-fonds-perdu-Zahlungen von Dritten (Nichtbeteiligte)
	  – Forderungsverzichte von Dritten (Nichtaktionäre)
	  – Forderungsverzichte von Beteiligten	

Unechte	• bilanzielle
	  – Kapitalherabsetzung
	• finanzielle
	  – À-fonds-perdu-Zahlungen von Beteiligten
	  – Kapitalerhöhung
	  – Forderungsverzichte von Beteiligten	

Keine	• bilanzielle
	  – Rangrücktritt
	• finanzielle
	  – Besserungsscheine
	  – Sanierungsgenussscheine	

Eine weitere Einteilung kann danach erfolgen, ob die Sanierungsmassnahmen zu einer Veränderung des Eigenkapitals und/oder des Fremdkapitals führen.

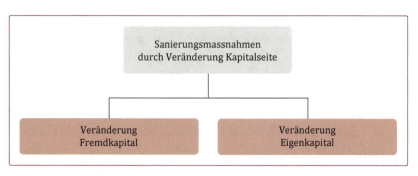

Im Einzelnen zeigt sich diesbezüglich Folgendes:

Veränderung Fremdkapital		
Auflösung Reserven	→	• offene Reserven: keine Gewinnsteuer • stille Reserven: Gewinnsteuer
Aufwertung Aktiven	→	• Gewinnsteuer
Kapitalherabsetzung	→	• keine Gewinnsteuer • bei anschliessender Wiedererhöhung allenfalls Emissionsabgabe, Ausnahme Härtefälle
Forderungsverzicht von Beteiligten	→	• allenfalls Gewinnsteuer, Ausnahme unter bestimmten Voraussetzungen • allenfalls Emissionsabgabe, Ausnahme Härtefälle
A fonds perdu-Zahlungen von Beteiligten	→	• keine Gewinnsteuer • allenfalls Emissionsabgabe, Ausnahme Härtefälle

Veränderung Eigenkapital		
Umwandlung kurz- in langfristiges Fremdkapital	→	• keine Gewinnsteuer • bei Ausgabe von z. B. Obligationen, Geldmarktpapieren Emissionsabgabe
Umwandlung Fremd- in Eigenkapital	→	• keine Gewinnsteuer • Emissionsabgabe
Forderungsverzicht von unabhängigen Dritten	→	• Gewinnsteuer • keine Emissionsabgabe
À-fonds-perdu-Zahlungen von unabhängigen Dritten	→	• Gewinnsteuer • keine Emissionsabgabe

Der Forderungsverzicht von Beteiligten ist grundsätzlich gleichzubehandeln wie der Forderungsverzicht von Dritten. Das heisst, dem Kapitalunternehmen erwächst dadurch ein steuerlich erfolgswirksamer Vermögenszugang. Alle zulasten dieses echten Sanierungsertrags vorgenommenen Verlustausbuchungen, Abschreibungen und Rückstellungen gelten als steuerlich erfolgt.

Im Sinn einer Ausnahme gelten Forderungsverzichte von Beteiligten als steuerlich erfolgsneutral,

- wenn und soweit die Darlehen der Beteiligten vor der Sanierung steuerlich als verdecktes Eigenkapital behandelt worden sind;
- wenn die Darlehen der Beteiligten erstmalig oder zusätzlich wegen schlechten Geschäftsgangs gewährt wurden und unter gleichen Umständen von unabhängigen Dritten nicht zugestanden worden wären.

Ab dem 1. Januar 2010 bzw. 2009 gilt das Kapitaleinlageprinzip beim Bund gemäss Art. 20 Abs. 3 DBG und in den Kantonen gemäss Art. 7b StHG. Damit gewinnen Kapitaleinlagen im Zusammenhang mit Sanierungen an Bedeutung und wirken wie folgt.

Kapitaleinlagen von Inhabern von Beteiligungsrechten, namentlich Einlagen, Aufgelder und Zuschüsse, welche im Rahmen einer Sanierung geleistet werden, stellen ebenfalls unechten Sanierungsgewinn dar. Werden sie mit bestehenden Verlusten verrechnet, gelangt der Freibetrag gemäss Art. 6 Abs. 1 Bst. k StG (siehe sogleich unten) zur Anwendung. Für Kapitaleinlagen, welche diesen Freibetrag übersteigen, kann, falls die entsprechenden Voraussetzungen erfüllt sind, der Erlass von der Emissionsabgabe gemäss Art. 12 StG geltend gemacht werden. Soweit derartige Kapitaleinlagen nicht durch die Ausbuchung von handelsrechtlichen Verlustvorträgen vernichtet werden, gelten diese steuerrechtlich als Reserven aus Kapitaleinlagen gemäss Art. 20 Abs. 3 DBG, Art. 7b StHG bzw. Art. 5 Abs. 1bis VStG und den entsprechenden kantonalen Vorschriften.

Gemäss Art. 6 Abs. 1 Bst. k StG sind von der Emissionsabgabe die bei offenen Sanierungen vorgenommene Begründung von Beteiligungsrechten oder die Erhöhung von deren Nennwert bis zur Höhe vor der Sanierung sowie Zuschüsse von Gesellschaftern oder Genossenschaftern bei stillen Sanierungen ausgenommen, soweit bestehende Verluste beseitigt werden und die Leistungen der Gesellschafter oder Genossenschafter gesamthaft CHF 10 Mio. nicht übersteigen.

Wenn bei der offenen oder stillen Sanierung einer Aktiengesellschaft, Kommanditaktiengesellschaft, Gesellschaft mit beschränkter Haftung oder Genossenschaft die Erhebung der Emissionsabgabe eine offenbare Härte bedeuten würde, so soll gemäss Art. 12 StG die Abgabe gestundet oder erlassen werden.

Für Stundung bzw. Erlass der Emissionsabgabeforderung bei der offenen oder stillen Sanierung ist gemäss Art. 17 StV ein Gesuch zu stellen. Das Gesuch ist bei der ESTV einzureichen und hat die Ursachen der Verluste und die zu ihrer Beseitigung getroffenen und vorgesehenen Massnahmen darzustellen. Unterlagen über die Sanierung wie Rundschreiben, Rechenschaftsberichte, Generalversammlungsprotokolle sowie die Geschäftsberichte oder Jahresrechnungen der letzten Jahre und eine Aufstellung der Sanierungsbuchungen sind beizulegen. Mit besonderem amtlichem Formular sind die von den Gesellschaftern oder Genossenschaftern bei der Sanierung erlittenen Einbussen und ihre in Beteiligungsrechte umgewandelten Forderungen zu melden. Die ESTV kann vom Gesuchsteller über alle Tatsachen, die für die Stundung oder den Erlass von Bedeutung sein können, die erforderlichen Auskünfte und Belege verlangen. Erfüllt der Gesuchsteller die Auflage nicht, so wird das Gesuch abgewiesen.

Es zeigen sich folgende steuerlich unterschiedliche Sanierungsgewinne:

> **Sanierungsgewinne**
> Je nachdem, ob ein echter, unechter oder kein Sanierungsgewinn vorliegt, zeigen sich folgende unterschiedliche steuerliche Folgen:
> - echter Sanierungsgewinn
>   Der echte Sanierungsgewinn ist steuerlich erfolgswirksam. Das heisst, dass Abschreibungen, Bildungen von Rückstellungen und Verlustausbuchungen als steuerlich vorgenommen gelten. Die Handelsbilanz entspricht damit der Steuerbilanz.
> - unechter Sanierungsgewinn
>   Der unechte Sanierungsgewinn ist steuerlich erfolgsneutral. Das heisst, dass Abschreibungen, Bildungen von Rückstellungen und Verlustausbuchungen als steuerlich nicht erfolgt gelten. Handelsrechtlich wurde saniert, steuerlich können diese Buchungen hingegen später steuerwirksam nachgeholt werden. Damit wird die Führung einer Steuerbilanz notwendig.
> - kein Sanierungsgewinn
>   Wenn kein Sanierungsgewinn gegeben ist, sind damit auch keine steuerlichen Folgen verbunden.

Im Zusammenhang mit dem Kapitaleinlageprinzip sind zwei weitere Bestimmungen von Bedeutung, nämlich Art. 125 Abs. 3 DBG und Art. 5 Abs. 1bis VStG. Zentral ist dabei, dass Kapitalunternehmen sowohl für die direkte Bundessteuer als auch für die Verrechnungssteuer die aus Kapitaleinlagen, Aufgeldern und Zuschüssen resultierenden Reserven auf gesonderten Eigenkapitalkonten in ihrer Handelsbilanz ausweisen müssen, um vom Kapitaleinlageprinzip profitieren zu können.

Das Bilanzrecht hat indessen für Kapitalunternehmen bis 31. Dezember 2012 bzw. 2014 keine solche Unterteilung vorgesehen, sondern die Aufteilung des Eigenkapitals gemäss Art. 671 ff. OR in Grundkapital, allgemeine, Aufwertungs- und Reserven für eigene Aktien und Bilanzgewinn bzw. -verlust sowie allfällige weiterführende statutarische und freie Reserven verlangt.

Es empfiehlt sich daher, in Anlehnung an die Struktur in der Konzernrechnung, das Eigenkapital von Kapitalunternehmen beispielsweise wie nachstehend dargestellt zu unterteilen.

Die Gliederung des Eigenkapitals bis Ende 2012 gemäss Art. 663a aOR (aufgehoben ab 2013) zeigt sich wie folgt:

Grundkapital
Kapitalreserven
Gesetzliche Reserven (Kapitaleinlageprinzip bei Art. 671 Abs. 2 Ziff. 1 OR = Aufgelder bzw. Agios)
Weitere Einlagen, Zuschüsse (Kapitaleinlageprinzip)
Gewinnreserven
Gesetzliche Reserven (allgemeine, eigene Aktien, Aufwertung)
Statutarische Reserven
Freie Reserven
Bilanzgewinn bzw. -verlust

Seit 1. Januar 2013 bzw. 2015 erfolgt die Gliederung des Eigenkapitals gemäss Art. 959a Abs. 2 Ziff. 3. OR:

Grundkapital
Gesetzliche Reserven
Kapitalreserven
Gewinnreserven
Freiwillige Reserven
Gewinnreserven
Statutarische Reserven
Freie Reserven
Bilanzgewinn bzw. -verlust
Eigene Kapitalanteile als Minusposition

Siehe unter anderem die folgende Rechtsprechung zur Sanierung aus Sicht des zu sanierenden Kapitalunternehmens: BGer vom 20. Oktober 2014, StE 2015 DBG/ZH B 72.19 Nr. 19 (steuerliche Beurteilung von Forderungsverzichten; bei einer Fusion zweier Kapitalgesellschaften kann die aufnehmende Gesellschaft die Verlustvorträge der absorbierten Gesellschaft an sich steuerwirksam geltend machen; handelt es sich bei der absorbierten Gesellschaft um ein Unternehmen, das vor der Fusion saniert worden ist, ist für die Zulassung der Verlustvorträge bei der aufnehmenden Gesellschaft allerdings zu prüfen, welche Sanierungsleistung erbracht und wie diese steuerlich zu behandeln ist; nach der in der Lehre vorherrschenden Auffassung sollen Sanierungsleistungen von Aktionären, insbesondere auch Forderungsverzichte, nicht Ertrag, sondern Eigenkapital- oder Fremdkapitaleinlagen sein, die – entgegen Forderungsverzichten seitens an der Gesellschaft nicht beteiligter Gläubiger – nicht in die Erfolgsrechnung gehörten; es sei jede Sanierungsleistung eines Beteiligten als erfolgsneutraler Wertzugang zu behandeln; das Bundesgericht teilt diese Auffassung nicht und geht in Bezug auf die beiden strittigen Forderungsverzichte von erfolgswirksamen Vorgängen aus, die eine Verrechnung i. S. v. Art. 67 DBG ausschliessen), BGer vom 2. September 1989, StE 1990 BdBSt B 72.16 Nr. 1 (Forderungsverzicht durch Aktionäre [Art. 49 Abs. 1 Buchst. a BdBSt]; Forderungsverzichte, gleichgültig, ob der Verzicht von einem Aktionär oder einem unbeteiligten Gläubiger ausgesprochen wurde, sind in der Regel echte Sanierungsgewinne und deshalb ertragswirksame Vermögenszugänge; sie werden nur dann dem Ertrag nicht zugerechnet, wenn und soweit es sich entweder um eine Darlehensforderung handelt, die vor der Sanierung steuerlich als verdecktes Eigenkapital behandelt wurde, oder um Aktionärsdarlehen, die erstmalig oder zusätzlich wegen schlechten Geschäftsgangs gewährt wurden und die unter den gleichen Umständen von unabhängigen Dritten nicht zugestanden worden wären; die Auffassung, es sei jede Sanierungsleistung eines Beteiligten ohne Rücksicht auf die Form [Kapitaleinzahlung oder Forderungsverzicht] als erfolgsneutraler Wertzugang zu behandeln, kann nicht geteilt werden), BGer vom 13. August 2008, StE 2009 DBG/ZH B 21.1 Nr. 18 (Forderungsverzicht im Privatvermögen; der Erlass von Geschäftsschulden bildet Einkommen aus selbstständiger Erwerbstätigkeit; der Forderungsverzicht gegenüber einer Privatperson stellt nach der Reinvermögenszugangstheorie eine Einkunft im Sinn der Einkommensgeneralklausel dar; ein steuerfreier privater Kapitalgewinn liegt nicht vor; in casu erfassten die Vorinstanzen lediglich ein

Einkommen in der Höhe der Werthaltigkeit der Forderung zum Zeitpunkt des Verzichts; ob allenfalls der volle Nennwert der erlassenen Schuld einkommenssteuerrechtlich zu erfassen gewesen wäre, hat das Bundesgericht nicht geprüft, da es nicht über die Begehren der Parteien hinausgehen darf; immerhin hat es festgestellt, dass die von den Steuerbehörden praktizierte Lösung mit Blick auf den Grundsatz der Realität des Einkommens durchaus als vertretbar erscheint; andernfalls müsste beispielsweise bei jedem Steuererlass konsequenterweise – im Ausmass des erlassenen Steuerbetrags – ein steuerbares Einkommen aufgerechnet werden), StGer SO vom 13. Januar 1992, StE 1992 SO B 72.13.1 Nr. 1 (der Forderungsverzicht einer Kapitalgesellschaft gegenüber einer Tochtergesellschaft ist als verdeckte Kapitaleinlage a) steuerlich zu berichtigen, wenn eine Steuerumgehung vorliegt, b) nicht zu berichtigen, wenn der Forderungsverzicht durch kaufmännische oder wirtschaftliche Erwägungen vollauf erklärbar ist; Abschreibungen sind a) für die in der Berechnungsperiode effektiv eingetretenen Wertverminderungen vorzunehmen, b) sie können nachgeholt werden, wenn andernfalls die Höchstwertvorschriften verletzt würden oder wenn das Nachholen dem Gedanken der Besteuerung nach der wirtschaftlichen Leistungsfähigkeit entspricht).

8.2 Steuerfolgen aus Sicht der Beteiligten

Aus der Sicht der das Unternehmen sanierenden Beteiligten ist für die Ermittlung der steuerlichen Folgen der Sanierungsmassnahmen wesentlich, ob die Beteiligungsrechte des sanierungsbedürftigen Unternehmens bei diesen

- Geschäftsvermögen oder
- Privatvermögen

darstellen.

Sanierungs-massnahme	Beteiligungsrechte stellen dar	
	Geschäftsvermögen	Privatvermögen
Kapital-herabsetzung	Steuerlich erfolgswirksame Abschreibung der Beteiligung im Umfang der Herabsetzung	Kapitalverlust (nicht realisiert) auf Privatvermögen steuerlich nicht abzugsfähig
Kapital-erhöhung	Steuerlich erfolgsunwirksame Aktivierung auf der Beteiligung im Umfang der Erhöhung, ggf. kombiniert mit einer erfolgswirksamen Wertberichtigung	Keine steuerliche Abzugsfähigkeit der À-fonds-perdu-Zahlung; daher einkommensunwirksam; allenfalls höherer Vermögenssteuerwert
À-fonds-perdu-Zahlung	Do. Kapitalerhöhung	Do. Kapitalerhöhung
Aufwertung von Aktiven	Keine Aktivierungspflicht der Beteiligung im Umfang der Aufwertung, da Wert vorher schon vorhanden	Kein realisierter Kapitalgewinn, allenfalls höherer Vermögenssteuerwert
Auflösung von stillen Reserven	Do. Aufwertung von Aktiven	Do. Aufwertung von Aktiven
Rangrücktritt	Keine Änderung des Beteiligungswerts; steuerlich erfolgswirksame oder -unwirksame (verdecktes Eigenkapital) Abschreibung der Forderung im Umfang der Verlustwahrscheinlichkeit oder Bildung einer entsprechenden Rückstellung	Einkommensunwirksam; Vermögenssteuerwert wird nicht tangiert
Forderungsverzicht	Abschreibung Forderung und Aktivierung Beteiligung im Umfang des Forderungsverzichts, ggf. kombiniert mit einer erfolgswirksamen Wertberichtigung Alternative: direkte Abschreibung der Forderung	Analog zur allfälligen Besteuerung des entsprechenden Forderungsverzichts steuerlich abzugsfähig (siehe BGer vom 13. August 2008, StE 2009 DBG/ZH B 21.1 Nr. 18); ansonsten steuerlich nicht abzugsfähiger, realisierter Kapitalverlust auf Privatvermögen; allenfalls höherer Vermögenssteuerwert
Besserungsschein	Steuerlich erfolgswirksame oder -unwirksame (verdecktes Eigenkapital) Abschreibung der Forderung; keine Aktivierung des Besserungsscheins	Steuerlich nicht abzugsfähiger Kapitalverlust; kein Vermögenssteuerwert des Besserungsscheins
Sanierungsgenussschein	Do. Besserungsschein; Aktivierung und Bewertung je nach Fortgang Kapitalunternehmen	Do. Besserungsschein; Vermögenssteuerwert

Nachfolgend wird lediglich noch die Verlustverrechnung im Rahmen einer Sanierung dargestellt.

Grundlage dafür bilden Art. 67 Abs. 2 DBG, Art. 25 Abs. 3 StHG und die entsprechenden kantonalen Bestimmungen, z. B. § 74 Abs. 2 StG AG und § 70 Abs. 2 StG ZH, wonach mit Leistungen zum Ausgleich einer Unterbilanz im Rahmen einer Sanierung, die nicht Kapitaleinlagen einschliesslich Aufgelder und Leistungen à fonds perdu von Mitgliedern von Kapitalunternehmen sind, auch Verluste verrechnet werden können, die in früheren Geschäftsjahren entstanden und noch nicht mit Gewinnen verrechnet werden konnten (siehe dazu einleitend zur Sanierung oben Kapitel Sanierung).

Entscheidend für die Frage der Verlustverrechnung ist mithin, ob echte, unechte oder keine Sanierungsgewinne vorliegen (siehe dazu oben in diesem Kapitel).

Darauf gestützt können mit echten Sanierungsgewinnen auch Verluste verrechnet werden, die vor der siebenjährigen Verlustverrechnungsperiode und vice versa mit unechten Sanierungsgewinnen nur Verluste, die innerhalb der siebenjährigen Verlustverrechnungsperiode entstanden sind.

Siehe unter anderem die folgende Rechtsprechung zur Sanierung aus Sicht der Beteiligten des zu sanierenden Kapitalunternehmens: BGer vom 12. August 2008, StE 2008 DBG/SO A 12 Nr. 18 (Honorarverzicht gegenüber sanierungsbedürftiger AG; auch eine unabhängige Drittperson, welche gegenüber einer AG sowohl eine Darlehensforderung als auch eine Forderung aus Honorar hätte, würde im Fall der eingeschränkten Zahlungsfähigkeit der AG auf die Amortisation des Darlehens und nicht auf Zahlung der Honorarforderung bestehen, da auf der Honorarzahlung Einkommens- und allenfalls Mehrwertsteuern zu begleichen sind; der Beschwerdeführer hat sich deshalb im Drittvergleich durchaus rational verhalten; es besteht keine Rechtspflicht des Aktionärs, durch besondere Leistungen oder Verzichte zur Sanierung der AG beizutragen; eine Steuerumgehung liegt demnach nicht vor; zu prüfen ist aber, ob die Abschreibung der Honorarforderung im Geschäftsvermögen des Aktionärs geschäftsmässig begründet war; das ist zu bejahen, denn der Sanierungsbedarf der AG ist ausgewiesen, und ein Forderungsverzicht ist auch gegen unabhängigen Dritten bei Insolvenz geschäftsmässig begründet; dass der Beschwerdeführer gleichzeitig eine Darlehensamortisation in gleicher Höhe vornahm, ändert daran nichts; auch kann keine Rede davon sein, dass die Umbuchung der Honorarzahlung auf Darlehensrückzahlung bei der AG unzulässig war), VGer ZH vom 14. Juli 1999, StE 1999 ZH B 23.45.2 Nr. 1 (Forderungsverzicht eines Architekten gegenüber einer selbstbeherrschten Gesellschaft; Zuordnung von Beteiligungen zum Privat- oder Geschäftsvermögen; ob der Forderungsverzicht gegenüber einem Dritten geschäftsmässig begründet ist, beurteilt sich danach, ob sich der selbstständig Erwerbende aus dem Verzicht in guten Treuen einen seinem Geschäft zukommenden Erfolg versprechen durfte; Gleiches gilt, wenn der Forderungsverzicht gegenüber einer Gesellschaft erfolgt, an welcher der selbstständig Erwerbende eine Beteiligung hält, die seinem Privatvermögen zuzuordnen ist; doch ist der Verzicht nicht geschäftsmässig begründet, wenn er seinen Grund im Beteiligungsverhältnis und nicht in der selbstständigen Erwerbstätigkeit hat, was im vorliegenden Fall angenommen wurde; beherrschende Beteiligungen eines selbstständig Erwerbenden an einem seinem Geschäftsbereich nahestehenden Unternehmen stellen jedenfalls dann Geschäftsvermögen dar, wenn sie wirtschaftlich betrachtet einer Erweiterung des Betriebs des selbstständig Erwerbenden gleichkommen; die Mehrheitsbeteiligung an einem Bau- und Immobilienunternehmen wurde in casu nicht als Geschäftsvermögen eines Architekten betrachtet, weil die wirtschaftlich-technische Verknüpfung der beiden Geschäftsbereiche nicht hinreichend erstellt war).

In Ergänzung die entsprechenden gesetzlichen Bestimmungen von Art. 67 DBG und Art. 25 Abs. 2 und 3 StHG Verluste:

[1] Vom Reingewinn der Steuerperiode können Verluste aus sieben der Steuerperiode (Art. 79 DBG) vorangegangenen Geschäftsjahren abgezogen werden, soweit sie bei der Berechnung des steuerbaren Reingewinnes dieser Jahre nicht berücksichtigt werden konnten.

[2] Mit Leistungen zum Ausgleich einer Unterbilanz im Rahmen einer Sanierung, die nicht Kapitaleinlagen nach Art. 60 Bst. a DBG sind, können auch Verluste verrechnet werden, die in früheren Geschäftsjahren entstanden und noch nicht mit Gewinnen verrechnet werden konnten.

Gemäss Art. 18 Abs. 2 Bst. e MWSTG gelten mangels Leistung namentlich die folgenden Mittelflüsse nicht als Entgelt: Einlagen in Unternehmen, insbesondere zinslose Darlehen, Sanierungsleistungen und Forderungsverzichte.

Beispiele

Kapitaleinlagen (Einlagen in Einzelfirmen, einfache Gesellschaften, Personengesellschaften, Kapitalgesellschaften und Genossenschaften durch deren Eigentümer, Gesellschafter oder Genossenschafter); Aufgelder, Zuschüsse, Forderungsverzichte im Zusammenhang mit Darlehen; Forderungsverzichte auf Darlehen gegenüber einer überschuldeten Gesellschaft; Zinsverzichte und Zinsreduktionen auf gewährten Darlehen; spezielle Zinskonditionen im Zusammenhang mit Kundenbeziehungen; Darlehenserlass im Rahmen einer Neuausrichtung der Kundenbeziehungen; Einräumung von Baurechten ohne oder mit reduziertem Baurechtszins.

Keine Einlagen sind Beiträge Dritter, die nicht am Unternehmen beteiligt sind. Hierbei handelt es sich entweder um Spenden (bei Zuwendungen Privater) oder um Subventionen beziehungsweise andere öffentlich-rechtliche Beiträge (bei Zuwendungen von Gemeinwesen).

8.3 Sanierungsmassnahmen bei Tochter- und Schwestergesellschaften

Halten Sanierungsmassnahmen bei Tochter- und Schwestergesellschaften dem Drittvergleich stand, gelten die analogen Überlegungen wie bei unabhängigen Dritten.

Zuschüsse von Mutter- bzw. Grossmuttergesellschaften an Tochter- bzw. Enkelgesellschaften werden in der Bilanz der leistenden Gesellschaft auf dem Beteiligungskonto aktiviert und erhöhen damit auch deren Gestehungskosten, ausser sie würden der reinen Werterhaltung dienen. In diesem Fall stellen sie bei der Muttergesellschaft steuerlich abzugsfähigen Aufwand dar, auch wenn bei der Tochtergesellschaft der Zuschuss eine gewinnsteuerneutrale Kapitaleinlage bildet.

À-fonds-perdu-Zahlungen stellen bei der Tochtergesellschaft gewinnsteuerneutrale Kapitaleinlagen dar. Ein Forderungsverzicht ist indessen grundsätzlich ein echter Sanierungsgewinn, ausser das Darlehen sei vor dem Verzicht als verdecktes Eigenkapital behandelt worden oder sei erstmalig bzw. zusätzlich wegen schlechten Geschäftsgangs gewährt und wäre unter gleichen Umständen von unabhängigen Dritten nicht zugestanden worden.

Bei Sanierungsmassnahmen zwischen Schwestergesellschaften basierend auf einem Darlehensverhältnis ist ebenfalls zu unterscheiden zwischen den beiden Situationen, da die Sanierungsmassnahme dem Drittvergleich standhält oder nicht.

- Sanierungsmassnahme hält Drittvergleich stand:
    a) Die Schwestergesellschaft, welche auf die Forderung verzichtet, kann diese steuerlich wirksam abschreiben.
    b) Die vom Forderungsverzicht profitierende Schwestergesellschaft verbucht einen entsprechenden Ertrag, der als echter Sanierungsgewinn gilt. Sie kann die Verlustverrechnung gestützt auf Art. 67 Abs. 2 DBG bzw. Art. 25 Abs. 3 StHG geltend machen.
    c) Bei der gemeinsamen Muttergesellschaft zeigt die Sanierungsmassnahme keine Wirkung, weder in Bezug auf die Gewinnsteuerwerte der Beteiligungen noch bezüglich deren Gestehungskosten.
- Sanierungsmassnahme hält Drittvergleich nicht stand

    Basiert die Sanierungsmassnahme auf dem gemeinsamen Beteiligungsverhältnis der Muttergesellschaft, gelangt entweder die einfache oder die modifizierte Dreieckstheorie zur Anwendung.
    a) einfache Dreieckstheorie

       Danach gilt der Forderungsverzicht bei der leistenden Schwestergesellschaft nicht als steuerlich abzugsfähiger Aufwand und bei der Muttergesellschaft als Beteiligungsertrag sowie bei der empfangenden Schwestergesellschaft als gewinnsteuerneutrale Kapitaleinlage.
    b) modifizierte Dreieckstheorie

       In diesem Fall werden auf der Ebene der Muttergesellschaft kein Beteiligungsertrag und keine Kapitaleinlage angenommen. Folglich verändern sich weder die Gewinnsteuerwerte noch die Gestehungskosten der Beteiligungen der Schwestergesellschaften.

Forderungsverzichte von Tochter- oder Schwestergesellschaften, die dem Drittvergleich standhalten, gelten als steuerlich abzugsfähiger Aufwand.

Forderungsverzichte von Tochter- oder Schwestergesellschaften, die auf den Beziehungen zum Gesellschafter beruhen, sind nicht geschäftsmässig begründet und werden zum ausgewiesenen Gewinn hinzugerechnet.

Leistungen an Tochter- oder Schwestergesellschaften, die auf Besserungsscheinen oder Sanierungsgenussscheinen beruhen und bei denen es sich nicht um die Rückzahlung der ursprünglichen Forderung handelt, unterliegen der Gewinnsteuer. Der Beteiligungsabzug kann nicht geltend gemacht werden.

8.4 Sanierungsfusion mit Tochter- und Schwestergesellschaften

Zu unterscheiden sind bei der Sanierungsfusion jene mit einer Mutter- mit einer Tochtergesellschaft (Upstream-Merger) und jene zwischen Schwestergesellschaften.

- **Upstream-Merger**

    Entsteht beim Upstream-Merger ein Buchverlust als Differenz zwischen dem Aktivenüberschuss zu Buchwerten der übernommenen Tochtergesellschaft und dem höheren Buchwert der untergegangenen Beteiligungsrechte, kann dieser bei der Muttergesellschaft als unechter Fusionsverlust gemäss Art. 61 Abs. 5 DBG steuerlich nicht abgezogen werden. Dies gilt jedoch nur für unechte Fusionsverluste, wenn die stillen Reserven und der Goodwill der übernommenen Gesellschaft den Buchverlust kompensieren.

    Echte Fusionsverluste dagegen haben ihre Ursache in einer Überbewertung der Beteiligung an der Tochtergesellschaft und können deshalb als steuerlich abzugsfähiger Aufwand verbucht werden.

    Die übernehmende Muttergesellschaft kann bei der Berechnung des steuerbaren Reingewinns die noch nicht berücksichtigten Vorjahresverluste der übertragenen Tochtergesellschaft nach Art. 67 Abs. 1 DBG bzw. Art. 25 Abs. 2 StHG geltend machen. Die Übernahme der Verlustvorträge der Tochter- durch die Muttergesellschaft wird bei Vorliegen einer Steuerumgehung verweigert, namentlich dann, wenn:
    a) sich die Tochtergesellschaft in einem liquidationsreifen Zustand befindet (BGE 2A.583/2003) bzw. zum Zeitpunkt der Absorption bereits keine Geschäftstätigkeit mehr ausübte (StE 2004, B 72.15.2 Nr. 5);

b) der übertragene Betrieb der Tochtergesellschaft kurz nach der Fusion eingestellt wird (BGE 2A.583/2003).

Auf der Seite der Gesellschafter ergeben sich keine Steuerfolgen, unabhängig davon, ob sich Beteiligungsrechte im Privatvermögen einer natürlichen oder im Geschäftsvermögen einer natürlichen oder juristischen Person befinden.

- **Schwesternfusion**

    Analog verhält es sich bei der Schwesternfusion. Die übernehmende Schwestergesellschaft kann die bei der Berechnung des steuerbaren Reingewinns noch nicht berücksichtigten Vorjahresverluste der übertragenden Schwestergesellschaft nach Art. 67 Abs. 1 DBG und Art. 25 Abs. 2 StHG grundsätzlich geltend machen. Eine Übernahme der Vorjahresverluste ist jedoch ausgeschlossen, wenn eine Steuerumgehung vorliegt, namentlich wenn die übertragende Schwestergesellschaft wirtschaftlich liquidiert oder in liquide Form gebracht worden ist oder wenn ein durch Fusion übertragener Betrieb kurz nach der Fusion eingestellt wird.

    Auf der Seite der Gesellschafter ist zu unterscheiden, ob sich die Beteiligungsrechte im Privatvermögen oder im Geschäftsvermögen befinden:

    a) Beteiligungsrechte im Privatvermögen einer natürlichen Person

    Übernimmt eine Schwestergesellschaft mit echter Unterbilanz durch Annexion die Aktiven und Passiven einer von einer Privatperson beherrschten Schwestergesellschaft mit Reserven und Gewinnvortrag, erlangt die Privatperson durch diese Sanierung dann einen geldwerten Vorteil nach Art. 20 Abs. 1 Bst. c DBG bzw. Art. 20 Abs. 1bis DBG, wenn und soweit durch die Fusion übrige Reserven, die nicht als Reserven aus Kapitaleinlagen qualifizieren, vernichtet werden. Gleiches gilt auch im umgekehrten Fall, soweit übrige Reserven untergehen. Eine echte Unterbilanz ist in dem Umfang gegeben, als die ausgewiesenen Verluste die offenen und stillen Reserven übersteigen. Die modifizierte Dreieckstheorie findet dabei keine Anwendung.

    b) Beteiligungsrechte im Geschäftsvermögen einer natürlichen Person

    Bilden die Beteiligungsrechte an den Schwestergesellschaften beim Beteiligten Geschäftsvermögen, realisiert er bei Anwendung des Buchwertprinzips keinen steuerbaren Beteiligungsertrag. Die Einkommenssteuerwerte der Beteiligungen werden addiert und bleiben gesamthaft betrachtet unverändert.

c) Beteiligungsrechte einer juristischen Person
Do., wenn die Beteiligungsrechte an den Schwestergesellschaften Bestandteil einer juristischen Person sind. Die Gestehungskosten und Gewinnsteuerwerte der Beteiligungen werden addiert und bleiben gesamthaft unverändert. Allfällige wieder eingebrachte Abschreibungen sind steuerbar.

9. Fragen und Aufgaben

9.1 Die Pauper AG sanieren.

Es stehen folgende Daten zur Verfügung:

Bilanz der Pauper AG vor Sanierung (Sanierungseröffnungsbilanz)

Aktiven		Passiven	
	in CHF		in CHF
Flüssige Mittel	100 000.-	Kreditoren	1 000 000.-
Debitoren	300 000.-	Darlehen	400 000.-
Vorräte	600 000.-	Hypotheken	600 000.-
Immobilien	600 000.-	Aktienkapital	2 000 000.-
Einrichtungen	200 000.-	Bilanzverlust	-1 800 000.-
Maschinen	400 000.-		
	2 200 000.-		2 200 000.-

Es werden folgende Sanierungsmassnahmen getroffen (in CHF):

• Herabsetzung des Aktienkapitals auf	1 000 000.-
• Das restliche Aktienkapital wird in Stammaktienkapital umgewandelt	1 000 000.-
• Die Kreditoren verzichten auf 40% ihrer Forderungen	
• Das Darlehen wird in Vorzugsaktienkapital umgewandelt	
• Die Aktionäre leisten À-fonds-perdu-Zahlungen von	400 000.-
• Die Liegenschaft wird aufgewertet	
– Anschaffungswert	700 000.-
– Verkehrswert	800 000.-
– Der Saldo des Sanierungskontos wird auf die Reserven übertragen	
• Es die Buchungen vorzunehmen und dabei das Sanierungskonto zu führen	
– einmal als reines Erfolgskonto	
– einmal als Sanierungsjournal	

Sanierung von Unternehmen

Es sind die Sanierungsbuchungen zu treffen, und anschliessend ist die Bilanz der Pauper AG nach Sanierung zu erstellen.

Buchungen (in CHF):

2800	Aktienkapital	an	1999	Sanierungskonto	1 000 000.–
2800	Aktienkapital	an	1999	Sanierungskonto	1 000 000.–
1999	Sanierungskonto	an	2800	Stammaktienkapital	1 000 000.–
2000	Kreditoren	an	1999	Sanierungskonto	400 000.–
2450	Darlehen	an	1999	Sanierungskonto	400 000.–
1999	Sanierungskonto	an	2801	Vorzugsaktienkapital	400 000.–
1020	Flüssige Mittel	an	1999	Sanierungskonto	400 000.–
1600	Immobilien	an	1999	Sanierungskonto	200 000.–
1999	Sanierungskonto	an	2950	Gewinnreserven	1 600 000.–
1999	Sanierungskonto	an	2900	Kapitalreserve	400 000.–

Sanierungskonten (in CHF)

Soll	Sanierungsjournal	Haben
	1 000.–	1 000.–
	400.–	1 000.–
		400.–
		400.–
		400.–
		200.–
Saldo	2 000.–	
	3 400.–	3 400.–

Soll	Sanierungserfolg	Haben
		400.–
		400.–
		200.–
Saldo	1 000.–	
	1 000.–	1 000.–

Bilanz der Pauper AG nach Sanierung (Sanierungsschlussbilanz)

Aktiven		Passiven	
	in CHF		in CHF
Flüssige Mittel	500 000.-	Kreditoren	600 000.-
Debitoren	300 000.-	Darlehen	0.-
Vorräte	600 000.-	Hypotheken	600 000.-
Immobilien	800 000.-	Stamm-Aktienkapital	1 000 000.-
Einrichtungen	200 000.-	Vorzugs-Aktienkapital	400 000.-
		Bilanzverlust	-1 800 000.-
Maschinen	400 000.-	Reserven	2 000 000.-
	2 800 000.-		2 800 000.-

9.2 Müllerhofer AG – Sanierung

a) allgemeine Angaben

Die Müllerhofer AG, eine Handelsgesellschaft mit Reparaturwerkstatt, wurde am 1. Januar 2015 gegründet. Das Aktienkapital wurde durch Sacheinlagen, gestützt auf den Übernahmevertrag mit der bis dahin bestehenden Einzelunternehmung «Hans Müllerhofer, Haushaltapparate», einschliesslich eines von der Gesellschaft zu erwerbenden Goodwills von CHF 250 000.–, liberiert.

Die Jahresbilanz der Müllerhofer AG auf den 31. Dezember 2015 weist einen Verlustsaldo aus. Diese Bilanz ist in der Beilage zu dieser Aufgabe wiedergegeben. Das Aktienkapital ist in 250 Namenaktien zu CHF 1000.– eingeteilt und befindet sich mehrheitlich im Besitz von Hans Müllerhofer, während die Hamu AG eine Minderheitsbeteiligung hält. Der Bericht der Revisionsstelle für 2015 enthält die Einschränkung, dass der eingebrachte Goodwill im Hinblick auf die Ertragslage als Nonvaleur bezeichnet und abgeschrieben werden muss und Abschreibungen auf den Maschinen, Einrichtungen und Fahrzeugen in der Höhe von CHF 60 000.– unterlassen worden sind. Es wurde demzufolge auch auf die bestehende Unterbilanz (Kapitalverlust) und auf die in Art. 725 Abs. 1 OR vorgesehenen Massnahmen hingewiesen. Die ordentliche Generalversammlung vom 27. Juni 2016 hat darauf, gestützt auf die günstig lautenden Erwartungen des Verwaltungsrats, eine Sanierung der Müllerhofer AG beschlossen.

Aus den für das 1. Semester 2016 nachgeführten Hauptbuchkonten ergibt sich die in der Beilage zu dieser Aufgabe aufgeführte Saldobilanz. Die für diese Periode notwendigen Abschreibungen auf den Maschinen, Einrichtungen und Fahrzeugen sind noch nicht verbucht.

b) vorgesehene Sanierungsmassnahmen

Im Zuge der Sanierung sind folgende Bilanzbereinigungen vorgesehen:
- Das Aktienkapital von CHF 250 000.– wird vollständig abgeschrieben.
- Das Aktienkapital wird wieder auf die ursprüngliche Höhe gebracht, wobei 100 Prioritätsaktien à nom. CHF 1000.– und 150 Stammaktien à nom. CHF 1000.– ausgegeben werden. Die Prioritätsaktien werden von Fritz Müllerhofer übernommen und durch Verrechnung liberiert. Hans Müllerhofer liberiert bar 50 Stammaktien, die restlichen Stammaktien übernimmt die Hamu AG. Sie liberiert ihre neuen Aktien durch Verrechnung mit ihrem Aktionärsdarlehen. Ferner macht sie einen Forderungsverzicht im Umfang von CHF 50 000.–.
- Ein Lieferant macht eine freiwillige Zuzahlung à fonds perdu von CHF 30 000.–.
- Abschreibung des Goodwills.
- Nachholung der bisher unterlassenen Abschreibungen auf Maschinen, Einrichtungen und Fahrzeugen.

c) Aufgaben
1. Die Beilage zu dieser Aufgabe ist in den freien Spalten durch die zu treffenden Buchungen zu ergänzen, die erforderlich wären, wenn die Sanierung gemäss den Angaben unter Bst. b. durchgeführt würde. Das Sanierungskonto ist darzustellen und der Sanierungserfolg auszuweisen.
2. Der Verwaltungsrat der Müllerhofer AG wünscht ferner eine Beurteilung der vorgesehenen Sanierungsmassnahmen und die Beantwortung folgender Fragen:
    a) Ist die vorgesehene Sanierung ausreichend?
    b) Welche steuerlichen Folgen hinsichtlich der direkten Bundessteuer und der Stempelabgaben hat die vorgesehene Sanierung? Begründen Sie Ihre Antworten in Stichworten.
3. Es sind weitere, im Fall der Müllerhofer AG realisierbare, Sanierungsmassnahmen zu nennen.

Siehe das folgende Raster zur Erfassung der Vorgänge und Erstellung des Sanierungsergebnisses:

	Bilanz 31. Dezember 15		Saldobilanz 30. Juni 16					
	Aktiven	Passiven	Soll	Haben	Soll	Haben	Soll	Haben
Flüssige Mittel	30		20					
Debitoren	450		400					
Warenvorräte	420		360					
Liegenschaft	800		800					
Maschinen	370		370					
Goodwill	50		50					
Verlustsaldo	40		40					
Kreditoren		710		790				
Bankschulden		250		300				
Darl. F. Maurer		100		100				
Darl. KUMA AG		200		200				
Hypothek		600		600				
Trans. Passiven		50		70				
Aktienkapital		250		250				
	2160	2160						

	Erfolgsrechnung 2015		Saldobilanz 30. Juni 16					
	Aufwand	Ertrag	Soll	Haben	Soll	Haben	Soll	Haben
Warenverkäufe		1680		950				
Reparaturertrag		250		120				
Jahresverlust		40						
Einkauf Waren	1220		880					
Personalaufwand								
Vertrieb	330		180					
Werkstatt	230		120					
Verw.-, Vertr.-Kosten	120		70					
Zinsen	30		20					
Lg.-Aufwand	40		20					
A. o. Deb.-Verlust			50					
	1970	**1970**	**3380**	**3380**				

Literatur und Materialien

Literatur

Die aufgeführten Werke bilden zum vorliegenden Werk eine Auswahl an weiterführender Literatur und dienen dessen Ergänzung.

Basler Kommentar zum Schweizerischen Privatrecht: Obligationenrecht I, Art. 1–529 OR, 7. Aufl., Basel 2019.

Basler Kommentar zum Schweizerischen Privatrecht: Obligationenrecht II, Art. 530–964 OR, 5. Aufl., Basel 2016.

Benz, Rolf: Handelsrechtliche und steuerrechtliche Grundsätze ordnungsmässiger Bilanzierung, Diss. Zürich 2000.

Blumer, Karl: Die kaufmännische Bilanz, 10. erweiterte und überarbeitete Aufl., Zürich 1989.

Böckli, Peter: Der Rangrücktritt im Spannungsfeld von Schuld- und Aktienrecht, in: Festgabe Walter R. Schluep, Bern 1988, S. 339 ff.

Böckli, Peter: Schweizer Aktienrecht, 4. Aufl., Zürich 2009.

Boemle, Max/Lutz, Ralf: Der Jahresabschluss. Bilanz, Erfolgsrechnung, Geldflussrechnung, Anhang, 5. Aufl., Zürich 2008.

Boemle, Max/Stolz, Carsten: Unternehmungsfinanzierung, Band 1. Grundlagen und Kapitalbeschaffung, 14. Aufl., Zürich 2010.

Boemle, Max/Stolz, Carsten: Unternehmungsfinanzierung, Band 2. Besondere Finanzierungsanlässe und Finanzanalyse, 14. Aufl., Zürich 2012.

Carlen, Franz/Gianini, Franz/Riniker, Anton: Finanzbuchhaltung 1, Praxis der Finanzbuchhaltung, 16. Aufl., Zürich 2020.

FER Swiss GAAP FER: Fachempfehlungen zur Rechnungslegung, FER Stiftung für Fachempfehlungen zur Rechnungslegung, Zürich 2020.

Gurtner, Peter: Die handelsrechtlich ausschüttbare nichtbetriebsnotwendige Substanz nach dem neuen Recht der indirekten Teilliquidation, in: ASA 76 (2008), S. 553 ff.

Gurtner, Peter: Inflation Accounting und Steuernin in: ST 1982, S. 2 ff. und S. 38 ff.

Gurtner, Peter: Neue Rechnungslegung – Prinzipielle Massgeblichkeit oder eigenständige Steuerbilanz? in ASA 69 (2000/01), S. 63 ff.

Helbling, Carl: Bilanz- und Erfolgsanalyse, 10., nachgeführte Aufl., Bern und Stuttgart 1997.

Helbling, Carl: Unternehmensbewertung und Steuern, 9. Aufl., Düsseldorf 1998.

Honsell, Heinrich: Schweizerisches Obligationenrecht, Besonderer Teil, 10. Aufl., Bern 2017.

Hüttche, Tobias/Meier-Mazzucato, Giorgio: Unternehmensbewertung von Schweizer KMU, Kommentierung der Fachmitteilung «Unternehmensbewertung von kleinen und mittleren Unternehmen (KMU)» von EXPERTsuisse, Hrsg. EXPERTsuisse, Zürich 2018.

Jungo, Alexandra/Schmid, Jörg/Schnyder, Bernhard/Tuor, Peter: Das schweizerische Zivilgesetzbuch, 14. Aufl., Zürich 2015.

Käfer, Karl: Die Bilanz als Zukunftsrechnung, 3. Aufl., Zürich 1976.

Käfer, Karl: Die Erfolgsrechnung, Zürich 1977.

Käfer, Karl: Kommentar zum Obligationenrecht, Band VIII, 2. Abteilung, Die kaufmännische Buchführung, Bern 1981.

Kälin, Oliver: Die Sanierung der Aktiengesellschaft, Ein Rechtshandbuch für Verwaltungsräte, Zürich 2016.

Klöti-Weber, Marianne/Siegrist, Dave/Weber, Dieter: Kommentar zum Aargauer Steuergesetz, 4. Aufl., Muri-Bern 2015.

Kren Kostkiewicz, Jolanta/Wolf, Stephan/Amstutz, Marc/Fankhauser, Roland (Hrsg.): Handkommentar zum Schweizerischen Obligationenrecht, 3., aktualisierte Aufl., Zürich 2016.

Lanz, Rolf: Controlling in kleinen und mittleren Unternehmen, 3. Auflage, Bern und Stuttgart 1992.

Locher, Peter: Kommentar zum DBG, I. Teil, Art. 1–48 DBG, 2. Aufl., Therwil/Basel 2019.

Locher, Peter: Kommentar zum DBG, II. Teil, Art. 49–101 DBG, Therwil/Basel 2004.

Locher, Peter: Kommentar zum DBG, III. Teil, Art. 102–222 DBG, Therwil/Basel 2015.

Luginbühl, Tanja/Affolter Marino, Anja: «Exit» aus der Nachlassstundung nach erfolgreicher Sanierung – Erste Erkenntnisse zum neuen Art. 296a SchKG in: SZW/RSDA 3/2019.

Meier-Hayoz, Arthur/Forstmoser, Peter/Sethe, Rolf: Schweizerisches Gesellschaftsrecht, 12. Auf., Bern 2018.

Meier-Mazzucato, Giorgio: Entgeltliche Unternehmensnachfolge von KMU mit Schwerpunkt steuerliche Aspekte, 1. Aufl., Bern 2009.

Meier-Mazzucato, Giorgio: Steuerliche Aspekte der Unternehmensnachfolge – einige wesentliche Themenbereiche in: TREX 6/2009.

Meier-Mazzucato, Giorgio: Aspekte der Unternehmensnachfolge und Unternehmensbewertung – Teil 1, in: TREX 3/2013.

Meier-Mazzucato, Giorgio: Bestimmung der steuerlich abzugsfähigen Vermögensverwaltungskosten für Wertschriften, in: TREX 1/2015.

Meier-Mazzucato, Giorgio: Erweiterte modifizierte Dreieckstheorie zur Verbesserung von Unternehmensnachfolgeprozessen mittels Spaltung, in: TREX 3/2015.

Meier-Mazzucato, Giorgio/Montandon, Marc: Finanzierung der entgeltlichen Unternehmensnachfolge – Optimierung der Steuern und der Finanzierung, in: TREX 3/2011.

Meier-Mazzucato, Giorgio/Montandon, Marc: Wert- bzw. Preisperspektiven und Paketzu- und -abschläge bei der Unternehmensbewertung und bei Unternehmenstransaktionen, in: TREX 5/2011.

Meier-Mazzucato, Giorgio/Montandon, Marc: Vorbereitende Strukturierung von Unternehmen im Unternehmensnachfolgeprozess, in: TREX 3/2012.

Meier-Mazzucato, Giorgio/Montandon, Marc: Aspekte der Unternehmensnachfolge und Unternehmensbewertung – Teil 2, in: TREX 4/2013.

Meier-Mazzucato, Giorgio/Montandon, Marc: Aspekte der Unternehmensnachfolge und Unternehmensbewertung – Teil 3, in: TREX 6/2013.

Meier-Mazzucato, Giorgio/Ricklin Daniela: Earn-Out mit Bewertungs- und Finanzierungsfunktion als probate Methode bei der Unternehmensnachfolge, in: TREX 5/2014.

Meier-Mazzucato, Giorgio: Erweiterte modifizierte Dreieckstheorie zur Verbesserung von Unternehmensnachfolgeprozessen mittels Spaltung, in: TREX 3/2015.

Meier-Mazzucato, Giorgio: Upstream-Merger – steuerrechtliche Aspekte zu echtem bzw. unechtem Fusionsgewinn und Fusionsverlust, in: TREX 5/2017.

Meier-Mazzucato, Giorgio/Strässle, Verena: Stille Reserven nach Rechnungslegungsrecht und Bilanzsteuerrecht im Vergleich, in: TREX 5/2018.

Meier-Mazzucato, Giorgio/Tasini, Giulia: Kapitalkosten bzw. Kapitalkostensätze unter Berücksichtigung steuerlicher Aspekte mit Accounting bzw. Fundamental Beta, in: TREX 2/2019.

Reich, Markus: Die Realisation stiller Reserven im Bilanzsteuerrecht, Zürich 1983.

Reich, Markus: Steuerrechtliche Aspekte des Fusionsgesetzes, in: FStR 2001, S. 4 ff.

Reich, Markus: Steuerrecht, 3. Aufl., Zürich 2020.

Richner, Felix/Frei, Walter/Kaufmann, Stefan/Meuter, Hans Ulrich: Handkommentar zum DBG, 3. überarbeitete Aufl., Bern 2016.

Richner, Felix/Frei, Walter/Kaufmann, Stefan/Meuter, Hans Ulrich: Kommentar zum harmonisierten Zürcher Steuergesetz, 3. Aufl., Zürich 2013.

Rihm, Thomas W.: Nachrangige Schuldverpflichtungen, Diss. Zürich 1992.

Schweizer Handbuch der Wirtschaftsprüfung: 2 Bände, Buchführung und Rechnungslegung und Eingeschränkte Revision, Zürich 2014.

Sprecher, Thomas/Sommer, Christa: Sanierung nach Aktienrecht, Bestandesaufnahme und Handlungsbedarf, in: Der Schweizer Treuhänder 6–7/2014.

Sprecher, Thomas/Inderkum, Matthias: Vernehmlassungsvorlage: Aktienrechtliche Sanierung, Vorentwurf des Bundesrats zur Änderung des Aktienrechts, in: Der Schweizer Treuhänder 3/2015.

Thommen, Jean-Paul: Betriebswirtschaft und Management, 10., überarbeitete und erweiterte Aufl., Zürich 2016.

Vogel, Alexander/Heiz, Christoph/Behnisch, Urs R./Sieber, Andrea/Opel, Andrea: Fusionsgesetz, 3. Aufl., Zürich 2017.

Volkart, Rudolf/Wagner, Alexander F.: Corporate Finance, Grundlagen von Finanzierung und Investition, 7., aktualisierte Aufl., Zürich 2018.

Volkart, Rudolf.: Finanzmanagement, Beiträge zu Theorie und Praxis, 7. Aufl., Band I und Band II, Zürich 1998.

Volkart, Rudolf: Wertorientierte Steuerpolitik, 2. Aufl., Zürich 2006.

Watter, Rolf/Vogt, Nedim Peter/Tschäni, Rudolf/Däniker, Daniel (Hrsg.): Basler Kommentar, Fusionsgesetz, 2. Aufl., Basel 2015.

Weilenmann, Paul: Planungsrechnung in der Unternehmung, 8. Aufl., Zürich 1994.

Zweifel, Martin/Beusch, Michael (Hrsg.): Kommentar zum Schweizerischen Steuerrecht, Bundesgesetz über die Harmonisierung der direkten Steuern der Kantone und Gemeinden (StHG), 3. Aufl., Basel 2017.

Zweifel, Martin/Beusch, Michael (Hrsg.): Kommentar zum Schweizerischen Steuerrecht, Bundesgesetz über die direkte Bundessteuer, 3. Aufl., Basel 2017.

Materialien

Die nachfolgend aufgeführten Materialien dienen als Grundlagen zu den Ausführungen.

Aktienrecht (Obligationenrecht SR 220), Änderung vom 19. Juni 2020

Botschaft zur Änderung des Obligationenrechts (Aktienrecht) vom 23. November 2016, 16.077, BBl 2017, 399

EXPERTsuisse, Fachmitteilung «Unternehmensbewertung von kleinen und mittleren Unternehmen (KMU)», Datum der ersten Veröffentlichung: 6. September 2018

EXPERTsuisse, PH 10, Schweizer Prüfungshinweis 10: Berichterstattung zur Prüfung von besonderen Vorgängen (gilt für Prüfungsberichte zu besonderen Vorgängen, die ab 15. Dezember 2013 datiert werden)

EXPERTsuisse, Schweizer Prüfungsstandard 290, Pflichten der gesetzlichen Revisionsstelle bei Kapitalverlust und Überschuldung (gilt für Mandate als gesetzliche Revisionsstelle für Geschäftsjahre, die am 1. Januar 2010 oder danach beginnen)

EXPERTsuisse, Schweizer Standard zur Eingeschränkten Revision (SER), Ausgabe 2015

Müllerhofer AG, Sanierung, Lösungsraster im XLSX-Format

Schweizer Kontenrahmen KMU

Work smart im Homeoffice – (mentale) Fitness beim (Home-)Office-Management

Martina Hofer Moreno, MBA, war 20 Jahre u. a. bei internationalen (Beratungs-) Unternehmen tätig (Arbeitssprachen: Englisch, Spanisch, Deutsch).

Als Pionierin für HR und Digitalisierung begeistert sie die strategische Begleitung von Unternehmen. Deshalb prägt sie für den Begriff «LEAN HR» die smarte Verbindung von HR und Digitalisierung.

Ihr Unternehmen ERFOLGSSPUR (www.erfolgsspur.at) ist auf Prozesse spezialisiert, die «für» HR-Leader/-innen, Führungskräfte und deren Teams arbeiten. Aus persönlicher Überzeugung und Erfahrung kombiniert Martina Hofer Moreno schlanke Prozesse für HR und Digitalisierung zu einem passenden Mix. Das Ergebnis: messbare Zeit- und Kostenersparnis mit verbesserter Qualität.

So kommen Unternehmen rascher an ihr gewünschtes Ziel: egal ob sie «sprinten» oder einen «Marathon» gewinnen wollen – HR-Leader/-innen und anderen Mitgestalter/-innen des Unternehmens gelingt dabei die erfolgreiche Verwirklichung (persönlicher) Ziele!

Martina Hofer Moreno teilt als ehemalige Leistungssportlerin ihre Erfahrungen sowohl als Karrierecoach, ISO-zertifizierte Fachtrainerin als auch diplomierte Mentaltrainerin mit ihren Klient/-innen. Mit ihrer langjährigen Expertise in internationalen Organisationen mit hybriden Projektteams konnte sie bereits zigfache «LEAN HR» Erfolgsbeispiele (digitale Innovationen im HR Bereich) verantworten.

Inhaltsverzeichnis

1. Mentale Erfolgsstrategien (z. B. aus dem Leistungssport) 269
2. «Work smart» (Ergebnisorientierung vs. Anwesenheitszeit) 271
3. Mehr Leistung dank Kraft der Pause 274
4. Bewegung hilft und wirkt 276

1. Mentale Erfolgsstrategien (z. B. aus dem Leistungssport)

Als Sportfan beschäftigt Ina schon lange eine bestimmte Frage: Wie schaffen es manche

- Spitzensportler/-innen, ihre Leistung, wenn es darauf ankommt, abzurufen?
- Weshalb sind andere sogenannte «Trainingsweltmeister/-innen», die stattdessen im entscheidenden Moment scheitern?
- Wie kommen beide Gruppen gegebenenfalls aus einem «Tief» wieder heraus? Zum Beispiel nach einer verletzungsbedingten Zwangspause?

Kai hat wiederum gehört, dass auch Nichtsportler/-innen von mentalen Erfolgsstrategien aus dem Spitzensport profitieren können. Einige davon unterstützen auch bei der Arbeit im Homeoffice. Vor allem, wenn es dort um «Work smart» geht.

Vielleicht kennen Sie das aus eigener Erfahrung oder aus ähnlichen Erzählungen:

Eigentlich wollen die meisten Menschen in der Freizeit entspannen. Doch manchmal dreht sich das Gedankenkarussell geradezu pausenlos. Zum Beispiel bei Ina, die beim Rudern im Einzelboot an sich Ruhe findet und entspannen kann. Aktuell grübelt sie allerdings sogar dort über eine Aufgabe, die sie im Homeoffice umsetzen soll.

Denn sie sitzt dabei zwischen mehreren Stühlen, konkret zwischen Kundenbedürfnissen sowie den Anforderungen ihrer Kolleg/-innen und Vorgesetzten. Sie alle sind von Inas Eignung überzeugt. Das freut Ina natürlich. Gleichzeitig ist ihr bewusst, dass sich die Unternehmensführung verständlicherweise am Ende für erreichte Vorgaben interessiert.

Moment of Excellence

Damit Einzelpersonen gezielt in ihre Kraft kommen, ist u. a. ihr persönlicher «Moment of Excellence» hilfreich. Dieser steht für einen Erfolg, den ein Mensch in der Vergangenheit hatte. Die Erinnerung daran unterstützt ihn, Leistungsstärke zu zeigen, wenn es darauf ankommt. Das gelingt umso besser, je lebhafter (z. B. mit positiven Bildern, motivierenden

Statements, guten Gefühlen, allen fünf Sinnen) der exzellente Moment verinnerlicht wurde. Nachdem Ina so ihren Moment of Excellence gefunden hatte, konnte sie ihre Aufgabe entsprechend gut erledigen.

Bei der Zusammenarbeit mit anderen Menschen ist auch ein gemeinsames Ziel hinter dem Ziel dienlich. Vor allem, wenn in einem Team beispielsweise unterschiedliche Expertisen und Ansichten vorhanden sind. Dies trifft auf Wegbegleiter im Spitzensport ebenso wie auf Teams in der Arbeitswelt zu.

Bei der Arbeit im Homeoffice kommen manchmal verschiedenste Rollen und Verantwortungsbereiche verstärkt zum Vorschein. Mitunter melden sich dann auch persönliche oder andere Bedürfnisse besonders «laut». Dafür sowie bei «Work smart im Homeoffice» gilt es immer wieder, die eigenen (mentalen) Ressourcen abzurufen. Dabei unterstützt die

Ressourcen-Timeline
besonders gut. Wie kann beispielsweise Kai damit gezielt in seine Kraft kommen? Indem er u. a. das Bewusstsein über die eigenen Ressourcen stärkt! Diese (wieder) zu entdecken, gelingt eben z. B. mit der «Ressourcen-Timeline». Dieses Format eignet sich, um für eine zukünftige Situation Ressourcen zu mobilisieren (z. B. Mut, Gelassenheit, Konzentration o. Ä.).

Dabei erinnert sich Kai an spezifische Situationen während seines Lebens, in denen er die gewünschte Ressource oder den gewünschten Zustand schon erlebt hat. Es spielt hier keine Rolle, ob es sich um ein Erlebnis im Privat- oder Berufsleben handelt. Beide Lebensbereiche dienen als «Pool», um nach diesen Ereignissen zu «fischen».

In chronologischer Reihenfolge – vom Jetzt beginnend – macht Kai eine Gedankenreise zu diesen Situationen. So als wäre er jetzt dort, um mit allen Sinnen diesen positiven Zustand wieder zu erleben. Dafür nimmt er all die guten Gefühle, Bilder, Empfindungen auf und bringt sie gegen Ende seiner Gedankenreise in die Gegenwart mit. In zukünftigen Stresssituationen gelingt es durch Wiederaufrufen dieser inneren Bilder und Situationen, quasi auf Knopfdruck in den hilfreichen Ressourcenzustand zu gelangen.

Übrigens, ab dem Zeitpunkt, zu dem sich Kai bewusster auf seine Ressourcen und frühere Erfolge konzentrierte, kam er besser mit seinen privaten Betreuungsaufgaben und beruflichen Anforderungen im Homeoffice klar.

2. «Work smart» (Ergebnisorientierung vs. Anwesenheitszeit)

«Qualität vor Quantität» oder «Weniger ist mehr» können im Homeoffice weit mehr als altbekannte, vielleicht sogar «zahnlose» Schlagwörter sein. Denn beim dortigen «Work smart» bedeutet das bei ernsthafter Umsetzung in Anlehnung an Lean Management u. a.:

- alles Notwendige möglichst gut abzustimmen und
- auf alles Überflüssige zu verzichten,

vor allem, wenn es um Prozessoptimierung geht.

Zur Förderung der Ergebnisorientierung gehören neben Fokus, möglichst optimalen Arbeitsprozessen und- zeiten im Homeoffice ebenso das Bewusstsein über die Kraft der Pause und die Vorteile von Bewegung dazu.

Bevor es darum geht, hier ein paar Gedanken zu den Prinzipien des Lean Managements. Dieser ganzheitliche Ansatz besteht aus fünf Elementen, die auch für Aufgaben im Homeoffice unterstützend sein und angepasst werden können.

Was bedeutet Lean (schlankes) Management für «Work smart im Homeoffice»?

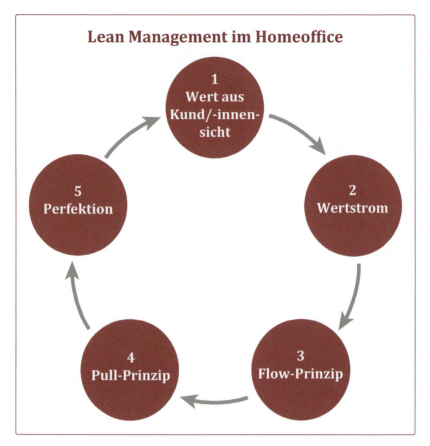

1. **Wert aus Kund/-innensicht:** Das Ziel ist zu verstehen, was Kund/-innen anzieht und was nicht. Dies können im Homeoffice externe Kund/-innen genauso wie interne «Kund/-innen» sein (z. B. Mitglieder der Geschäftsführung oder anderer Abteilungen).
2. **Wertstrom:** bedeutet hier zu erkennen, was wann wirklich gebraucht wird. Im Homeoffice gehört u. a. der virtuelle Beziehungsaufbau dazu. Zum Beispiel: Wann kommunizieren Sie, wann verlangen Sie Details oder leiten Informationen weiter?
3. **Flow-Prinzip:** heisst demgemäss, das, was es im Prozess braucht, schnell und vollständig zu liefern. Damit ist gemeint, dass Sie z. B. manche Detailfragen später stellen und stattdessen davor etliche grundsätzliche Fragen klären.
4. **Pull-Prinzip:** Diesem entsprechend leitet jeder Prozessschritt automatisiert den nächsten ein. Im Homeoffice können Sie – falls passend

und umsetzbar – erheben, welche Ihrer «To-dos» sinnvollerweise so weit wie möglich digitalisiert werden können. So gewinnen Sie Zeit für andere Aufgaben, die Ihre menschliche und berufliche Expertise unbedingt erfordern. Das letzte Element des Lean-Management-Prinzips ist:

5. **Perfektion:** besser gesagt, kontinuierliche Verbesserung. Hier können Sie natürlich auch Ihre Erfahrungen im und aus dem Homeoffice einfliessen lassen. Vor allem, falls Ihr Arbeitsalltag über eine grössere Zeitspanne betrachtet eine Mischung aus Arbeitszeit im Homeoffice und jener in einem Bürogebäude ergibt (z. B. 30% Homeoffice, 70% am Unternehmensstandort oder umgekehrt). Denn manche Arbeitsprozesse, die Sie im Homeoffice optimiert haben, können durchaus an einem anderen Arbeitsort nützlich sein und auch dort die Ergebnisorientierung begünstigen.

Hinweis

Eine gezielte und für Ihre beruflichen Aufgaben sinnvolle Definition schlanker Prozesse kann folgende Effekte haben:
- mehr qualitativ hochwertige Ergebnisse in
- kürzerer Zeit,
- Zeitgewinn für andere Tätigkeiten,
- gegebenenfalls Kostenersparnis für Ihr Unternehmen bzw. Ihre Kund/-innen,

All diese Faktoren können sich natürlich auch positiv auf
- Ihr persönliches Wohlbefinden,
- Ihren Gesundheitszustand sowie
- Ihr Zeitmanagement im Berufs- und Privatleben

auswirken.

Selbst wenn Sie für sich den optimalen Mix aus Ergebnisorientierung und Anwesenheitszeit gefunden haben und «Work smart im Homeoffice» leicht umsetzen können, sollte Ihre Tätigkeit im Homeoffice auch Zeit für Pausen und Bewegung bieten. Denn beides unterstützt Sie zudem dabei, über eine längere Phase ergebnisorientierte Leistung zu erbringen und Erfolge zu erzielen.

3. Mehr Leistung dank Kraft der Pause

«Ich habe eine Idee!» Ina staunte nicht schlecht, als sich ihr Kollege Klaus bei einem virtuellen «Montagmorgen-Meeting» zu Wort meldete. Noch am Freitag hatte Klaus klar gesagt, dass er keine neuen Ideen zu einem wichtigen Thema einbringen kann. Des Rätsels Lösung: Am Wochenende kam ihm der entscheidende Einfall nach einem gemütlichen Familienausflug. Vielleicht haben Sie schon ähnliche Erfahrungen gemacht?

Oder hatten Sie eventuell ein anderes Mal das Gefühl, nach einem Online-Meeting eine längere Pause zu benötigen? Und das, obwohl es vielleicht sogar kürzer dauerte als ein vergleichbares persönliches Gespräch im Büro? So geht es vielen Menschen im Homeoffice.

Denn virtuelle Besprechungen (vor allem in kurzen Abständen hintereinander) können manchmal mehr Energie kosten und höhere Konzentration erfordern als klassische Präsenzmeetings. Auch, wenn Sie da wie dort sicherlich sehr aufmerksam sind, z. B. weil Sie sich technisch bedingt mehr auf das Gesagte konzentrieren müssen. Oder zumal uns Feinheiten, die wir sonst mittels Gesten oder Mimik unserer Ansprechpartner/-innen genauer wahrnehmen können, online fehlen oder «verloren gehen».

Auch der rasche und häufige Wechsel zwischen Gespräch und – z. B. durch «Bildschirmteilung» – spontan gezeigten Dokumenten oder Dateien kann mit der Zeit ziemlich anstrengend sein.

Ob beim (Spitzen-)Sport oder bei der Arbeit im (Home-)Office gilt: Regeneration bewirkt Weiterentwicklung. Daher reduzieren z. B. Marathonläufer/-innen ihr Laufpensum in den letzten Tagen und Wochen vor dem entscheidenden Marathonlauf. Das ist auch bei anderen Sportarten wie Skifahren oder Fussball so.

Zusätzlich entstehen gute Ideen und Aha-Erlebnisse oft in «Pausenzeiten», wie das eben erwähnte Beispiel von Ina und Klaus zeigt. Das trifft auch auf die Arbeit im Homeoffice zu.

All jene, denen «Work smart im Homeoffice» besonders wichtig ist, sollten daher für ausreichend «smarte» Pausen sorgen. Manchmal macht sich der «Pausenbedarf» z. B. nach zwei langen und intensiven Online-Meetings fast von selbst bemerkbar. Doch idealerweise sollte auch an

Pausen gedacht werden, bevor sie unbedingt «sein müssen». Erst zu pausieren, weil sich Erschöpfung und/oder Konzentrationsschwierigkeiten immer mehr bemerkbar machen, ist suboptimal.

In gewisser Weise gibt es hier eine weitere Parallele zum Marathonlauf: Läufer/-innen sollten «Trink- und Esspausen» einlegen, bevor sich z. B. Durstgefühl oder gar ein gesundheitliches Problem einstellen. Wann welche gesundheitlich vertretbare und regelkonforme «Stärkung» geeignet ist, hängt vom individuellen Bedarf ab.

Auf das Homeoffice «übersetzt» bedeutet das, ebenso dann eine Pause zu machen, wenn gerade keine Kollegin und kein Kollege Zeit für eine gemeinsame (virtuelle) Kaffeepause hat. Denn sonst steigt das Risiko, dass Sie mangels Pause einen «vollen Kopf» bekommen, der Ihnen konzentriertes oder kreatives Arbeiten über eine längere Zeit erschwert.

Pausen bewusst einzulegen – statt auf einen akuten Auslöser zu warten –, erfordert danach einen «Neustart». Also den «Leistungslevel» wieder «hochzufahren». Allerdings geschieht das von einem höheren Niveau aus. Dieses führt rascher zu mehr Leistungsfähigkeit, besseren Ergebnissen etc. Denken Sie hier beispielsweise daran, dass es mehr neuen Treibstoff für ein Fahrzeug mit komplett leerem Tank braucht als für eines, das noch (Treibstoff-)Reserven hat.

Kurz gesagt: Erholung ermöglicht Fortschritte, und diese tragen zu Erfolgserlebnissen bei. Auch Bewegung kann Entspannung und Leistungsfähigkeit fördern.

> **Praxistipp**
> Damit Sie Ihren individuell stimmigen «Pausen-Mix» finden, können Sie Folgendes notieren:
> - Zu welchen Tageszeiten fällt Ihnen die Arbeit im Homeoffice besonders leicht?
> - Welche Auswirkung hat es auf Ihren «Pausen-Bedarf», wenn Sie
>   - ähnliche Tätigkeiten geblockt «abwickeln» oder
>   - inhaltlich unterschiedliche Tätigkeiten abwechselnd erledigen?
> - Wie unterscheidet sich Ihr Pausenbedürfnis im Homeoffice von jenem während Ihrer Arbeit(szeit) am Unternehmensstandort?
>   - Benötigen Sie vergleichsweise mehr oder weniger Pausen im Homeoffice?
>   - Welchen Einfluss hat Ihr Arbeitsort auf die Länge der benötigten Pausen?
>
> Was hilft Ihnen, damit Sie Ihre Pausen im Homeoffice tatsächlich einhalten? Statt z. B. berufliche E-Mails zu beantworten oder etwas anderes während Ihrer Pause zu tun?

Ihr persönliches Pausenkonzept kann durchaus sehr individuell sein und sich von jenem Ihrer Kolleg/-innen, die ebenfalls im Homeoffice arbeiten, unterscheiden. Das ist vielleicht auch der Fall, wenn es um die geeignete Art und Weise von Bewegung in Zeiten von «Work smart im Homeoffice» geht.

4. Bewegung hilft und wirkt

Als Mitarbeiter seines Unternehmens kann Kai bei Bedarf kostenlos im nächstgelegenen Fitnesscenter trainieren. Auch etliche seiner Kolleg/-innen nützen dieses Angebot in Gehdistanz des Bürogebäudes gerne.

Doch Kai staunte nicht schlecht, als er einmal mit Kolleg/-innen aus unterschiedlichen Abteilungen nach der Arbeit gemeinsam trainieren wollte. Während er «zum Abschalten von der Arbeit» an eine intensive Trainingseinheit in der Kraftkammer dachte, war anderen Kolleg/-innen viel mehr nach gemütlicher Entspannung beim Yoga zumute.

So kamen sie – im doppelten Sinn – über ihre unterschiedlichen Beweggründe ins Gespräch. Abgesehen von persönlichen Präferenzen entdeckten sie, dass ihr Bewegungsbedürfnis auch von ihrer Bürotätigkeit und der damit verbundenen Anstrengung abhängig war. Anna, eine von Kais Kolleginnen, stand an diesem Tag unter hohem Termindruck. Zusätzlich hatte sie bei der Übersiedlung ihres Teams in ein anderes Stockwerk mitanzupacken. Das war mitunter körperlich ziemlich anstrengend für sie. Jedenfalls fühlte sich Anna «ausgepowert» und wollte daher beim Yoga entspannen.

Kai hingegen «pendelte» während seiner Arbeitszeit überwiegend zwischen verschiedensten Excel-Tabellen und Meetingräumen. Ausserdem nahm er an einem ausgedehnten, mehrgängigen Businesslunch zwischen zwei Terminen teil. Dementsprechend gross war sein Wunsch nach Bewegung im Fitnesscenter. Dort wollte er so richtig «Gas geben» und sportlich gefordert werden.

Auch als Kai während eines Homeoffice-Pilotprojekts zu Hause arbeitete, war ihm Bewegung wichtig. Sofern er auf sein Zeitmanagement achtete, verspürte er weniger Stress, wenn es darum ging, pünktlich an einem

Online-Meeting teilzunehmen. Zusätzlich fielen etliche unverschuldete Verzögerungen auf der Fahrt zu externen Terminen weg.

Verkehrsstaus sorgten bei Kai meist für unangenehme Anspannung und Sorgen. Diese blieben ihm nun im Homeoffice erspart. Daher ging er nach der dortigen Arbeit von einem grösseren Bedürfnis nach «Power-Trainingseinheiten» (wie oben beschrieben) aus. Doch dem war nicht immer so. Denn wenn Kai viele Telefonkonferenzen oder Online-Meetings im Homeoffice hatte, sehnte er sich eher nach einer entspannenden Bewegungsform, um den Kopf wieder freizubekommen.

Ina kennt ebenfalls ähnliche Situationen. Allerdings hat sie das «Problem», dass ihr ausser Rudern im Einzelboot kein anderer Sport so richtig zusagt. Welche Lösung hat sie gefunden, damit sie sich trotz Arbeit im Homeoffice ausreichend bewegt? Je nach ihrem aktuellen Bedürfnis und der vorangegangenen Homeoffice-Tätigkeit entscheidet Ina, ob ihr eher eine schnelle Rudereinheit oder langsameres Tempo dabei guttut.

Für den Fall, dass Sie keinen Lieblingssport haben oder aus anderen Gründen nicht so wie Ina oder Kai Sport betreiben können: Es gibt genügend andere Möglichkeiten, um für ausreichend Bewegung zu sorgen. Sofern Sie einen Hund haben oder einen mal für eine Bewegungsrunde «ausborgen» können: Vielleicht ist für Sie ein Spaziergang mit einem Hund in einem nahe gelegenen Park bzw. alleine eine Alternative? Falls Sie Kinder mit hohem Bewegungsdrang haben, tut es eventuell auch gemeinsame Zeit auf dem Spielplatz bzw. im Garten Ihrer Wohnhausanlage. Oder ganz etwas anderes?

Hinweis
Entscheidend ist weniger, welche Bewegungsform Sie wählen. Viel wesentlicher ist, dass Sie regelmässig Bewegung machen und diesen Termin mit sich selbst auch einhalten. Wichtig: Ihr persönlicher «Bewegungsausgleich» muss gesundheitlich vertretbar sein! Falls Sie sich diesbezüglich unsicher sind, klären Sie bitte vorab mit Ihrem Arzt oder Ihrer Ärztin, was zu Ihrem Gesundheitszustand passt und medizinisch verantwortbar ist.

In diesem Sinn ein auf Ihren Gesundheitszustand anpassbares Beispiel.

> **Praxisbeispiel**
> Wenn Sie die Möglichkeit haben, ist es hilfreich, dass die «Bewegungsart» Ihrer Wahl einen Ausgleich zur (aktuellen) beruflichen Tätigkeit oder Aufgabenstellung schafft. Zum Beispiel:
> - Im Falle einer Tätigkeit, die viel Struktur und komplexe «Denkarbeit» erfordert (u. a. Budgetkalkulationen), eignet sich ein «Energieausgleich», der
>   - freie Bewegung ermöglicht (Tanzen o. Ä.) und
>   - idealerweise an der frischen Luft («Outdoor») möglich ist. Sei es, die oft zitierte «Runde um den Häuserblock» zu gehen oder eine Zeit lang zu radeln.
> - Wenn Sie hingegen beruflich viel an Kreativität und Initiative einzubringen hatten, wollen Sie vielleicht auf andere Weise «abschalten». Zum Beispiel mit Bewegung, die
>   - Entspannung ermöglicht (Yoga, lockeres Schwimmen ohne «Wettkampf-Tempo»). Oder, sofern Sie es mögen:
>   - Sie können eine «strukturierte» Sport-Trainingseinheit besuchen, die von einer Trainerin oder einem Trainer «angeleitet» wird. (In diesem Fall brauchen Sie selbst nicht allzu kreativ zu sein und können diese «Verantwortung delegieren».)

Weiters ist wesentlich, dass Sie das «Bewegungsprogramm» Ihrer Wahl sowohl

- in Ihre «Work smart im Homeoffice»-Praxis als auch
- in Ihr Privatleben gut und mit möglichst viel «Leichtigkeit» integrieren können.

Denn eine Bewegungseinheit, die terminlich, mental und/oder privat Stress verursacht, ist kontraproduktiv!